教育部人文社会科学研究项目"传达符号学与意指符号学比较研究"(项目批准号：09YJC740012)成果

常熟理工学院"外国语言符号学科研创新团队"成果

| 光明社科文库 |

传达、意指与符号学视野

张良林◎著

光明日报出版社

图书在版编目（CIP）数据

传达、意指与符号学视野 / 张良林著. --北京：
光明日报出版社，2020. 1
ISBN 978 - 7 - 5194 - 5346 - 6

Ⅰ.①传… Ⅱ.①张… Ⅲ.①符号学 Ⅳ.①H0

中国版本图书馆 CIP 数据核字（2020）第 016115 号

传达、意指与符号学视野
CHUANDA、YIZHI YU FUHAOXUE SHIYE

著　　者：张良林

责任编辑：郭思齐　　　　　　　　责任校对：姚　红
封面设计：中联学林　　　　　　　特约编辑：田　军
责任印制：曹　净

出版发行：光明日报出版社
地　　址：北京市西城区永安路 106 号，100050
电　　话：010 - 63139890（咨询），010 - 63131930（邮购）
传　　真：010 - 63131930
网　　址：http：//book. gmw. cn
E - mail：guosiqi@ gmw. cn
法律顾问：北京德恒律师事务所龚柳方律师

印　　刷：三河市华东印刷有限公司
装　　订：三河市华东印刷有限公司
本书如有破损、缺页、装订错误，请与本社联系调换，电话：010 - 63131930

开　　本：170mm×240mm
字　　数：213 千字　　　　　　　印　　张：16. 5
版　　次：2020 年 1 月第 1 版　　　印　　次：2020 年 1 月第 1 次印刷
书　　号：ISBN 978 - 7 - 5194 - 5346 - 6
定　　价：95. 00 元

前　言

国外符号学研究无论在深度还是在广度上都达到了很高的水平，各派符号学理论层出不穷，应用性研究已深入社会生活的各个角落，从而产生了各门相应的部门符号学。国外符号学研究的机构化程度已非常高，除了国际性符号学协会（IASS）和各国国内的符号学学会定期召开学术研讨会议外，还出版了符号学系列专著和学刊，有些大学甚至成立了符号学系或研究所。

国内符号学的研究随着几次全国性语言与符号学会议的召开，已逐步走上正轨。全国语言与符号学协会成立后，出版了几本会议论文集，集中展现了国内符号学研究的水平。有些大学的外语院系的符号学研究逐渐形成了自己的特色，建立了各具特色的符号学研究所。

然而，无论是国外的符号学研究，还是国内的符号学研究，符号学理论和应用研究的范畴分类研究是符号学深入研究的门槛，是决定符号学研究根本方向的方法论基础。但在符号学分类学范畴研究方面，研究基本上按照符号学家或部门符号学来分类。如美国符号学家西比奥克（Sebeok）按符号主体区分出人类符号学、动物符号学、自然符号学等范畴；意大利符号学家艾柯（Eco）除了认同西比奥克的做法外，还按照符号媒介性质区分出嗅觉符号学、触觉符号学、视觉符号学、听觉符号学、语言符号学、身势符号学等部门符号学。我国学者李幼蒸的做法

1

也大同小异，不仅按照地区和国别分，如美国符号学、法国符号学、苏联符号学等，还按照符号学家来划分，如皮尔士符号学、索绪尔符号学等。以上的符号学分类法从某种程度上说，是一种外在的分类法，不涉及符号本身的内部结构及运行方式，无助于探讨符号及其运作的本质规律。

本书提出的传达符号学（Semiologie de la communication）和意指符号学（Semiologie de la signification）的划分则建立在符号本身的内部运行机制及意义表现基础上。虽然已有一些学者提到传达符号学和意指符号学的划分问题，但他们要么是论述不够深入，要么观点偏向极端。如，比伊桑斯（Buyssens）和普利埃托（Prieto）只承认传达符号学，认为符号学研究的是传达的手段；穆南（Mounin）则将传达符号学与意指符号学绝对地对立起来；而艾柯却走向另一极端，认为传达符号学与意指符号学基本上没有区别。

国内还没有学者研究过传达符号学和意指符号学问题，本书的研究有望填补这一空白。本书试图基于国内外符号学最新研究成果来对立统一地审视传达符号学与意指符号学之间的关系。

与本书相关的符号学研究展露出迈向文化符号学的趋势。国内外符号学研究已从自给自足的结构主义符号学走向开放多元的文化符号学。俄罗斯的文化类型学、法国的意识形态文化符号学、艾柯的文化单元论，以及国内的语言符号学和文化符号学的共同繁荣为本书建立传达符号与意指符号学二者之间的对立统一关系奠定了理论基础。符号被看成是人类非遗传信息的文化单位载体。在作为文化单位的符号的能指与所指结合过程中，传达符号学与意指符号学对立统一地表现为能指所指结合的动态连续体上的程度性差别的两端。

本书研究的理论与实际应用价值如下。

本书的实际意义在于，厘清符号运行的本质规律，以辩证的符号学方法认识外界和语言规律，以符号（特别是语言符号）的本质规律开展语言教学，特别是外语教学，重点体现在培养学生的文化单元观念上，从而加强外语学习。

本书将传达符号学和意指符号学对立统一在一个连续体上，从理论上能够解决符号学的研究方法分野问题，帮助我们认识符号本质，推进国内符号学理论研究的深化。

首先，本书批判关于传达符号学（Semiologie de la communication）和意指符号学（Semiologie de la signification）之间关系的两种偏激观点：一些学者把二者绝对地对立起来，如比伊桑斯（Buyssens）、普利埃托（Prieto）和穆南（Mounin）；另一些学者，如艾柯（Eco）认为，传达符号学与意指符号学其实是一回事。以上两种观点走向了极端。

其次，本书试图构建传达符号学与意指符号学之间的对立统一关系，即二者之间既有区别，又有联系，是符号学研究中缺一不可的分支和方法。

最后，借用语言符号能指与所指由松散到紧密的结合过程和文学文本结构来验证二者之间的对立统一关系。

传达符号学和意指符号学之间的区分依赖于符号内部运行机制。符号学研究符号表现意义的机制。根据传达符号学，符号学研究类似于交流过程的所有文化过程，符号的运行过程为信号从源点到达终点的通行过程，符号传达的目的是传递者把信息准确无误地传达给接收者，为保证传递过程准确无误，必须依照双方都认可的代码来使用符号。而意指符号学则通过找出某一东西对于某人意味着某一事物，来看它的意指作用，即意指作用存在于符号接受者感觉的东西代表他物时。如对有些人来说，乌鸦的叫声意味着不祥的事情将要发生。在这种情况下，不存在众人认同的既定代码，也不存在特定能指与特定所指的符号紧密结合体，而只有某事物被符号解释者强行制作成某一符号所指的能指。与传

3

达符号学中的现成的"符号"相比，即时制作符号结合体是意指符号学的前提条件。

传达符号学与意指符号学之间的不同点如下。第一，表现在代码的有无。对于前者，符号运行过程中存在着明确的代码，若不根据代码发送信号，则不能保证意义的表达；而后者则以无既定代码的符号运行过程为重点研究对象。第二，表现为对象不同。传达符号学的对象被限定为信号，即人为的具有统一代码的标志，而意指符号学的对象则为具有较强任意性的符号。第三，二者的学术源头不同。传达符号学的学术源头可追溯到索绪尔（Saussure），表现为语言中心论，而意指符号学则可追溯到皮尔士（Peirce），表现为逻辑中心论。第四，表现在传达者意图的有无。传达符号学侧重于信息发送者具有明确的传达意图，且符号接受者能准确理解发出者意图的符号传达过程，而意指符号学则侧重于无发送者意图，或接受者很难知晓发送者意图的符号运行过程，如文学作品的逆向阐释过程。第五，二者的符号运行路径不同。传达符号学的路径为"符号——代码——解读"，偏于正向单向过程，而意指符号学的路径为"所指能指即时匹配——代码生产——解释"，偏于逆向双向过程。第六，二者适用的解释范畴不同。传达符号学主要适用于对第一符号系统的解释，这一系统主要表现为规则的遵守，包括天然语言和人工语言，而意指符号学则更适用于第二符号系统的解释，这一系统主要表现为规则的违反和创新，主要包括文学、电影及艺术符号系统。

然而，传达符号学与意指符号学之间的不同点并不能抹杀二者之间的紧密联系，二者之间既对立，又统一。传达符号学与意指符号学只是一个连续体上的两端，二者不是截然分开的。

第一，传达信息和意指作用在本质上是一致的，一切符号都包括能指指向所指的前提条件，都含有意指作用；同时，传达信息是以意指作用的存在为前提的。从符号能指所指结合紧密程度的连续体上看，二者只表现为程度上的不同，而在本质上却是一致的。传达符号学中的能指与所指结合得更加紧密，代码已被广为接受，因而具有守旧性，而意指符号学中的能指所指结合度相对松散，代码是临时建立的，因而具有创新性。一切符号都是文化的载体，传达符号学与意指符号学严密地交织于能指与所指的结合过程中。

第二，区别两种符号学现象的代码标准也是一个程度的问题，即各种符号现象背后的代码明确程度不同。从传达符号学，经过一些中间现象，到意指符号学，代码的明确度逐渐降低，但同时意指作用却逐渐加强。二者呈反比关系。在代码作用与意指作用之间，在传达符号学与意指符号学之间，没有明确的界线，二者只是位于一个自由连续体上两端的典型情况。

第三，以雅可布逊的符号交际模式观之，从传达符号学到意指符号学，自由连续体上的变化表现为传递者意图的消减和接受者解读重要性的不断增加，以及编码明确度的减少和情景重要性的增加，但二者之间也没有截然的鸿沟。

第四，传达符号学与意指符号学之间的对立统一关系体现在符号能指和所指由松到紧的结合过程中。作为文化信息的载体，符号的形成过程连续体包括不明推论、类比、隐喻和一词多义阶段，每一个阶段都表达了人类思维和文化形成的创新精神。

第五，传达符号学与意指符号学之间的对立统一关系体现在文学作品结构中。文学文本结构的两条基本规则为：（1）完成信息传达功能；（2）延长读者的审美过程。为了达到第二个目的，作者会采取陌生化手段创作文学，从而造成间离效果。读者为了理解作品，则不得不将文本中的非系统因素转换成系统因素，结果是作品的发送代码与解读代码可能不一致，从而使意指作用与传达作用对立统一于审美过程中。

本书预计突破的难题为：

（1）从思维、文化和能指所指的结合过程来建构传达符号学与意指符号学之间的对立统一关系；

（2）从对文学创作、审美过程及文学文本结构的考察来验证传达符号与意指符号之间的对立统一关系；

（3）本书为跨学科研究，主要涉及符号学、语言学和文学批评等学科，学科之间的互通有无有望论证本书的观点。

本书的研究思路如下：

首先，对前人关于传达符号学和意指符号学的观点进行梳理，批判两种极端的观点，并对合理的观点加以吸收；

其次，构建传达符号学与意指符号学之间的对立统一关系；

再次，从语言符号能指与所指的由松散到紧密的结合过程来验证传达符号学与意指符号学之间的对立统一关系，这一过程主要包括新意义、新经验，寻求适当语言符号表达的不明推论阶段、所指和能指系统性映射的类比阶段、方向性创新推论的隐喻阶段和形义结合稳定的一词多义阶段；

最后，从文学创作、审美过程及文学文本结构的考察来验证传达符号学和意指符号学的对立统一关系。文学创作体现了作者的正向传达意图，审美过程则反映符号意指作用对读者逆向阐释的影响，而文学文本结构则是二者对话的阵地，传达符号学与意指符号学对立统一于其中。

本书采用文献检索法、内省法与调查法相结合的研究方法。

目 录
CONTENTS

一、传达符号学与意指符号学的差异分析

符号学研究无论在国外还是在国内都在如火如荼地展开。范畴分类研究是符号学深入研究的门槛，是决定符号学研究根本方向的方法论基础。然而，目前的符号学主要按照国别或部门等外部因素来分类，不涉及符号运作的本质规律。本章探讨的传达符号学与意指符号学之间的差异则是建立在符号运行代码、研究对象、理论根基、传达意图、符号运行路径和理论适用范围等与符号现象密切相关的内部因素的讨论上的，这样有助于探讨符号本身的内部结构及运行方式，有助于搞清符号及其运作的深层规律。

无论对于国外的符号学研究，还是对于国内的符号学研究，符号学理论和应用研究的范畴分类研究是符号学深入研究的门槛，是决定符号学研究根本方向的方法论基础。但在符号学分类学范畴研究方面，研究基本上按照符号学家或部门符号学来分类。如美国符号学家西比奥克（Sebeok）按符号主体区分出人类符号学、动物符号学、自然符号学等范畴；意大利符号学家艾柯（Eco）除了认同西比奥克的做法外，还按照符号媒介性质区分出嗅觉符号学、触觉符号学、视觉符号学、听觉符号学、语言符号学、身势符号学等部门符号学（艾柯，1990：7 - 15）。我国学者李幼蒸的做法也大同小异，不仅按照地区和国别分，如美国符号学、法国符号学、苏联符号学等，还按照符号学家来划分，如皮尔士

符号学、索绪尔符号学等（李幼蒸，1993：1 - 39）。以上的符号学分类法从某种程度上说，是一种外在的分类法，不涉及符号本身的内部结构及运行方式，无助于探讨符号及其运作的本质规律。

　　本书提出的传达符号学（semiotics of communication）和意指符号学（semiotics of signification）的划分则建立在符号本身的内部运行机制及意义表现基础上。虽然已有一些学者提到传达符号学和意指符号学的划分问题，但他们要么是论述不够深入，要么观点偏向极端。传达过程与意指作用的区分和传达符号学与意指符号学的区分最早可追溯到法国符号学家比伊桑斯（Buyssens）在其 1943 年发表的著作《语言与话语》（*Les languages et le discourse*）中的观点："符号学研究的是传达的手法，即以作用于他人为目的而被利用，并且被对方所认识的手段。"（池上嘉彦，2002：101）很明显，比伊桑斯非常片面地把传达符号学等同于符号学。同样轻视符号的意指作用而重视符号的传达作用的符号学家还有后来的普利埃托（Prieto），他在 1968 年提出了相类似的观点，把符号学的研究对象局限在能够轻易传达意思的信号（signal）上，例如人工标志（道路信号）或是有明确意图的事件。普利埃托不赞成巴特（Barthes）关于符号学对象意指作用的观点，而同意比伊桑斯的关于符号学对象的传达作用的理论。后来，符号学家穆南（Mounin）在 1970 年出版的《符号学导论》（*Introduction a la semiologie*）中，在总结前人成果的基础上，正式提出了传达与意指两个概念之间的对立，并专门分章节集中讨论了传达符号学（semiologie de la communication）和意指符号学（semiologie de la signification）之间的分野，认为传达符号学应是符号学的发展方向。比伊桑斯认为符号学应该研究与意识状态相关的可感知事实和真实的交际，而巴特则认为符号学应研究所有意指事实的意指过程。普里埃托发现意指符号学没有传达符号学更重要，因为传达符号学更能提供分析符号现象的有效工具。穆南在他的书中重点分析了各种非语言传达系统（Mounin，1970：1－5），如道路交通信号。以上几位学者大致区别了传达符号学与意指符号学，并二中择一地选择研究领域；而意大利符号学家艾柯却走向另一极端，认为传达符号学与意指符号学基本上没有区别。"在文化过程里，它们严格地交织在一起。"（艾柯，1990：5）基于以上的混淆情况，我们有必要分清传达符号学与意指符号学之间的差异。

传达（communication）是指信息交流。加拿大符号学家德尼西（Danesi）把传达定义为通过空气、接触、视觉等方式进行信息的传递、广播或传播。（Danesi，2004：276）传达过程通常牵涉到信息发送者、信息接收者、信息、符号、渠道等因素。而意指（signification）则被德尼西解释为：当我们使用或解释符号时，头脑中出现的东西。（Danesi，2004：106）意指过程就是利用符号意思的过程。普遍观点认为，意思分为两类：外延意思和内涵意思。意指侧重于符号的指谓意思的表征；而传达侧重意思的传播。

意指符号学（semiotics of signification）主要研究符号的意指现象，即研究通过找出和描述某物（X）来意味着另一物（Y）从而创造一个信息（X＝Y）的语义作用。而传达符号学（semiotics of communication）则关心信息发送者准确无误地把符号及其包含的信息（X＝Y）传达给接收者的符号运行过程。

第一，传达符号学与意指符号学之间的不同点表现在代码的有无或强弱上。对于前者，符号运行过程中存在着明确的代码，若不根据代码发送信号，则不能保证意义的表达；而后者则以无既定代码或弱代码的符号运行过程为重点研究对象。代码是能指与所指之间一种约定的关系。明显的约定关系称作强代码，不明显的约定关系称作弱代码。这种模糊的界限区别了传达符号学与意指符号学的研究对象。例如比伊桑斯和穆南重点研究的公路信号包含严格的技术编码，每个符号的能指与所指之间都是一对一的单义关系，这样具有绝对约定性的编码能确保符号传达过程中发送者和接收者对能指和所指之间单义关系的认识保持一致性。相类似的强编码符号还有数学和化学符号，这些都构成了传达符号学的重点研究对象。与这类强编码符号相反，如果能指与所指之间的关系是很主观的、很模糊的，则这类符号属于多义性符号、弱编码符号，构成意指符号学的主要研究对象，例如诗的语言和艺术语言带有很大的不确定性和开放性。如果传达符号学只以背后有明确代码的符号现象为研究对象，则意指符号学专以不存在这种代码或仅存在弱代码的符号现象为研究对象。交通信号中"绿灯"表明"前进"，"红灯"表明"禁行"，这类符号所依据的代码很明确，各个符号在能指与所指方面是一一对应关系，不会与其他符号混同。另外一些符号现象则完全不能满足明确代码的条件，例如把"仰望天空的姿势"解释为"担心天气"，符号表现与符号内容之间不存在明确的对应关系。

第二，与代码有无问题密切相关的问题是研究对象问题，二者之间的不同表现为对象不同，传达符号学的对象被限定为如信号之类的符号，即人为的具有统一代码的标志，而意指符号学的对象则为具有较强任意性的符号。传达符号学以客观的和理性的可理解性的符号为研究对象，而意指符号学通常以带有表达性、主观情感和欲望的符号为研究对象。前者由客观的逻辑编码决定，而后者则由主观的美学编码阐释。传达符号学要求符号运行和信息传达畅通无阻，尽可能少地产生歧义性，这类符号包括文字、莫尔斯电码、布莱叶盲文、聋哑人手语、海员信号旗、交通信号、警告信息、军号、计算机语言、逻辑符号、数学符号、物理符号、化学符号、植物学符号等。这些符号"都严格地具有单义的特征，而且高度地约定化，这种约定通常是明确和限定的。最后，它们大部分今天都已国际化"（吉罗，1988：64–65）。这些领域的国际间交流相对容易。相反，意指符号学则对于富含情感经验的美学艺术符号更感兴趣。艺术家们用艺术来表现自我，用心灵感悟来体现对外界的理解；美学符号具有很强的主观性，对于任何约定都是自由的，其多义性蕴含在符号表现中。正是美学符号的不守规矩行为赋予艺术家以创新能力。美学符号的破坏性和创新性使传达符号学感到恐惧。"歧义是一种非常重要的手段，因为它行使着美学经验的一种导引功能。"（艾柯，1990：30）艺术符号的歧义性来自其能指与所指之间的关系复杂性和衍生性。因为艺术符号通常根据最初的意指关系创造所指，而又可能成为高一层超符号的能指。美术、绘画、音乐、电影、文学等艺术符号使意指符号学感到痴狂。符号的存在意义不在于向外界传达了什么确定的信息，而在于通过艺术符号表达了人对外部世界的经验。例如一个文学文本可以借助于一系列重叠和交错的能指和所指形象而产生多种解释方式。意指符号学把解放符号文本，重组语义丰富性的意指方式、恢复符号文本的语义事实性作为己任。

第三，二者的学术源头不同，传达符号学的学术源头可追溯到索绪尔（Saussure），表现为传达中心论，而意指符号学则可追溯到皮尔士（Peirce），表现为意指中心论。穆南认为索绪尔在《普通语言学教程》中为将来的符号学研究指明了方向，即符号学是人们赖以交际的所有符号系统的一般科学，符号是为人们交流或传达信息服务的，所以穆南认为符号学本质上是传达符号学（Mounin，1970：11）。普里埃托和比伊桑因等人和穆南一样根据索绪尔的语言学把符号学看作是一种传达理论。索绪尔在设想"符号学"这门学科时是这样说的："语言是一种表达观念的符号系统，因此可以比之于文学、聋哑人的字母、象征仪式、礼节形式、军用信号等。它只是这些系统中最重要的。因此，我们可以设想有一门研究社会生活中符号生命的科学……我们管它叫符号学。"（索绪尔，1980：37-38）细心总结可以发现，索绪尔所举的符号系统的例子基本上是经过严格编码的人工符号系统，其背后存在着确定的代码，排除了其他符号（如自然符号）。况且，索绪尔的具有双重实体的符号定义表明作为音响形象的能指表达了作为观念的所指，而"这些观念必须是和人类心灵有关的心理事件。因此，符号就被含蓄地当作产生于两个人之间的某种交流措施，而他们旨在有所交流或表达"（艾柯，1990：17）。因此，把索绪尔看作是传达符号学的源头是不无道理的。

皮尔士的符号学观被看作是意指符号学的源头。皮尔士把符号现象定义为符号、对象及其解释项这三个因素的共同作用。这三项间的影响关系，不论在何种情况下都不能分解成两项间的行为（Peirce，1934，V：484）。按照皮尔士的观点，符号就是"在某方面对某人来讲代表某物的东西"（Peirce，1934，II：228）。皮尔士提出的解释项是解释第一符号的另一符号，而该解释项又有待于另一解释项的解释，符号的解释过程是无穷的，反复的。虽然解释项可以看作是一种心理过程，但艾柯却执意要"用一种非人格化方式去解释皮尔士的定义"（艾柯，1990：18）。这样，意指符号学就不严格要求符号具备有意发送和人为生产的属性。这样看来，皮尔士所说的意指过程（semiosis）的主体不一定是人类主体，"而是三种抽象的符号学实体，其间的辩证关系并不受具体交流行为左右"（艾柯，1990：17）。皮尔士关于符号学的设想与索绪尔强调背后代码的符号学设想不同，更强调符号的意指作用本身，这种意指作用是否依赖代码，则另当别论。难怪穆南总结认为，索绪尔的符号学是基于代码的以传达为对象的传达符号学，而皮尔士的符号学则是以意指作用本身为对象的意指符号学。（Mounin，1970：7－14）

第四，二者的不同还表现在传达者意图的有无，传达符号学侧重于信息发送者具有明确的传达意图，且符号接受者能准确理解发出者意图的符号传达过程，而意指符号学则侧重于无发送者意图，或接受者很难知晓发送者意图的符号运行过程，如文学作品的逆向阐释过程。穆南根据符号运行中有无确定的发出者意图，将符号分为两类：信号（signal）和引得符号（indice）。信号按收者对信号的解释要与发出者的意图一致，反过来说，信号是发出者有意发生的符号，目的是为了让接收者了解并遵守他的意图，典型的例子就是公路信号。而对于同一个引得符号的解释则依解释者直觉、能力等不同而不同，换句话说，在引得符号的解释过程中，发出者的意图已不太重要了，如服饰符号、姿势、意象、风景、小说等。有的引得符号并非是发送者有意发送的，如姿势；有的引得符号没有发出者，如风景。对于信号的解释，不同的解释者依据相同的传达代码总能得出一致的解释。大部分引得符号体现的是不同的意指过程，而不是明确的传达过程，这些意指过程通常是不明显的、潜在的、相异的。若用传达模式来解释这些复杂的意指过程，则有简单化之危险。在诸如戏剧、绘画、电影、行为等符号现象中，由于缺乏既定的代码，或代码不明显，很难指出传达意图的存在（Mounin，1970：13-14）。坚守传达符号学研究的学者坚持"把符号定义为传播意识的一种意愿标志"，并坚决要把那些自然标志排除在符号学研究之外。虽然在人们的心目中，烟指示火的存在，云预示雨的来临，但吉罗认为"符号学不承认它们的符号学地位，因为多云的天并无意传播给我们一种信息"，它和在地面上无意留下了形迹的猎物和坏人没什么区别（吉罗，1998：23-24）。传达符号学的目标是发出者把信息准确无误地传达给接收者为目标来使用符号，这样，持传达符号学观点的学者把自己的研究范围限得很小，他们仅研究存在传递者意图的符号。而相反，意指符号学的胸襟则要广阔得多，只要有符号现象存在，就有意指作用，哪怕符号现象没有发送者意图。只要解释者从符号现象中解释出意义来，则这些符号就构成符号学的研究对象。意指符号学不把发送者意图看作唯一衡量标准，而把符号现象对于解释者的意指作用提到中心地位。例如，在算命符号现象中，算命先生仅仅凭借被算命人的年龄、外貌、举止、手相等符号信息进行解释，而被算命人实际上没有传达的意图。再如战争时期，敌方的电文被我方截获，我方对电文的破译并不可能依赖于敌文的发出意图。这些被传达符号学排除在外的无意图的符号现象则被意指符号学全盘接纳。上文提到，皮尔士的关于符号的无限反复可阐释性证明皮尔士采取一种客观的形式把符号当作纯符号现象本身来看。从这一观点来看，即使不存在传递者意图，也可能存在符号意指作用，皮尔士将传递者意图的问题赶出了界定符号学研究对象的标准之外，从而使符号学，更确切地说，使意指符号学更具包容性。莫里斯（Morris）继承了皮尔士这一观点："某个东西之所以成为符号，不过是因为这个东西被解释者解释为某种符号……因此符号学……是处理通常的对象的……只要它参加符号现象。"（Morris，1938：23）莫里斯显然将传递者意图这一要素驱逐出了符号现象的界定范围。

第五，二者的符号运行路径不同，传达符号学的路径为"符号——代码——解读"，是偏于正向单向过程，而意指符号学的路径为"所指能指即时匹配——代码生产——解释"，偏于逆向双向甚或多向过程。当我们看到交通信号"红灯"时，我们自然而然地获得/停止/的信息，我们对这一符号的解读依赖于已有的交通信号规则，即符号代码。"红灯"作为符号能指，代表作为所指的/停止/，这是人们事先约定好的，这只是一整套交通信号代码中的一个事例，但这一符号与其他交通符号组成一个否定区分系统，如"黄灯"表示/注意/，绿灯表示/通行/。具有系统性的代码是人们预先协商确定的。正因为交通符号是一个现成的符号，即符号能指与所指的结合体是预先建立的，所以，人们看到符号，依据代码，就能做出正确的符合发送者意图的解读。换句话说，发送者的意图就能准确无误地传达给接收者。在信息传达过程中，接收者只能老老实实地被动地按照既定的代码，去寻找符号中的唯一的意思，符号及信息运行过程只能是从传递者到接收者的正向单向过程，不容许接收者有任何的违规逆向操作。传达符号学就是研究诸如交通信号一类的符号如何编码，如何确保信息畅通无阻的。再如莫尔斯信号，当传达过程理想时，代码是事先明确规定的，传递者在编码过程中和接收者在解读过程中，只要参照代码就足够了，只要没有其他噪声的干扰，传达应该是非常通顺的。而在另一种情况下，如读一首诗，或欣赏一幅现代派的画，或听一首乐曲时，符号的运行路径则不尽相同。在这种情况下，人们看到或听到一个符号，不是立即依据一个现成的公认的代码来解读该符号的意义，而是即时地将这一符号现象与某一内容联系起来，然后制作出个性化代码，并将这一临时制作的代码用于相类似的符号现象的解读中。例如，有人遇到阴天，心情就会忧郁。"阴天"表示/心情不好/这一意指过程中，不存在现成的公认的代码。在这里，符号能指与所指之间的即时区配，产生了解释者心中的个性化代码，并被用于符号解释中。在这里，符号整体不是预先存在的，而是某一事物因与某一意思相对应，而被即时制作成了符号。在这一符号运行过程中，符号的所指，即意义，不是先行的概念，而是解释者逆向添加在符号载体上的，解释者制作的代码不一定（有时也不可能）需要发送者的认可。由于接收者对同一个符号载体在不同场合可能会做出不同的符号制作，即不同的意义赋值过程，且不同的解释者对同一符号现象可能具有不同的阐释，所以意指符号学对这种逆向多向的令人眩晕的阐释过程更感兴趣。

第六，二者适用的解释范畴不同，传达符号学主要适用于对第一符号系统的解释，这一系统主要表现为规则的遵守，包括天然语言和人工语言，而意指符号学则更适用于第二符号系统的解释，这一系统主要表现为规则的违反和创新，主要包括文学、电影及艺术符号系统。从上文讨论可知，传达符号学侧重于代码先行的符号化过程，而意指符号学则侧重于即时生成代码的意指过程。由此，有的符号学家把前者看作是系统的意指方式，把后者看作是非系统的意指方式。穆南也建立了这样的二元对立，他认为，当讯息分解为稳定的和不变的符号时，便具有了系统的符号布置方式，如公路信号。相反也存在着非系统的方式，如广告（Mounin，1970：159）。严格的系统符号被归入传达符号学，而非系统符号被归入意指符号学。所谓非系统的符号现象，如穆南所说的广告、文学艺术等，并非是无规则可循，它们在更高层面具有自己的系统。所以我们最好采用洛特曼（Lotman）的说法，即第一符号系统和第二符号系统。第一系统主要传达外延意义（denotation），而第二系统则主要意指内涵意义和风格化意义。第一系统包括天然语言和各种人工语言及信号；第二系统包括文学语言、诗、艺术符号等。第一系统体现为传达中的单义性，而第二系统则表现出多义性。第一系统遵守代码，第二系统创造代码。传达符号学研究第一系统中成为准确传达的前提的代码的约束性；意指符号学研究第二系统中新的意指作用的创造性，前者是追寻符号现象背后的代码、有效处理单方向关系的理论，而后者则是把生成的符号与因此而被创造出来的代码之间的辩证意指作用作为超越简单的传达作用来把握的理论。传达符号学仅满足于代码与信息之间封闭的相互关系，而意指符号学则把符号意指过程看作是开放的关系。第一符号系统是一种明确的和社会化的符号系统，而第二符号系统是一种不明显的、潜在的和纯粹偶然的符号系统；第一系统能以一种约定和一致接受的编码将意义完全编排和封闭地包含在其中，而第二系统则躲避旧规约，创造新规约，为接收者的自由解释留下了较大空间。传达符号学研究有句法的第一符号系统，而意指符号学研究无句法的第二符号系统。

　　传达符号学与意指符号之间的差异不限于以上讨论的几点，例如我们还可以从符号能指与所指之间的结合方式和紧密程度来看二者之间的差异，前者把能指与所指之间关系看成是任意约定的，紧密型结合关系，而后者则认为能指与所指之间的关系是类比性的松散型结合关系。

然而本章所讨论的二者之间的差异已足以证明符号学研究中的两种不同的倾向和方法。当然我们最好不要把传达符号学与意指符号学看作是本体论地位上客观存在的符号学分支，而宁愿把它们看成是符号学方法论上的主观理论建构。但这两种符号学方法论之间的不同比以往的符号学分类更能让我们看清符号本身的内部结构及运行方式，有助于我们讨论符号及其运作的深层规律。

二、传达符号学与意指符号学之间的
相通之处和统一关系

　　一些符号学家区别了传达符号学与意指符号学，不同之处主要表现在代码、对象、理论来源、发送者意图等方面。这种区别对于符号化过程和符号学研究方法的探讨确实大有裨益。然而，我们不能只看到二者之间差异，看不到二者的统一之处。本章重点考察了传达符号学与意指符号学在符号形成过程、代码、能指所指关系、文学作品等方面的相通之处和统一关系。笔者发现，符号的传达作用与意指作用不是绝对对立的，而是处于相互依存，彼消此长，不断转换等对立统一关系之中；传达符号学与意指符号学只具有方法论上的差异，而在符号学本体论上是统一的，二者紧密地交织于文化之中。

　　意指符号学（semiotics of signification）主要研究符号的意指现象，即研究通过找出和描述某物（X）来意味着另一物（Y）从而创造一个信息（X = Y）的语义作用。而传达符号学（semiotics of communication）则关心信息发送者准确无误地把符号及其包含的信息（X = Y）传达给接收者的符号运行过程。根据传达符号学，符号学研究类似于交流过程的所有文化过程，符号的运行过程为信号从源点到达终点的通行过程，符号传达的目的是传递者把信息准确无误地传达给接收者；为保证传递过程准确无误，必须依照双方都认可的代码来使用符号。而意指符号学则通过找出某一东西对于某人意味着某一事物，来看它的意指作用，即意指作用存在于符号接受者感觉的东西代表它物时。例如，对有些人来说，乌鸦的叫声意味着不祥的事情将要发生。

传达符号学与意指符号学之间的不同点如下。第一，表现在代码的有无或强弱不同。对于前者，符号运行过程中存在着明确的代码，若不根据代码发送信号，则不能保证意义的表达；而后者则以无既定代码的符号运行过程为重点研究对象。第二，表现为对象不同。传达符号学的对象被限定为如信号之类的符号，即人为的具有统一代码的标志，而意指符号学的对象则为具有较强任意性的符号。第三，二者的学术源头不同。传达符号学的学术源头可追溯到索绪尔（Saussure），表现为语言中心论，而意指符号学则可追溯到皮尔士（Peirce），表现为意指中心论。第四，表现在传达者意图的有无。传达符号学侧重于信息发送者具有明确的传达意图，且符号接受者能准确理解发出者意图的符号传达过程，而意指符号学则侧重于无发送者意图，或接受者很难知晓发送者意图的符号运行过程，如文学作品的逆向阐释过程。第五，二者的符号运行路径不同。传达符号学的路径为"符号——代码——解读"，偏于正向单向过程，而意指符号学的路径为"所指能指即时匹配——代码生产——解释"，偏于逆向双向甚或多向过程。第六，二者适用的解释范畴不同。传达符号学主要适用于对第一符号系统的解释，这一系统主要表现为规则的遵守，包括天然语言和人工语言，而意指符号学则更适用于第二符号系统的解释，这一系统主要表现为规则的违反和创新，主要包括文学、电影及艺术符号系统。

传达过程与意指作用的区分和传达符号学与意指符号学的区分最早可追溯到法国符号学家比伊桑斯（Buyssens）在其1943年发表的著作《语言与话语》（*Les languages et le discourse*）中的观点："符号学研究的是传达的手法，即以作用于他人为目的而被利用，并且被对方所认识的手段。"(池上嘉彦，2002：101）很明显，比伊桑斯非常片面地把传达符号学等同于符号学。同样轻视符号的意指作用而重视符号的传达作用的符号学家还有后来的普利埃托（Prieto），他在 1968 年提出了相类似的观点，把符号学的研究对象局限在能够轻易传达意思的信号（signal）上，例如人工标志（道路信号）或是有明确意图的事件。普利埃托不赞成巴特（Barthes）关于符号学对象意指作用的观点，而同意比伊桑斯的关于符号学对象的传达作用的理论。后来，符号学家穆南（Mounin）在 1970 年出版的《符号学导论》(*Introduction a la semiologie*）中，在总结前人成果的基础上，正式提出了传达与意指两个概念之间的对立，并专门分章节集中讨论了传达符号学（semiologie de la communication）和意指符号学（semiologie de la signification）之间的分野。他认为传达符号学应是符号学的发展方向。比伊桑斯认为符号学应该研究与意识状态相关的可感知事实和真实的交际，而巴特则认为符号学应研究所有意指事实的意指过程，普里埃托发现意指符号学没有传达符号学更重要，因为传达符号学更能提供分析符号现象的有效工具。穆南在他的书中重点分析了各种非语言传达系统（Mounin，1970：1－5），如道路交通信号。以上几位学者将传达符号学与意指符号学绝对地对立起来，不利于我们看清二者之间相通和同一之处。传达符号学与意指符号学之间的不同点并不能抹杀二者之间的紧密联系，二者之间既对立，又统一。传达符号学与意指符号学只是一个连续体上的两端，二者不是截然分开的。

传达符号学与意指符号学不是本体论上的客观实在，而是符号学方法论上的分野，它们的研究方法及侧重点有差别，它们只是符号学家的主观上的理论建构。从本质上说，它们都是研究符号现象的，二者有机地统一在符号运行过程中，二者具有相通之处。

第一，传达信息和意指作用在本质上是一致的，传达符号学与意指符号学严密地交织于作为文化现象的符号运行过程中。艾柯认为，符号学应研究类似于传达过程的所有文化现象，但"其中每一过程似乎都是潜在意指系统所容许的"。传达符号学与意指符号学之间，毫无疑问存在着重要差别，"不过，这种差别并不是把两种排斥的研究方法对立起来"。"在文化过程里，它们严格交织在一起。"（艾柯，1990：6-7）传达和意指作用从概念上讲是对立的，但从本质上讲是一致的。按加拿大符号学家德尼西（Danesi）的定义，所谓意指作用是指某物意味着什么（Danesi，2004：106），从这个意义上讲，所有符号都代表着自身以外的某物，都具有意指作用。意指符号学中关于某一事物被临时或重新赋予所指内容的过程，毫无疑问离不开意指作用；传达符号学中的根据事先约定的代码所传达的特定符号也是以符号载意为前提条件的。只要有符号现象，就存在意指作用，传达也是以意指作用的存在为前提成立的。从这个意义上说，传达符号学就是严格意义上的意指符号学（池上嘉彦，1998：102）。语言符号是实践传达符号学与意指符号之间对立统一关系的理想领域，因为在语言中，我们不仅可以无穷地生产并传达同样的信息，而且还可以打破旧的规则创造出新的符号结合体，生产出新的符号信息，从而诞生了新的语言规则（如诗语规则），所以语言一方面是高效的以传达为目的的符号体系，另一方面又是能够发挥创造性意指作用的符号体系，在两个体系之间微妙地平衡着。或许，若没有传达符号学，意指符号学照样存在；但是若没有意指符号学，就无法确定传达符号学（艾柯，1990：7）。传达功能和意指功能是两种重要的符号学表现方式，传达功能是冻结的意指功能的结果，而意指功能则是传达功能的扩散，二者统一于系统的形成中。传达依赖于系统化的能指与所指之间固化的任意性联结，而意指则试图以理据的方式建立能指与所指之间的联系，意指作用是建立编码并建立在编码之上的，任何能指与所指之间的联结都是程度不同的约定，意指作用或多或少都是靠编码而存在。约定严格且明显的意指作用是传达作用的前生。

第二，编码越是严格，信息传达就越容易，编码越松散，意指作用越强，但在二者之间没有明显的分水岭。位于这一自由连续体上两端的情况是"现代科学和技术属于编码越来越强的系统，而我们的艺术则属于编码越来越差的系统"（吉罗，1988：12）。但从普洛普《民间故事形态学》中的叙事学和列维－斯特劳斯的神话学来看，属于艺术符号的文学作品都有着完整的结构和极为严密的编码。这说明技术编码与艺术编码不是一回事，不能混为一谈。任何符号都有自己独特的编码方式和意指方式，传达作用与意指作用不能分离。虽然传达作用建立在明显的严格的编码之上，但意指作用或多或少是编码的，甚至诗学的意指作用可以是高度编码的。不管是传达符号学还是意指符号学，它们的研究对象或多或少是被编码的。假如我们把符号及信息运行路线高度抽象为"传递者——编码——信息——接受者——解码"这一理想线性流程的话，则传达符号学重点偏向传递者和编码，而意指符号学则侧重于接受者和解码。二者位于同一连续体上的两端，二者不是截然分开的。这种情况是存在不同层次的代码明确度造成的。适合传达符号学理想要求的符号的能指与所指之间呈现一一对应关系，符号与符号之间不会混同，这种符号的编码的明确度较高，如交通信号中"红灯"意味着/停止/，"绿灯"意味着/前进/。而另一些符号的编码明确度很低，如"挠头"是意味着/思考/、/心烦/还是/头痒/？当然还有处于二者之间的层次的，代码的明确度处于中间状态，如"玫瑰"意味着/爱情/。从代码的孕育、萌出、成长、固定，甚至消亡等一系列过程来看，基于代码为标准划分的传达符号学和意指符号学之间就不存在明显的边界。

第三，二者统一于语言交际模式中。雅可布逊的语言交际模式包括六个要素：发送者（addresser）、接收者（addressee）、信息（message）、代码（code）、渠道（channel）和情境（context）（Culler，

1975：56）。相应地，他确定了语言的六种主要功能：情感功能、指令功能、美学功能、元语言功能、交流功能和指称功能。在严格的传达符号学中，发送者参照明确代码，将某信息通过某渠道一成不变地发送给接收者，接收者再根据特定情境，按照同一代码解读同一信息，接收者的解读过程与发送者的编码过程是方向相反的同一过程，这一传达过程高度依赖于明确的代码和发送者的意图，而基本上不受制于渠道的干扰且不依赖于情景。而在典型的意指符号学中，关注的重点则是解读对情景及渠道的依赖，如要想知道某人"挠头"是什么意思，得参照当时的特定情景。这两种情况只是极端的典型情况，实际生活中的符号现象大都介于二者之间，其中的传达作用与意指作用只是度的问题，即随着代码明确度和发送者意图性的降低，情境和渠道的参照作用将上升；随着传达作用的降低，意指作用在不断加强，反之亦然。两种作用虽然对立，但是共生共存的。从功能角度看，各种功能在两种符号学中所起的作用也只是一个程度的问题，是连接二者的一个自由连续体。例如，指称功能是一切符号现象的基础，符号指向一确定的信息是传达信息的前提，即使在意指符号学的典型研究对象——诗学语言中，符号除了指向某信息同时还指向了自身。后者被称作为美学功能，但指称功能是美学功能的前提。美学符号把自身作为承载信息传达给了接收者。情感功能与指称功能是传达和意指过程中的两种既相互竞争又相互补充的基础功能，情感功能偏向于主观，指称功能偏向于客观。但作为传达符号学理想模式的科学符号也是主观建构出来的；而同样，具有高度意指作用的美学符号也千方百计地以客观的面貌出现。指令功能主要建立信息与接收者之间的关系，表面上看更符合意指符号学的范畴，但"指令可以指向接收者的才智，也可以指向其情感性"（吉罗，1988：3－4）。目的在于传达信息的符号调动接收者的智力参与；而颇具意指功能的艺术符号则更侧重于情感的调动。传达作用与意指作用都离不开指令功能，只不过侧重点不同。交流功能对于传达的作用自不待言，对于意指的作用也不可忽视，因为"交流讯息的指代对象是传播自身，同样，诗歌讯息的指代对象也是讯息本身"（吉罗，1988：7）。所以高度意指的艺术符号也是离不开交流功能的。元语言功能是符号编码的显在表现，在符号的传达过程中的作用是显而易见的。在艺术语言中，信息媒介的选择也属于元语言功能，例如一幅照片的相框，同样具有高度意指作用。雅可布逊提出的六种主要符号功能在传达符号学与意指符号学中，处于共生且竞争的状态，甚至它们以不同的比例混在一种讯息之中。（吉罗，1988：7）

总之，从雅可布逊提出的交际模式及相关的符号功能出发，传达符号学与意指符号学是具有相通之处的，且是相互联系的。

第四，二者统一于能指与所指由松到紧的结合过程中。这一过程包括不明推论、类比、隐喻和一词多义等阶段。在不明推论中，首先，我们发现某种奇怪的现象，然后只有假定它是某个普遍规则的个案，这种情况才能得到说明，于是我们采用假定，或者说，我们发现两件事情在某些方面具有极高的象似性，于是推断它们在其他方面具有极高的象似性（Peirce，1934：II：375）。如由"地面潮湿"可能会想到"下雨了"。不明推论阶段是为能指寻找所指或能指所指相连接的初始阶段，此时意指作用初见端倪，为交际传达做好准备。类比阶段是不明推论阶段的深化、能指和所指间平行映射的阶段，是前隐喻阶段，此时，还没形成稳定的能指所指符号结合体，随着意指作用的加强，传达作用也开始显现。如将"外科医生"类比成"屠夫"，用"屠夫"这个能指来描述所指"外科医生"，在平等映射的思维基础上（即二者都用刀切肉），创造出"外科医生"的新形象——"开刀手术不精湛"。此阶段上的意指作用和传达作用相当程度地依赖于情境和个人编码才能进行，即此时的能指所指结合体仍带有很大的新奇性，仅在特定人群内、小范围内，才能沟通。如目前的一些网络用语仅限于网民之间的传达，普通人是听不懂这些词汇的，这些能指难登大雅之堂，更进不了正规的词典。而到了隐喻阶段的能指所指形成的符号结合体则相对稳定多了，也能够进入词典。此时的符号编码相对明确，意指作用相对固定，传达作用更加畅通。如用"狐狸精"来喻指"风骚的女人"，这一符号结合体已扎根于人们的心中。隐喻阶段的符号结合更加紧密，对其意思的解读可以基本上脱离情景，表明其传达功能比类比阶段的符号进一步加强了。但此时的符号实体在人们的心中仍然保留了二重印象，即在用"狐狸精"一词来喻指一个风骚的女人的时候，人们头脑中潜意识会出现"狐狸"和"女人"双重影像，这种情况说明了隐喻符号意指作用的不可替代性，即直白地说"这个女人很风骚"达不到"这个女人是个狐狸精"后一种说法的独特的意指效果。到了一词多义阶段，能指所指结合体已密不可分，所指已从类比和隐喻阶段的内涵意义变成能指固有的内在的外延意义，已经失去了它的新奇性；所指意义已成为词典中的词条下的稳定义项。如"针眼"一词已几乎很难使人想起它的隐喻性来源，该词在交际中的意指和传达作用不会带来很大的歧义性，是形义明确编码的一一对应关系，但这种理想模式只能通过人为主观编制来实现，如莫尔斯信号、布莱叶盲文、公路信号等。在这种情况下，意指作用受到限制，但在天然语言中，绝大部分词汇都是一词多义的，是能指与所指由松到紧结合的结晶。正由于天然语言的这一特点，天然语言才能既保证信息传达的有效性，又能容许意指作用的创新性。所以天然语言是传达符号学和意指符号学共同的研究对象。这就难怪很多符号学家，如索绪尔、普洛普、格雷玛斯、斯特劳斯、雅可布逊等，把语言符号当作研究其他符号的参照框架，把语言符号看作是整个符号学的典范。从这个意义上讲，传达符号学和意指符号学应统一在语言符号能指和所指由松到紧的结合过程中。

　　第五，在比语言高一层的文学中，一方面，为了有效地传达信息，作者要尽可能地遵守人们普遍接受的语言代码，否则作品将没有读者；另一方面，为了创造性的意指作用，语言代码容许有某种程度的出格。作者为了新的意指作用可以创造出偏离代码的新信息，而读者也可以不拘泥于既成的代码，自行制作新代码来解释文本符号。"诗的信息中，经常出现这种现象。"（池上嘉彦，1998：114）文学创作的最终归宿是读者，没有读者的作品不能称其为作品。由于文学作品将接受读者反反复复的审美鉴别和审查，所以作者还必须将其注意力集中于读者的潜在反应上，因此，文学文本就成为信息传达和作者与读者之间交流的渠道，而这些交流行为又会触发文学符号的创新性，即意指作用的产生。实现文学文本的诗学功能的主要手段包括歧义手法，或俄国形式主义者称之为"陌生化"的手段。它是一种违反代码规则的方式，它履行着美学体验的一种意指作用引导功能。"对某一美学文本的理解就是依据对发送者代码的接受和拒斥两者之间的辩证关系……另一方面，则表现为对个人代码的引介和拒斥之间的状况。"（艾柯，1990：315）因此，各种互相交织的解释活动就会重新考察常规代码存在创建新代码的可能性，各种代码威胁着文本，但同时又加强文本的意指作用。通过各种复杂的代码网络，文本在作者和读者之间确立了交流语用关系。文本阅读表现为在歧义信息中尽可能忠实地猜测作者的传达意图和自由创造意指作用之间的辩证关系。"艺术本文的接受过程其实就是读者和作家之间展开的一场斗争。"（张杰、康澄，2004：83）在文学文本中，文本符号的发出者和接收者采用的代码并不一定是一致的。洛特曼认为，文学行为的可能性主要有四种方式：作家将文本作为艺术作品来创作的，而读者也是这样来接受的；作家不是将文本作为艺术作品来创作的，但读者却从审美的立场来接受它；作家创作了艺术文本，但是读者却无论如何都不能够将它与任何一种艺术形式联系，所以读者只好把它作为非艺术信息来接受；作家创作的是非文本，读者也把它当作是非艺术文本加以接受。（张杰、康澄，2004：83）第一、第四种情况中信息传递者与接收者代码基本一致，符合传达符号学的理想要求；第二、第三种情况发送和接收代码不一致，文本具有了更多的意指作用，更适合意指符号学的意图。读者代码中的选择是个动态的过程，因为作者在创作文本、传达信息的过程中，往往违背常规，采取各种陌生化手段突破已有的表达方法，创建新的规则，尽可能多地增加作品的结构信息量，这样，文本中存在多种代码、多重结构和多重意义，这样的文本就会促使读者在解读文本时，不断更新代码手段。阐释代码的增多逆向增加了文本的意指作用，创造了文本的信息量，增强了文本的文学性。因此，传达符号学关注文学作品正向信息传达的研究与意指符号学感兴趣的逆向美学阐释研究对立统一于作者利用陌生化手段的创作意图与读者最大化解读作品的努力之间的不断协商过程中。

第六，符号的信息传达作用是以符号的意指作用为前提的。意指内容是传达的内容，在传达过程中，又会产生新的意指作用。符号及其外延意义是信息传达的载体，而符号的内涵意义则成为意指的内容；内涵意义是外延意义派生出来的，所以意指作用也是离不开传达作用的。法国作家福楼拜在《包法利夫人》中用词语描写了男主人公奇异的鸭舌帽。这些词语就是符号，而/帽子/这种物体则是这些词语符号的意义。但在这里/帽子/本身又有进一步的意指作用，即它可能是代表/愚笨/、/左倾/的符号。作者在通过词语传达/帽子/信息的同时，产生意指信息/愚笨/、/左倾/，意指信息同时成为传达的内容。/帽子/既是词语符号的所指意义，又变成另一意义的能指符号，"一切都是符号，一切都是所指，一切都是能指"（吉罗，1988：50）。词语符号指向/鸭舌帽/这一功能是根据读者认同的语言代码实现的，属于典型的传达符号学对象，而/鸭舌帽/意指/愚笨/、/左倾/则不是根据既定的代码完成的，在读者中可能会带来一定的歧义性。这一模糊意指的意义同样被传达给了读者。设想，一位警察穿着制服去参加别人的婚礼，此时，"制服"这一符号毫无疑问传达了警察身份的意义，这是该符号的外延意义，同时，该服装符号意指着模糊的内涵意义，可能意指该警察想表明其职业的光荣性或想突出出席仪式的庄重性的愿望，其他出席婚礼的人也许对他的服装拥有完全不同的解释。不管怎么说，该符号进一步的意指作用是建立在被传达的指称功能基础上的，同时也成为传达的内容。在这个意义上讲，传达符号学与意指符号学之间的界限变得模糊了。也许某种符号的意指功能不是发送者有意发出的，但该符号若具有传达作用，则它肯定是以意指作用为前提的。也就是说，意指符号学可以不依赖于传达符号学，但没有前者是无法想象后者的。

第七，传达作用与意指作用之间是可以转换的。符号能指与所指之间的关系可以分为任意性的和理据性的。语言符号的音响形象与其外延意义之间的关系就是任意性的，一经约定，就不能随意改变，这种单一性的意指作用很容易实现符号的传达作用。而符号的内涵意义与能指之间的关系则带有不同程度的理据性，如用"园丁"一词来指示其内涵意义"教师"，则是建立在"园丁种植花草"和"教师培养学生"二者之间的认知类比基础上的。因此，任意性产生单义符号，适合理想的传达作用，而理据性则可以解释任意性，产生多义符号，使符号的意指作用加强。任意性有助于产生代码明确的系统，使传达作用更容易实现，而在表面上看似非系统的符号组合中确定系统及代码的存在，就成为寻求意指作用的重要任务；一旦确立了系统和代码，则意味着意义的固化和符号传达作用的加强。所以符号的意指作用与传达作用既表现为互依互存的关系，又表现为此消彼长的转换关系。符号的任意性和理据性、强代码与弱代码、有结构与无结构、传达作用与意指作用等这几对概念之间的界限是很难描述的，它们之间的关系都具有相对性特征和可转化可能。特别是在诗学系统中，本来具有任意性的语言符号被赋予了理据性，从而使诗成为开放的系统，成为新的意指作用的创造者。但时间的演进趋于磨去符号的理据性，这些新的诗学符号很快就被系统加以编码和吸收，理据性不再被感知，符号通过新的纯粹的约定来发挥作用。在这一过程中，传达作用与意指作用不断地相互转化。例如，"眼睛是心灵的窗户"这一说法在其诞生之时，接收者只能根据某种潜在的类比规则来阐释，寻找"窗户"字面以外的意指作用，但随着这一符号的一再被重复使用，人们就会对这一符号的新的意指作用，建立一致的约定和看法，即获得了明确的代码支持。这样，新的意指作用就被融化在新的传达作用中。这种情况在美学文本中表现得尤为明显。"美学符号对于任何约定都是自由的，而意义则依赖于表现。"（吉罗，1988：84）美学符号的创造性本质使传达作用与意指作用循环往复地处于相互转化之中。传达符号学的对象与意指符号学的对象交叉重叠的原因在于符号的衍生性，即从符号的最初的意指关系中又可创造出新的所指，而新的所指又可成为另一能指……这一过程循环往复，永无止境。这一观点早已被索绪尔（Saussure，1966：101－102）、皮尔士（Peirce，1934，V：300）、巴特（巴特，1992：80－84）等符号学大师所证实。

第八，从理论源头上讲，传达符号学与意指符号学应是一致的。索绪尔在《普通语言学教程》中提出了现代符号学的奠基性概念——符号的任意性，即能指和所指之间没有自然的联系。从上节的讨论中可以看出，符号的任意性一方面使创造性的意指作用成为可能，另一方面产生了为准确信息传达服务的具有约束性的代码。意指作用和传达作用辩证统一在任意性原则上，任意性造就了符号的衍生性。索绪尔认为语言学应是符号学的楷模，因为符号学是处理任意规定的价值的科学。这一观点表明，索绪尔的真意在于超越传达符号学相对于意指符号学的这种单一图式（池上嘉彦 1998：117），符号学既研究传达作用，又研究意指作用。由于索绪尔所举的符号学系统的事例是一些严格规范的人工符号系统，如军事信号、礼仪规则等（Saussure，1980：37 – 38），这些系统旨在传达和交流信息，所以比伊桑思（Buyssens）和穆南（Mounin）等符号学家依据索绪尔的语言学把符号学看成是一种研究传达作用的理论。但艾柯却偏向符号学的另一侧面，指出能指与所指间的任意性关系建立在规则系统的基础上，"就此而言，索绪尔的符号学似乎是一种刻板的意指符号学"（艾柯，1990：16 – 17）。这两种观点都没错，只是指出了任意原则的不同侧面。意指符号学偏重的是能指指向所指的语义关系；而传达符号学则认为能指是与人的精神有关的事实，因此符号被当作人与人之间的传达手段。意指作用是符号实现传达功能的前提，前者关注符号形成的过程，而后者则关注符号形成的目的，所以二者统一在符号运行过程中。传达符号学与意指符号学从符号学本体论上讲是统一的。皮尔士提出的符号无限衍生理论同样能证明二者之间的统一，这在上文已谈到，在此不再赘述。

综上所述，传达符号学与意指符号学呈现出的仅仅是方法论上的差异和本体论上的统一，使我们看到了符号系统及其功能的多样化、衍生性和不同系统及功能之间的可转换性。每一个符号都被赋予了意义，具有意指作用，并且被当作传达手段。为了被有效地传达，代码的规定具有相当高的严密性，但同时具有容许创造性意指作用的灵活性。符号是文化的组成单位，文化是符号现象。从文化角度看，传达和意指是统一的，文化的所有方面都构成意指单位，都应该作为基于意指作用体系上的传达现象加以研究，因为整个文化都属于意指和传达，人性和社会是建立在符号的传达作用和意指作用的基础上的（艾柯，1990：25），所以，在文化过程里，传达符号学与意指符号学严密地交织在一起。

三、隐喻符号中的能指所指结合过程中的意指、传达与创新性

符号的意指和传达机制是语言、文学、文化等系统的基石，从本章开始，本书将具体分析这些领域中的符号意指和传达机制。隐喻是最具符号特征的语言现象。长期以来，学者们大多从修辞学和语言学的角度探讨隐喻问题，却很少涉及隐喻的符号性。以皮尔士的符号三分法为基础，深入分析隐喻在词汇和句子层次上的两级符号结构，得出隐喻符号的具体意指过程，发现隐喻符号的聚合性和组合性，并试图按照符号代表项与所指项之间意指关系的不同，将隐喻分为三类，进一步解读出隐喻在符号意指过程中所产生的创造性。对隐喻符号性的研究，有助于我们从本质上把握隐喻生产的内在机制和动态的意义增值过程，有助于了解隐喻对于语言和人类生活的创新性贡献。

（一）隐喻小引

从词源上来看，隐喻的英文说法"metaphor"来自希腊语"metafora"，其本义是"搬过来，带过来"，而后来转义为"转移""表达"，成为一种常用的修辞表达法，表达从一个领域到另一个领域的意义转移。隐喻的现代意义则更广，*The American Heritage Dictionary of the English Language* 把隐喻定义为，用通常表达一物的词或词组表述另一物，

因而做出隐性比较的修辞方式（Editors A. H, 1980：825）。莱考夫和约翰逊（Lakoff &Johnson）更是把隐喻看作用一物来理解另一物的思维方式（Lakoff G. and Johnson M., 1980）。隐喻体现了本体（tenor）和喻体（vehicle）之间的互动。本体就是被描述的事物或概念；而喻体就是用来描述主体的事物或概念。如在"John is a pig."中，John 是本体，pig 是喻体。不同学者从不同视角描述隐喻，得出了不同的结论。方达尼尔（Fontanier，1830）和塞尔（Searle，1978）从述谓角度分析隐喻，理查兹（Richards，1965）、布莱克（Black，1962）和摩尔（Moore，1982）等人则提出了隐喻互动理论，莱考夫和约翰逊重点从认知角度考察隐喻，格特力（Goatly，1997）和莫伊（Mooij，1976）将语境纳入隐喻研究中，认为作为语用现象的隐喻的理解离不开语境。

前人的研究视角主要局限于修辞学与语言学范围内，却很少从符号学角度探讨隐喻问题。尽管前人的研究角度不同，但他们的理论目的其实都是要解决语言意义交流问题，即语言符号意指过程。本章以下将利用符号学的相关理论对隐喻的符号性及其意指问题做尝试性分析，以期能够更清楚地把握隐喻的内在生成机制及其符号学创新过程。

（二）符号学相关观点

现代符号学奠基者之一皮尔士（Charles Sanders Peirce）把符号定义为"在某方面对某人来讲代表某物的东西"（Peirce 1934：228），他认为任何东西都可充当符号，只要能对某人意味着什么，如单词、相片、意象，甚至思想。皮尔士提出了符号的三分模式，认为每一个符号都由三要素组成：所指项（object）、代表项（representamen）和解释项（interpretant），如图 3-1。

符号代表项即符号的载体，这里是喇叭上加斜杠的图案；符号所指项是所表达的概念，/禁鸣喇叭/；解释项是指人们看到这一符号时大脑

代表项

所指项
/禁鸣喇叭/

解释项
"我不能在此鸣喇叭"

图 3 – 1

中产生的思想或概念。图 3 – 1 中，驾车人不鸣喇叭才是符号所指项的正确解释项。当然不能保证每个人都能获得正确的解释项，没学过开车的人可能会想到"我在此不能吸烟"之类的解释。是什么因素才能保证解释者在代表项和所指项之间做出正确匹配，从而得到正确的解释项呢？Rilla Khaled 等人认为，语境和文化习俗使正确解释项成为可能（Rilla Khaled，2007）。皮尔士符号三分模式解释隐喻的潜力更在于他提出的无限意指（unlimited semiosis）观点，"符号（代表项）决定另外某物（解释项）去指向同一个所指项，同样，这一解释项本身又代表着区别于本身的另外某物，从而变成新的符号……这一过程永无止境"（Peirce，1934：300）。换句话说，一个符号的解释项本身就是一个符号，即一个符号的解释项可以成为一个新的符号的代表项，通过自己的新的解释项指向一个新的所指项，这一过程，"原则上可以无限地进行下去，只要认为这种说明已经够了，那么它往往就可以中止了"（王铭玉，2004：125）。我们可以把图 3 – 1 的符号三角关系进一步延伸下去，如图 3 – 2。

Pippin Barr 等人用了一个浅显的图式表达了符号的无限意指过程（Pippin Barr，2007），现将其稍做调整表达如下图 3 – 3。

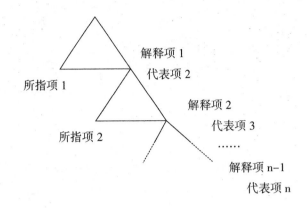

图 3 - 2

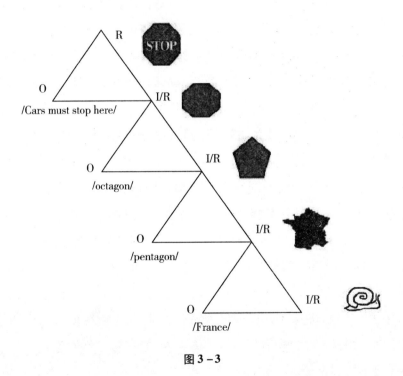

图 3 - 3

图 3 - 3 表明，解释者初始见到停车符号可能想到八边形，八边形可能又令人想到另一个多边形——五边形，五边形又可能使解释者想到

法国的形状，接着，法国又会使人想到吃蜗牛。这一过程可以引向更远的代表项和解释项。符号的无限意指过程体现了将两个符号连接起来的观点，从而促进符号的生产和增长过程，使人类的语言表达手段更丰富。

（三）隐喻的符号结构

皮尔士认为，符号单位可大可小，小的可以是单词，大到句子甚至段落或一本书可充当一个符号，所以在描述隐喻的符号结构时，我们可以站在词汇基础上，也可以站在句子层次上。下文我们结合 Pippin Barr 等人的做法，将隐喻的符号结构分两个层次进行分析。正如上文指出，符号的意指过程是符号连接、生产的过程，因此我们可以在词汇层次上，把隐喻的本体和喻体分别看成是两个符号，也可以把隐喻的本体看作是同一个隐喻符号的所指项，把喻体看作是该隐喻符号的代表项，隐喻的喻体通过解释项与本体联系起来。换句话说，隐喻符号的解释项体现了整个隐喻过程。笔者以"Juliet is the Sun"为例，图示如下。

在该隐喻的初始符号结构中，主体 Juliet 是所指项，喻体 sun 是代表项，它代表、指称 Juliet；而解释项是 Juliet is the sun。隐喻的初始符号结构只提供了本体和喻体的连接手段，只产生了一个外延解释项，只包含了字面意思；若要进一步得出初始解释项的内涵意义，我们还得把初始解释项当作一个新的符号的代表项，做进一步的句子层面上的符号结构分析。按照图 3-3 表明的符号无限意指过程，我们可以把图 3-4 延伸为图 3-5，我们就可以得到句子层面的隐喻符号结构。

图 3-5 表明，词汇层次上符号的解释项"Juliet is the sun"，在句子层次成了新的更大符号的代表项，它又指向这一新的符号的所指项。/Juliet is bright and warm. /，表征了初级符号中本体即所指项 1 的某个典型特征，可能是 Juliet's shining eyes，而新的句子符号的解释项可

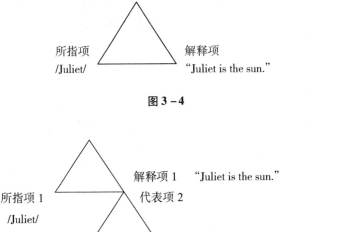

图 3 - 4

所指项 1
/Juliet/

解释项 1　"Juliet is the sun."
代表项 2

解释项　2
"Juliet makes Romeo feel warm."

所指项 2

/Juliet is bright and warm/

图 3 - 5

能就是 Romeo 赋予该隐喻的部分意思，即"Juliet makes Romeo feel warm."。当然，正如皮尔士关于符号的定义中所指出的，符号是针对某人意味着某物，同样，隐喻符号的所指项和解释项可能不唯一。如"Juliet is the sun."这一隐喻符号的所指项可能包括/Juliet is high above the world./，/ Juliet gives life to the world./，/ Juliet's eyes are shining./，等等，相应的解释项有"Juliet is important to Romeo.""Juliet gives Romeo life.""Juliet is radiantly beautiful."等等。这些可能的所指项和解释项被 Lakoff 和 Johonson（1980）称之为隐喻蕴含，即将隐喻符号中喻体的特征应用到本体上的结果，所指项独立于喻体描述了本体的特征，而蕴含解释项则明显地把喻体的特征与本体连接起来。从这儿，我们可以看出隐喻的词汇层次上的初始符号与句子层次上的隐喻符号的紧密联系。如果说隐喻初级符号的解释项还只具有外延意义的话，则处在句子层次的二级隐喻符号的解释项就是有内涵性了。那么是什么保证了从众多蕴含解释项中选出正确的解释项的呢？事实上，Juliet 的任何其他特征都可替代上图中的特征，这样，解释符号的意指过程就会在隐喻中持续进行，每次解释都产生一个所指项和一个解释项，若 Juliet's shining eyes 的特征成为该符号的所指项，则蕴含的解释项就是"Juliet is radiantly beautiful."，因为耀眼跟太阳的光辉有关。解释项的最终决定取决于说话者和听话者的文化背景和个人联想。

从以上分析可以看出，隐喻开始于本体符号与喻体符号的联结，产生隐含对比，而终结于二级句子符号蕴含解释项的确定。词汇层次上的一级符号和句子层次上的二级符号通过意指链条连接起来，即一级符号的解释项变成了二级符号的代表项。符号三角模式和无限意指过程使我们看清了隐喻表达意思的过程：代表项被用来描述所指项，代表项和所指项通过解释项连接起来，而解释项成为新的代表项的过程，使一级符号中所指项的特征以全新的喻体代表项方式得以解释。

（四）隐喻符号的聚合性和组合性

上文我们借用了美国符号学创始人皮尔士的符号三分模式分析了隐喻符号的双层结构性，其实这一特性在欧洲符号学创始人索绪尔（F. D. Saussure）二元符号模式中也可得到验证。索绪尔认为，符号由能指（signifier）和所指（signified）组成，在语言符号中，能指是音响形象，所指是概念（Saussure 1966：101 – 102）。由初级能指和所指构成的初级符号可能形成高一级符号的能指，与高一级所指对应。这一模式如图 3 – 6 所示。

如在"John is a lion"隐喻中，喻体 lion 作为一级符号，其能指是"lion"这个词，其所指是/狮子/这种动物。这对能指和所指构成的初

能指1	所指1	
能指2	所指2	

图 3-6

级符号在该隐喻中充当二级符号的能指，与新的所指/勇士/相对应，构成了一个高级符号。

皮尔士的符号意义来自所指项和解释项，而索绪尔认为符号意义根本上离不开语言系统的内部动作，他认为语言系统中的组合关系和聚合关系决定了语言符号的意义和价值。受到索绪尔语言结构观的启发，雅可布逊（Jakobson & Halle，1980）认为隐喻遵循了聚合原则，转喻遵循了组合原则，因为隐喻是以人们在实实在在的主体和它的"比喻式"的代用词之间发现的相似性或类比性为基础的。而转喻则以人们在实实在在的主体和它的"邻近的"代用词之间进行的接近或相继的联想关系为基础（王铭玉，2004：156）。反过来讲，组合的过程表现为邻近性，它的方式是换喻的，聚合的方式表现为相似性，它的方式是隐喻的。如在"轿车蜗牛般地爬行"这一隐喻中，轿车的运动和蜗牛的爬行相似，是聚合关系；而在转喻"克里姆林宫正关注事态发展"中，特定的建筑与总统是邻近关系，表现为组合关系。雅可布逊将隐喻归为聚合关系的做法，是对语言研究的一大贡献，得到了一些学者的赞同，如王铭玉教授以雅可布逊的观点为基础在其学术专著《语言符号学》中提出了自己的双喻观。但是，雅可布逊将隐喻和转喻分别排他地归入聚合模式和组合模式，并将两者根本地对立起来的做法却值得商榷，因为该观点否定了隐喻的组合性，与索绪尔的初衷背道而驰。索绪尔认为每个语言符号都处于聚合关系和组合关系的网络中，其价值和意义取决于在这两种关系中交差位置和与网络关系中其他符号的相对关系，所以，从根本上讲，隐喻作为一种语言符号是逃不出聚合关系和组合关系交织起来的网络的。

与雅可布逊持类似观点的还有科恩（Cohen，1979），他认为隐喻是对正常语言使用规则的偏离，即对普通用法和字面用法的偏离，从而造成意义不相关，处于聚合层次。但这种观点没能指出一种属于组合层次的"新的相关"（束定芳，2000：232）。事实上，隐喻过程是一个二度偏离过程：首先偏离出现在表达层面，即喻体和本体在字面意义上的语义不相关性；其次在理解层次，即为了消除一度偏离所产生的喻体词汇系统内部意义和用法上的偏离，从而最终使本体和喻体意义相关。这两种偏离是互补的，但处在不同的语言关系中，一度偏离先出现在聚合层次，后出现在组合层次，二度偏离纠正了一度偏离，先出现在聚合层次后出现在组合层次，最终使隐喻表达在两个层次上得以成立，所以隐喻符号像其他语言符号一样，既具有聚合性，又具有组合性。以隐喻"He is a fox"为例，首先，说话人在喻体位置，本应选择一个与人有关的述谓，但选择了动物 fox 作为 He 的述谓，在聚合关系上产生了偏离；进而 fox 的字面意思或外延意义与 He 在组合关系上产生了偏离，为了纠正这种偏离，听话人为了正确理解隐喻符号，就不得不在聚合关系上从 fox 的外延意义（/狐狸/这种动物）偏离到狐狸的特定文化内涵意义（/cunning/，狡猾），同时从 fox 的指称功能偏离到述谓功能。理解中的二度偏离纠正了表达中的一度偏离，从而最终使 He is a fox 隐喻在组合关系中达成和谐。聚合性和组合性成为隐喻符号的内在特征。

（五）隐喻的符号学分类

本体符号和喻体符号互动结合产生隐喻符号，又分别是隐喻符号的所指项和代表项。参照皮尔士符号理论的哲学基础中的三个范畴和符号三分理论，我们可以按照隐喻中本体符号和喻体符号之间的关系对隐喻进行分类。皮尔士的三个范畴是一级存在（firstness）、二级存在（secondness）和三级存在（thirdness）。一级存在是一种自身独立的自在存在，皮尔士称之为"感觉质"（qualities of impression），表现为物体的属性（attributes），如色彩。二级存在是时间上的经验，牵涉到一些事物与他事物的关系。三级存在属于"中介""再现"等抽象范畴，它使具体的时、空经验又获得了一种新的形态（张良林，1999）。对应于上述三级存在，皮尔士按照符号代表项和所指项之间关系，把符号分成三类：象似符号（icon）、指引符号（index）和象征符号（symbol）。基于上文分析的隐喻符号结构，我们认为，隐喻符号按作为代表项的喻体和作为所指项的本体之间的关系可以分成相应的三类。（1）象似类隐喻（iconic metaphor）。它以一般存在为基础，本体和喻体之间具有某种特征上的象似性，如 face brick（面砖）这一隐喻中，本体 brick 和喻体 face 具有物理上的象似性。其他的例子有 mouth of tongs（钳口）、eye bar（眼杆）、lip curb（唇形路缘）等。（2）指引类隐喻（indexical metaphor）。它以二级存在为基础，本体和喻体之间不存在明显的象似性，而存在着触发机制，即喻体的提及触发了本体的某一方面描述，如"好人是正方形的"这一隐喻中，喻体"正方形"的对称性和完美性触发了对本体的解释："好人是完美的"。再如"My job is a jail."这一隐喻中，喻体 jail 表达出的"牢房困围人的关系"触发了本体的理解："工作在某种程度上限制了人的自由。"（3）象征类隐喻（symbolic metaphor）。它以三级存在为基础，表达喻体与本体之间的抽象表征关系，是一种约定俗成的关系，具有很强的文化性。第一和第二类隐喻是以人类的普遍经验为基础，不同民族的人理解这两类隐喻没有太大问题，但第三类隐喻具有很强的文化依赖性，不同民族的人理解不同。如在

"他是一条龙"这个隐喻中，喻体"龙"具有强烈的中华民族荣耀色彩，用"龙"来描述本体"人"是中华民族约定俗成的做法。但以西方民族的视角观之，喻体和本体之间没有必然联系。再如，"English is Greek to me."这一隐喻用西方人熟悉的抽象概念"Greek"作为喻体来喻指"English"，具有很强的西方文化意识，东方人则很难一下子理解它。当然以上三种分类只是粗略的、大致的，并不意味着三种隐喻之间是截然分开的；相反，我们常常会遇到一些交叉情况，如下面这个隐喻："Tires are shoes of cars."，这个隐喻中既有具体特征的象似性（如皮革质地），又有触发关系，即用鞋与人之间的重要关系来喻指轮胎之于汽车的重要性。

（六）隐喻符号生成和理解意指中的创造性

隐喻符号的创新性可以从生成过程和理解过程来讨论，因为皮尔士的三元符号模式既可看作生成过程，又可看作理解过程。前者指符号设计者创造一个代表项，意在引向一个成功的能与所指项合适匹配的解释项；后者指符号解释者看到代表项后，头脑中产生一个解释项，并希望该解释项能与未知所指项匹配。其实，解释过程在某种程度上已经融入生成过程中了。意大利符号学家艾柯（Eco）通过理想读者（Model Reader）的概念将生成过程和理解过程连接起来，他认为，符号设计者要使生成的符号交际成功，必须假定他所依赖的符号代码与可能读者的代码一样，必须预设一个理想读者能按照自己的符号生成方式来理解符号（Eco，1979：7）。因此隐喻符号的设计者在生成隐喻的过程中，通过语境知识和世界知识形式已经创造了一个理想读者，语境知识和世界知识集中体现在代表项的选择上，作为喻体的代表项成为隐喻设计者和读者的联结点。换句话说，在创造了理想读者之后，隐喻设计者需创造出一个喻体作为符号代表项，意在产生一个与作为本体的所指项很好匹配的理想解释项。

创造隐喻符号代表项的行为实际上是对语言规则的创新使用。如在隐喻"John is a pig"中，说话者用"人"以外的范畴"pig"来描述人，造成表面上违反语义一致性原则，但实际上在深层结构上，遵守了语义一致性原则；同时，说话者创造性地把主要具有指称功能的"pig"用作描述功能，从而造成在字面意思与组合关系之间，"pig"的指称功能与描述功能之间产生张力，结果是两后者战胜两前者，即组合关系的成立以"pig"的字面意思的消亡为代价，描述功能的确立以指称功能的毁灭为前提。隐喻符号"在语义不相关和语义自我毁灭的同时，整个陈述中通过词组的互相作用而形成的创新也诞生了"（束定芳，2000：242）。

这一创新过程同样反映在隐喻符号理解过程中。从句法层面看，辨认隐喻的手段之一是，一个句子或词组中某些词用作隐喻而其他词是非隐喻用法（Black，1962：27）。如在"The chairman ploughed through the discussion."中，"ploughed"一词是隐喻用法，其他词不是。从语义层面看，语义不规则命题是确定隐喻的标准之一，隐喻往往表面上打破规则，其实最终在编码规则。换句话说，隐喻通过违反旧的规则而创造新的规则，这一点使隐喻产生了直白语言表达不可替代性。相应地，理解隐喻就是要解决这些不规则性，重建规则性，本体和喻体之间的关系才得到新的解释。在"A is B"隐喻结构中，具有名词性质的 A 和 B 本来都有指称功能，我们假设 B 仍然具有指称功能，则明显 A 和 B 不同指，违反语义规则，所以读者就不得不在 B 的指称功能之外去创建其描述功能和描述意义。喻体 B 从指称功能向描述功能的转移，使隐喻述谓侧重于主体 A 特征的表述。如果用平等述谓（parallelism predicate）的方式描述隐喻的理解过程，我们就可以把隐喻"The atom is a solar system."写成"The atom is（an atom ‖ a solar system）."。第一个 atom 充当索引指称，第二个 atom 与 solar system 处于平等位置，描述一个特征。隐喻的创造性不仅体现在人们加工本体和喻体间已知的相似点上，还体现在二者之间的差异上。正是差异性，在人们大脑中在喻体和本体之间激发了一种新的特殊的联系或创造了象似性。隐喻理解中关于喻体和本体之间的差异和创造出的相似性，体现了隐喻的不可替代性和独特的魅力。

在生成和理解隐喻符号的共识中，离不开中间符号的创造。根据上文对隐喻的符号结构的分析，解释项连接了作为本体的所指项与作为喻体的代表项，解释项本身就是人们头脑中创造出来的符号，有待于进一步解释。那么解释项是通过什么把本体和喻体联系起来的呢？主要是在二者间潜在地创造了一个中间符号。这一中间符号指的是在喻体和本体间创造出的共同义素，如在"马尔他的城堡是盔甲"这一隐喻中，说话者和听话者在"城堡"和"盔甲"之间创造了一个共同义素/保护/，用包含这一义素符号的喻体"盔甲"来喻指"城堡"。义素分析法的倡导者们就"把义素焦点化看作了基本的创造性机制"（束定芳，2000：184）。其实，这一中间义素符号就相当于通常所说的"喻底"。例如"John is a pig"，这一隐喻就创造出了含有"脏、懒、笨"等义素的喻底符号。那么这一中间符号是怎么创造出来的呢？塞尔（Searle）认为这是人们在本体和喻体之间不断协商的结果。塞尔用 S 代表本体，用 P 代表喻体，用 R 代表中间喻底符号。隐喻的表层结构是"S 是 P"，根据说话者和听话者共同语境知识和世界知识，听话者首先确定 S 与 P 的关系在字面意义上很难站得住脚，接着便寻找字面以外的意思，着重从 P 上打开缺口，进而由 P 联想到一系列 R 义素符号，最后以所有可能的 R 符号来反观 S，最终确定一个适合 S 的 R 符号作为隐喻符号解释项的中间符号（Searle，1978）。

隐喻过程中，中间符号的创造最终是为了对本体做出新的解释和在本体上创造新的知识。在隐喻过程中，人们具有系统性平行映射的本能，即通过中间符号的作用，倾向于将喻体的独有特征和关系投射到本体上，从而在本体上创造新的知识和意义。换句话说，人们在隐喻过程中偏爱对称性，总喜欢把喻体意义系统和本体意义系统相匹配，这样，与喻体系统有关的陈述都可以被投射到本体上，从而对本体产生了可能的新的推论。如"My surgeon is a butcher"这个隐喻，把屠夫切肉粗鲁的形象投射到外科医生的身上，造成了外科医生的新的形象。

　　总之，隐喻符号是基本交际手段之一，不仅广泛应用于日常语言、文学、艺术和电影之中，它还是人们经常使用的经得住考验的构建和学习新知识的方法。从符号学角度看，隐喻的符号性使创新成为可能，使人们能够提出新的问题和新的思想。隐喻符号可以帮助人们预先建构科学工作的思维模式，如英国物理学家托马斯·扬曾用声音来喻指光，得出全新推论：光具有波动性；达尔文用马尔萨斯《人口论》中的"生存竞争"理论来喻指自然界中的物种生存关系，从而建立了生物进化论。

四、符号学框架下的隐喻误解剖析

隐喻理论纷繁复杂，对隐喻的误解在所难免，四种误解最为明显，主要表现为隐喻仅对比已知相似点，喻体信息量大于本体信息量，隐喻主要是共时性聚合关系，隐喻喻体只具有描述功能。具体隐喻例子的分析表明，这四种观点有失偏颇，具有片面性。符号学框架下辩证的全面分析可以克服片面性，从而全面正确地理解隐喻这一语言现象，可以进一步有助于看清隐喻这一语言现象的符号意指和传达机制。

近几十年来，隐喻（metaphor）研究成为语言学和文学研究中的一大热点，且呈现出百花齐放、百家争鸣的局面，同时也带了一些混淆和误解。单就组成隐喻的两大部件的名称，各派学者众说纷纭，理查兹（Richards）称之为本体（tenor）和喻体（vehicle），莱考夫和约翰逊（Lakoff &Johnson）称之为目标（域）（target domain）和本源（域）（source domain），布莱克（Black）称之为框架（frame）和焦点（focus），或主要主词（primary subject）和次要主词（secondary subject），斯特伯（Strub）称之为被表征项（diagrammed）和表征项（diagram），等等。这些说法所指内容大同小异，为了说明问题的方便，本章采取理查兹的说法，即本体和喻体。如在 John is a pig 中，John 是本体，pig 是喻体。不同学者从不同视角描述了隐喻，得出不同的结论。方达尼尔（Fontanier, 1830）和塞尔（Searle, 1978）从述谓角度分析隐喻，理查兹（Richards，1965）、布莱克（Black，1962）和摩尔（Moore，1982）等人则提出了隐喻互动理论，莱考夫和约翰逊（Lakoff & Johnson，1980）重点从认知角度考察隐喻，格特力（Goatly，1997）和莫伊（Mooij，1976）将语境纳入隐喻研究中，认为关于作为语用现象的隐喻的理解离不开语境。由于学者们从不同视角谈论隐喻某个侧面，达到不同目的，故不可避免地产生相反意见或曲解。为了隐喻研究达到最大程度一致性，保证隐喻研究交流的畅通，我们有必要弄清楚一些误解，从而使读者能够全面正确地理解隐喻。

误解一：隐喻主要比较本体喻体间已有相似点。传统的隐喻理论是一种比较论，"18 世纪有些修辞学家认为，比较就是为了让人们注意到两个事物之间的相似点"（束定芳，2000：156）。《韦伯斯特词典》（第三版）（*Webster Third International Dictionary*，3rd *Edition*）和《大英百科全书》（第十版）（*Encyclopaedia Britannica*，10th *Edition*）对于隐喻的解释都涉及两个事物或概念之间相似性的对比。即使一些当代语言学家也认为寻找隐喻的意义就是比较本体和喻体之间的共同特征（如 Malgady and Johnson，1980；Marschark，Kate and Paivio，1983；Ortony，1979）。其实，把隐喻看作是比较已有相似点的理论只看到了部分简单的隐喻，而忽视了一些稍微复杂的隐喻，忽视了隐喻的创造性。束定芳认为，隐喻可以分为两类：以相似性为基础的隐喻和创造相似性的隐喻（束定芳，2000：58）。对于以相似性为基础的隐喻，人们往往比较喻体和本体之间某方面的相似性，而这一相似性存在于人们使用隐喻之前，如"雪花"，雪片的形状与花十分相似，人们很容易用"花"来喻指"雪"这一本体。而在创造相似性的隐喻中，在使用隐喻之前，人们并不能看出本体和喻体之间存在着什么相似性，相似性是人们在使用隐喻过程中，人为地约定俗成创造出来的，如隐喻"一个中国人是一条龙，三个中国人加起来是一条虫"。人们在使用该隐喻前，很难发现"人"

与"龙","人"与"虫"之间有什么相似之处，本体和喻体之间的相似性是后天创造出来的。再如"柔情似水""君子之德，风也"等隐喻在两个并无任何联系的事物中创造出了一种相似性，表达了说话人描述主体的独特视角和感受。

隐喻研究集大成者莱考夫（Lakoff）虽然也宣称隐喻具有创造性，但他的隐喻心理学仍然坚持隐喻本体和喻体之间的先验的相似性映射。他认为"隐喻映射中，喻体的认知模式与本体固有结构一致"（Lakoff，1993：215）。这种先验的格式塔式的喻体本体同构观实际上是否认了隐喻创造新的相似性的可能性，结果是隐喻使用只能是困囿在已知相似之中。该观点解释不了共用同一本体的多个隐喻的存在，如"Love is a journey，love is a disease，love is a fire"。假如本体和喻体概念结构先验相同，则 love 和三个喻体 journey、disease 和 fire 具有概念上的同构性，可以进一步推断出三个喻体之间也是相似的。这一结论显然违背常理，所以说有些隐喻不是建立在本体和喻体之间已知相似性基础上，而是在二者之间某个维度上创造了相似性。同样的问题也出现在共享同一喻体的隐喻中，如 knowledge is a fire（突出知识的传递性），love is a fire（表明爱情吞噬情人），envy is a fire（表明嫉妒会膨胀，害人）。从这三个隐喻所表达的意思来看，我们很难得出这样结论：喻体 fire 的唯一不变结构使这些隐喻分别达到其喻指目的。我们只能说，我们在将 fire 用作不同本体的喻体时，我们在喻体的某个方面与其不同本体之间创造了相似性。一个更极端的例子是双向隐喻问题，如在 My surgeon is a butcher 和 My butcher is a surgeon 两个隐喻之间，假如隐喻是利用已有的相似点，则两个隐喻意思应该是相同的，但事实相反，前一句是批评外科医生技术不佳，而后一句是表扬屠夫刀工细腻。两个隐喻意思的不同，应归功于喻体、本体在不同方向关系中的相似性创造。所谓创造相似性，是指对于某些隐喻，人们大脑中产生的使喻体和本体之间具有一种新的特殊的联系，这样，这些隐喻并不是建立在原先人们已知的相似性喻底的基础上。布莱克认为，在有些情况下，说这些隐喻创造了某种相似性，比说某种相似性原先就存在，对人更具启示意义（Black，1962：37）。

创造相似性体现在本体喻体相互作用的过程中，是认知主体努力的结果，即当认知主体从喻体这一新视角观察本体时，就会获得关于本体的新的意义和概念以及本体和喻体之间的相似性。在这一过程中，本体原有的概念表征被喻体的概念表征所改变，对本体的新的概念表征意味着对本体新的认识，接着本体被纳入一个非常规的暂时性范畴，而喻体则指称这一新创造的范畴，同时又是这新范畴的原型成员，这个新创造出来的第三个范畴体现了喻体本体互动创造出来的相似性。假如承认隐喻仅信赖于已知相似点，则隐喻不含有创新功能；相反，承认隐喻创造相似性，则隐喻具有创新功能，不仅能够创造新的范畴，更能够创造新意义和知识。

隐喻创造性依赖于人们系统性平行映射的本能，即人们在概念理解中偏爱对称性，总倾向于把喻体系统与本体系统相匹配，把喻体中的独有特征和关系投射到本体上，通过为本体提供全新的解释模式创造本体和喻体之间的相似点，从而在本体中创造了新的知识和意义，对本体产生了可能的新的推论。如上文提到隐喻"My surgeon is a butcher"，把屠夫切肉粗鲁的形象投射到外科医生的身上，创造了外科医生的新形象。

隐喻不仅关注本体和喻体间已有相似点，更重要的是创造相似点。而创造出的相似点本来是不存在的，从哪里来呢？我们认为，相似点的创造是以本体喻体之间的差异为基础，进一步讲，隐喻更关注差异。本体喻体间的差异性才是隐喻不可替代性（irreplaceability）真正核心所在。在"My surgeon is a butcher"隐喻过程中，从 butcher 和 surgeon 的共同点：（1）拿刀；（2）切肉等，引出不同点：（1）切猪肉、杀猪和给人开刀；（2）职业不同等，从而将 butcher 的独有特征：切肉粗鲁，投射到 surgeon 上。理解者在得出外科医生开刀技术不精的同时，还隐约感到屠夫形象的存在，从而造成双重影象的存在。这一过程是字面直白表达所不能替代的。

误解二：隐喻总是用熟悉的具体的喻体来解释不熟悉的抽象的本体，人们喜欢用信息量多的符号当作喻体，而把系统性差的信息量小的符号当作本体，并做进一步解释。持这种观点的有根特（Gentner）和玛克曼（Markman），他们认为，人们用熟悉的较具体的领域来喻指不熟悉的抽象的领域，如用 flowing water 来描述 electricity（Gentner & Markman，1997：52），与汉语中"电流"这一隐喻相当。持这种观点的还有博斗（Bowdle），他认为说话者和听说者更喜欢用信息量大的词汇作喻体，信息量决定了隐喻的方向性。（Bowdle. B.，1999）

这种喻体信息量大于本体信息量的观点，在大部分情况下是站得住脚的，莱考夫和他的同事们提出的日常语言中很多隐喻，如 argument as container、love as a journey 和 life as a journey 等（Lakoff and Johnson，1980）就说明了这一点。此类隐喻都是用人们较熟悉的较具体的事物来喻指抽象的不太知晓的事物。我们应该看到，该观点只注意到了隐喻的一个方面，而忽视了另一个方面。

我们认为，按本体和喻体之间信息量大小的关系，隐喻可以分为两类：一类隐喻喻体比本体信息量大，更具体，这类隐喻吻合根特等人提出的观点；另一类隐喻的本体信息量多于喻体，或用抽象的喻体来喻指本体。如 English is Greek to me，在这一隐喻中，说话者本来就不懂希腊语，只是道听途说得到了关于希腊语较难的模糊印象，说话者也许在学习英语初期使用该隐喻，对英语的了解不会比对希腊语的了解少，因此，该隐喻中，喻体的信息量少于本体信息量，但构成了一个成功的隐喻，体现说话者看待英语的一种描述视角。再如，李敖的隐喻"一个台湾人是一条龙，三个台湾人是一条虫"。这个隐喻用抽象的本不存在的喻体"龙"来喻指实实在在的本体"人"，从信息量来看，毫无疑问，本体大于喻体。再者，该隐喻表达了说话者对台湾人秉性的感慨，即说话者在深刻了解台湾人秉性之后所发出的痛彻肺腑的感受。从说话者角度来看，本体"人"的信息量应大于喻体"虫"。再如，"他写的文章简直是天书"这一隐喻中，本体"他的文章"是具体的，而喻体"天书"则是抽象的；说话者更了解本体的具体情况，即晦涩难懂，而对喻体"天书"只有一个抽象的概念。

从以上分析，我们可以得出结论，隐喻中的喻体的选择只能说明说话者看待、解释本体的视角问题，而不能以偏概全地说明前者的信息量大于后者，比后者更具体。实际上，隐喻喻体的选择不仅提供了讨论本体的新视角，给本体带来新的解释，更重要的是隐喻喻体的选择为我们理解本体提供了预设的思维模式，反映了说话人对本体阐述焦点的选择。这一点更明显地体现在本体和喻体可颠倒的一对隐喻中，这种隐喻可进一步说明关于用熟悉的事物或概念来解释不熟悉事物或概念的观点的偏颇和局限之处。Some surgeons are butchers 和 Some butchers are surgeons，前者是批评外科医生开刀技术不精湛，后者则表扬屠夫刀功细腻。两个隐喻都能喻指成功，但我们很难说本体和喻体两个语义场，哪个场系统性更强，信息量更大，更有具体性。因此本体和喻体能够互相颠倒造成的两个隐喻的存在，使喻体比本体信息量大、系统性强的绝对说法不攻自破。这种双向隐喻的存在只能说明说话者为了表达自我感受，在对本体的解释和描述过程中选择了自己认为合适的独特的参照物。再如：The acrobat is a hippopotamus，这个隐喻是批评杂技演员的动作笨拙，而 The hippopotamus is an acrobat 则是一句表扬的话了。当然，作为喻体参照物的选择不是随心所欲的，是必须取得言语社团的认可。

如 A humor is a virus. 这个隐喻以 virus 为解释框架，把喻体的传染性和相关卫生习惯投射到本体概念 humor 上。而其颠倒的隐喻 A virus is a rumor 则很难取得言语社团的认同。

误解三：隐喻主要是共时性的聚合关系。雅可布逊（Jokobson）是第一个把共时性聚合关系引入隐喻研究的学者，他将隐喻共时性聚合关系置于与转喻的历时性组合关系的对比中（Jokobson，1980）。隐喻和转喻可以表达成两种独立的维度关系，如图：

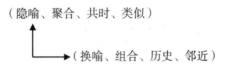

（隐喻、聚合、共时、类似）

（换喻、组合、历史、邻近）

雅可布逊认为隐喻遵循了聚合原则，转喻遵循了组合原则，因为隐喻是以人们在实实在在的本体和它的"比喻式"的代用词之间发现的相似性或类比性为基础的。而转喻则以人们在实实在在的本体和它的"邻近的"代用词之间进行的接近或相继的联想关系为基础（王铭玉，2004：156）。反过来讲，组合的过程表现为邻近性，它的方式是转喻的，聚合的方式表现为相似性，它的方式是隐喻的。如在隐喻"轿车蜗牛般地爬行"中，轿车的运动和蜗牛的爬行相似，是聚合关系；而在转喻"克里姆林宫正关注事态发展"中，特定的建筑与总统是邻近关系，表现为组合关系。雅可布森将隐喻归为聚合关系的做法，是对语言研究的一大贡献，得到了一些学者的赞同，如王铭玉教授以雅可布逊的观点为基础在其学术专著《语言符号学》中提出了自己的双喻观（王铭玉，2004：376－381）。但是，雅可布逊将隐喻和转喻分别排他地归入聚合模式和组合模式，并将二者根本地对立起来的做法却值得商榷，因为该观点否定了隐喻的组合性，与索绪尔的初衷背道而驰。索绪尔认为每个语言符号都处于聚合关系和组合关系的网络中，其价值和意义取决于在这两种关系中的交差位置和与网络关系中其他符号的相对关系，所以，从根本上讲，隐喻作为一种语言符号是逃不出聚合关系和组合关系交织起来的网络的。

与雅可布逊持类似观点的还有科恩（Cohen，1978），他认为隐喻是对正常语言使用规则的偏离，即对普通用法和字面用法的偏离，从而造成意义不相关，处于聚合层次。但这种观点没能指出一种属于组合层次的"新的相关"（束定芳，2000：232）。事实上，隐喻过程是一个二度偏离过程：首先偏离出现在表达层面，即喻体和本体在字面意义上的语义不相关性；其次在理解层次，即为了消除一度偏离，听话者在喻体词汇系统内部意义和用法上出现偏离，从而最终使本体和喻体意义相关。这两种偏离是互补的，但处在不同的语言关系中，一度偏离先出现在聚合层次后出现在组合层次，二度偏离纠正了一度偏离，先出现在聚合层次，后出现在组合层次，最终使隐喻表达在两个层次上得以成立，所以隐喻符号像其它语言符号一样，既具有聚合性，又具有组合性。以隐喻"He is a fox"为例，首先，说话人在喻体位置，本应选择一个与人有关的述谓，但选择了动物 fox 作为 He 的述谓，在聚合关系上产生了偏离，进而 fox 的字面意思或外延意义与 He 在组合关系上产生了偏离。听话人为了正确理解隐喻符号，就不得不在聚合关系上从 fox 的外延意义（/狐狸/这种动物）偏离到狐狸的特定文化内涵意义（cunning，狡猾），从 fox 的指称功能偏离到述谓功能。理解中的二度偏离纠正了表达中的一度偏离，从而最终使 He is a fox 隐喻在组合关系中达成和谐，聚合性和组合性成为隐喻符号的内在特征。

误解四：隐喻喻体的主要交际功能在于描述功能，描述功能与指称功能是对立的，前者是以后者的毁灭为前提的。斯特劳森认为"谓词并不指认什么，它用来说明事物的特征，它不指称任何存在之物；赋予谓词存在价值与现实主义关于普遍性的争论犯了同样错误。指认和述谓的功能是完全不对称的，只有前者涉及存在的问题"（束定芳，2000：

201）。按照这一观点，隐喻中充当谓词的喻体仅具有述谓功能，而不是有指称功能。利科（Ricoeur，1977）也认为本体和喻体之间存在着张力，二者不能同时具有指称功能，斗争的结果是喻体放弃指称功能而获得描述功能。我国学者王铭玉也持类似的观点，他认为："用作隐喻的名词主要的交际功能在于描述功能，即通过特征意义去描述另一名词所表示的事物。"（王铭玉，2004：380）

我们认为，这种观点带有很大的片面性，它只顾及本体喻体同现类隐喻，如 "Richard is a gorilla."（理查德是只大狸猩）。在理解这一隐喻过程中，人们首先假设喻体 gorilla 具有指称功能，则与本体 "Richard" 产生不同指的意义矛盾，然后推断喻体的理解应偏离其指称功能，转向其描述功能，即用大猩猩所具有的特征来描述 Richard，所以人们就把这一隐喻理解为 "Richard is mean，nasty，prone to violence，etc."（理查德很卑鄙、凶恶、残暴等）。

该观点错误之一在于，没考虑到其他类型的隐喻。在喻体式隐喻中，本体不出现，只出现喻体，这时喻体兼任指称功能和描述功能，在特定语境中有时指称功能大于描述功能。如在 "这只老狐狸为人奸诈。"这一隐喻中，很显然说话人用喻体 "这只老狐狸"来指称听话人知晓的某个人，本体 "某个人"没出现，这样，喻体既具有指称功能又具有描述功能，并且前者优先于后者，是后者存在的前提和基础，因为在不知道喻体 "这只老狐狸"指称谁的情况下，其描述功能也就失去意义了。再如在适当语境中，"Silly，ass（笨驴!）"这一喻体式隐喻的指称功能和描述功能同等重要。即使在本体喻体同现类隐喻中，喻体的指称功能与描述功能也不是互相对立的，描述功能的存在并不以指称功能的毁灭为必要条件。在本章前面的段落中，当我们在谈到喻体指称功能和描述功能的关系时，我们谨慎使用了 "偏离"一词，而反对使用 "对立""毁灭"等词，表明喻体指称功能和描述功能具有并存的可能性。如"The school is a prison to students."这一隐喻中的喻体 prison 在理解过程中，人们在字面意义上发现 prison 的指称意义与本体 school 的指称意义存在语义矛盾之后，认为 prison 的功能重心应向其描述功能偏离，即用 prison 的特征来描述 school，只有侧重其描述功能，该隐喻命题才能通顺。但是我们应看到，即使喻体功能以描述功能为主，同时也存在指称功能。一般来讲，所谓指称，是指语言符号指向某物，但"没有指称对象也是指称的另一特征"（束定芳，2000：244）。只不过此时的指称在对象上和层次上发生了转移。在上文讨论的这一隐喻中，喻体"prison"从第一性的字面意义指称，即/关押犯人的场所/转移到了第二性隐喻意义上的新的指称，即"使人感到不自由的地方"，同时在语言层次上，"指称从专有名词转移到整个命题"（束定芳，2000：241），即从指称角度看，整个隐喻陈述对它所指代的事件状态起到专有名词的作用。

在指称功能和描述功能之间，我们不能用一个来否定另一个。事实上，正是隐喻喻体陈述的双重功能使隐喻产生了双重影像和不可替代性的独特效果。当我们读到 Sally is a block of ice. 时，喻体 ice 的第一性指称形象立刻浮现在大脑中，随着第一性指称意象与本体"Sally"语义不和谐关系的产生，第二性指称意象，即"没有感情的人"以及由此带来的特征描述功能就产生了。我们在理解该隐喻的意思为"Sally is unemotional."（萨丽没有感情）的过程中，"冰"的意象和"没有感情的萨丽"意象都会出现在脑海中，后一意象是建立在前一意象的基础上的，相应地，第二性指称及由此产生的描述功能是通过第一性指称意象实现的。要之，第一性指称勾起了通常的联想关系和相应意象，同时第二性指称及描述功能诱发了听话者对新的组合关系所构成的意象的想象。我们的分析体现了索绪尔提出的语言符号的聚合和组合关系，即每个词都与其他词处于一种聚合和组合关系中。正是由于指称功能和描述功能的共同作用才能使隐喻产生双重影像的独特效果,这是直白语言所不能替代的,这一点与本章第一部分的结论是吻合的。相反,否认隐喻的指称功能就否定了隐喻的双重影像的独特性。

综上所述,以上四种对隐喻理解误区的根源在于不能全面辩证地分析隐喻现象。全面辩证的分析方法能够帮助我们解构对隐喻的误解,从而树立对隐喻的正确认识,促进隐喻研究和交流。

五、不明推论的符号学机制及其
语言符号学意义

隐喻是符号能指和所指相对紧密的结合体，而"不明推论"是能指和所指松散结合的开始阶段，因此可以看作是隐喻的前世。"不明推论"是美国符号学家、哲学家皮尔士提出的不同于归纳和推理的第三种符号演算模式，它能够创造出新的知识。这种思维方式的特点有创造性、习惯性和无所不在性。结合皮尔士的符号三分法，"不明推论"可以分成 6 个亚类型。"不明推论"具有重大的语言符号学意义，它联结语言符号与所指对象，创造意义，促进语言发展，催化语言交流，是语言教师必不可少的教学理念和方法。

（一）概述

"不明推论"（abduction）是美国现代符号学创始人皮尔士（C. S. Peirce）提出的一种符号演算模式。皮尔士认为他提出的"不明推论是形成解释性假说的程序。它是导向任何新观念的唯一逻辑运作"（Peirce，1931—1958，V：171）。在不明推论中，首先我们发现某种奇怪的现象，然后只有假定它是某个普遍规则的个案，这种情况才能得到说明，于是我们采用假定。或者说，我们发现两件事情在某些方面具有极高的象似性，于是推断它们在其它方面具有很高的象似性（Peirce，

1931—1958，II：375）。皮尔士借助于下面的例子来解释不明推论：假设某人进入一个房间，看见里面有几个包，包里分别装着不同颜色的豆子。房间里还有一张桌子，桌子上有一把白颜色的豆子，经过查看，他发现其中一个包里装的都是白色的豆子，他立即演算出一种可能性，即桌上的白豆子是从那个包里拿出来的。皮尔士还用自己的亲身经历来解释不明推论。有一次他去土耳其，看见一个男子骑马而行，4 个马夫为其撑着遮阳伞。皮尔士想到只有当地州长才有这样的排场，于是推论骑马男子可能是州长。这样的思考过程就叫不明推论。身为逻辑学家的皮尔士用严格的逻辑形式描述了这一推理过程（Peirce，1931—1958，V：189）：

$$C$$
$$\frac{A \to C}{A}$$

这一演算过程解释为：（1）一个令人惊讶的事实 C 被发现；（2）如果 A 为真，那么 C 会是一个不言而喻的事实；（3）因此有理由相信 A 为真。皮尔士把这种推理过程看作是科学乃至人类知识生成的根本模式。根据皮尔士的符号三分理论，一个符号可以是另一个符号的解释项（张良林，2004：47），我们可以把符号现象 C 看作是被解释项，而符号现象 A 则是 C 的解释项，那么我们就在两个独立的符号现象之间建立了联系。汉森（Hanson）用一个类似的模式表达了不明推论的符号意指过程（Hanson，1958：85 - 89）：

$$P$$
$$\frac{H \to P}{H}$$

P 为被观察到的符号被解释项，H 为可以解释 P 的假设，即解释项，当解释过程合理时，H 则成为符号意指成因。从这一模式来看，科学家做的事情或普通人的一些重大发现就是不明推论的过程，即从被解释项到解释项的逆推过程。

（二）不明推论与归纳、演绎的比较

在西方逻辑史上，演绎（deduction）和归纳（induction）推理一直占据着重要地位。演绎推理中常引用的一个例子是：

所有的人都是要死的，

苏格拉底是人，

所以苏格拉底是要死的。

其推理形式为：

所有 M 都是 P

S 是 M

所以，S 是 P

而归纳推理的形式可以表示为：

S1 是 P

S2 是 P

……

Sn 是 P

S1，S2，…，Sn 是 S 类中的全部对象

所以，所有 S 是 P

演绎和归纳是一对方向相反的推理过程，演绎推理是从一般到个别，而归纳推理是从个别到一般；演绎推理的结论没有超越前提所断定的知识范围，而归纳推理的结论是由个别概括到一般，结论蕴含在个案中；演绎推理的前提与结论之间具有必然性，只要前提真实，形式正确，就能必然推出真实的结论，因此这一推理形式不能增加新知识，不

能推导出新的发现。而归纳则与经验有关，它从同类个案中概括出共同特征，从而形成一套规则理论，然后，归纳对该理论进行实验性的测试，其前提与结论在某个时候并不一定具有因果关系，但这种方法的进一步使用将不断改正错误，这一过程依赖于事实对理论的不断检测。正因为结论蕴含在个案中，且仅仅检测经验和信念，所以归纳推理不可能为看到的现象提供新的解释，因而也决不可能产生新的思想。皮尔士认为，演绎和归纳不会给调查研究的最终结论做出丝毫的正面贡献（Peirce，1931—1938，Ⅵ：475）。皮尔士提出的不明推论才是导向新发现和新思想的唯一途径，因为它把表面上不相干的两个符号现象联系在一起，它让我们跳出现有的知识，从现有的符号代码生成新的结构和新的解释来阐述观察到的事实，这一推理过程把令人惊讶的事实转变成令人可信的东西。所以，不明推论从事实出发，利用解释理论，引入了新理论，扩充了我们的知识。

（三）不明推论的特点

不明推论的最典型特点莫过于创造性。不明推论赋予主体最大自由来令人信服地解释那些难以解释的事情，这一过程是通过冥思苦想实现的，因为沉思是人类创造力的来源。皮尔士把沉思看成一项超然无执的游戏，除了自由法则之外，没有其他规则；冥思解放了思维，使其从一件事想到另一件事。正是这种自由度使创新成为可能，科学中的不明推论，使科学得以进步，文学中的自由联系更是带来了文学的创造性，这是显而易见的。而日常语言行为也体现了不明推论的过程和形式。

正因为如此，不明推论的第二个特点是习惯性。不明推论不仅是一种逻辑运算，从符号学视角看，还是思维的自然活动，它使生疏的东西变得熟悉，让我们理解令人惊讶的事实。例如，有些语言学家热衷于利用不明推论来解释语言现象，即通过简约和经济的解释模式来理解语言事实（Percy，1976：321）。Percy 认为，不管是大人还是小孩都有给陌生事物命名的习惯行为。通过命名行为，我们使自己与陌生的人或事熟悉起来，不管他们有多复杂，这种类型的人类行为就是一种习惯性的不明推论，即将经验与命名中意义联系起来。

既然不明推论是人类思维的自然流露，不明推论的另一个特点便是无所不在性。皮尔士认为知识上的细微进步都离不开不明推论。语言与描述对象之间的联系就是不明推论的过程。皮尔士 1901 年在其手稿中写道："在这美好的春天早晨，望出窗外，我看到一朵盛开的杜鹃花……这是一句话，一个命题……我感觉到的不是命题句子，而仅仅是一个意象。我用一句陈述来理解该意象；陈述是抽象的，而我看到的是具体的。当我像这样用句子来表达我看到的事物时，我就完成了一个不明推论"（Peirce，1901：692）。确实，我们日常生活离不开说话或书写，但我们却没有意识到，我们在进行不明推论（abduct）；不明推论如此透明、简单，无所不在，以至于我们对它习以为常而没有注意到。

（四）不明推论的分类

皮尔士曾举出 10 种基本的有关符号分类的三分系统，在这些三分系统中只有三种能得到人们认可（张良林，1999：54）。本部分将参照著名学者 Shank（1987）关于不明推论策略的研究，结合皮尔士关于符号的分类方法，对不明推论进行更细致的区分。

（1）预言性不明推论。预言属于可能性象似品质符号，它的最终确定依赖于将来的观察和调查。预言性不明推论就是分析可能象似性和可能推理的概率性，从而最终确定初始的观点能否带来可能的证据。如关于失业问题原因的猜测与寻找证据的过程就是预言性不明推论。

（2）象征性不明推论。从某象征符号的目前行为，我们可以推理出某种更为普遍的现象，这种不明推论处理的也是可能的象似性，只不过最终确定的是，我们实际观察到的象征符号，是否具有足够的特征把我们的注意力指向某个更广阔的情形，如论文写作中查找的资料与话题是否相关。

（3）隐喻类不明推论。在日常生活中，我们经常使用类比或隐喻的方法来创造新的潜在规则，这种不明推论处理的还是两事物或符号之间的象似性，这种象似性通常表现为事物结构上的象似性。源域（source domain）结构规律的探讨有助于目标域（target domain）符号中潜在的新规则的发现。经典的隐喻类不明推论莫过于索绪尔（F. D. Saussure）将语言比作下棋的例子，通过这个类比，索绪尔发现了语言符号的任意性，否定区分性（negative differentiation）等规律。

（4）线索性不明推论。这种不明推论分析的是可能的证据，最终确定观察到的情况是发现某种更广泛的现象的线索，与象征符号不同，线索符号侧重于表明导致该线索的事情的某种过去状态，如互联网上色情符号的增长是否是导致大学生婚前性行为的线索。

（5）诊断性不明推论。在有效证据基础上，从一大堆线索的分析中，提出可信的假设，从而形成一个可能的规律，这一过程就是诊断性不明推论。如历史比较语言学家Jacob Grimm在充分区分日耳曼语言和印欧语言的基础上，形成了一条条语音变化规则，如从爆破清音到摩擦音的变化，从爆破浊音到爆破清音的变化，等等，这一研究过程就是诊断性不明推论。

（6）解释性不明推论。这类推论是建立在诊断性不明推论所得到的规则基础上的，它能推导出具有普遍性的令人信服的最佳解释。这种解释必须具有一致性、连贯性、经济性。Jacob Grimm在其发现的一条条规则基础上，提出了著名的格林姆定律（Grimm's Law），最终形成其系统的、简洁的关于语言变化的最佳解释：语言一直处于变化之中，语言变化是有规律的、系统的。所有著名理论（包括语言学理论）都离不开解释性不明推论。

（五）不明推论的语言符号学意义

正如上文所陈述的，不明推论既是一种符号演算形式，同时也是人们的本能的思维方式，它无所不在。换句话说，从科学家到不识字的婴幼儿，都具有不明推论的本能；只有通过不明推论，我们才能取得新的发现，获得新的知识。随着皮尔士研究的升温，不明推论应用领域越来越广，常用于科学理论生成、事故调查、医学诊断、司法推理、文学分析、人工智能、社会学、语言学等各学科。本章仅从语言符号学角度探讨其相关意义。皮尔士认为一个符号的构成要素有三个：符号本身、对象和解释项即意义。下面我们从这几个方面及符号的意指过程来探讨不明推论的作用。

1. 不明推论联结语言符号与所指对象

上文提到，命名行为和描述行为体现了不明推论。看到某个语言符号，我们头脑中会呈现某个意象，这种凝固在语言符号里的意义只是人们对以往生活经历的记录；而我们的生活世界一直在变化，在运动，旧的语言符号就会不适应新的形势和情况。这样，语言符号不仅可以帮助我们表达和传递已被我们认同的关于所指对象的知识，我们还可以借助于语言符号吸收新发现的事物特征，增加或修改我们已有的知识。正是在这个意义上，不明推论在人类生活世界与人类语言符号之间架起了一座桥梁。而联结二者的重要手段之一是具有不明推论特征的判断行为。"语言中的动词'是'（be）实际是一个元语言成分，它起到沟通语言与非语言世界的主要作用"（丁尔苏，2000：97）。在 20 世纪初，秘书工作主要由男性担当，如在那时，某人用手指着身边的一位男士说"他是一位秘书"，则这句话与外部世界之间发生了真实联系。但历史发展到今天，从事秘书工作的女性多于男性。显然人们开始时用本具有男性色彩的"秘书"这个词来指称女性，这实际上体现了人们利用已有语言符号接纳新经验的过程，在语言符号和新的指称对象之间架起了一道桥梁。

2. 不明推论创造意义

上文提到，归纳和演绎仅仅起到验证、保留信念和意义的作用，而不明推论使人在面对新经验时，能够利用已有的符号代码或创造出新的符号生成新的经验解释模式，所以说不明推论实质上是意义创造行为，因为新的意义解释或推理与以前的信念不一致。理解不明推论的关键在于回归到符号概念。根据皮尔士的观点，经验本身也可以看作是一种符号，它代表着某物。假如目前的经验符号完全符合我们以前的经验结构，则其意义是不言自明的；假如不一致，则人们会产生疑问，针对该符号代表什么意思，人们就会积极寻找新的模式来试图得出该新的经验符号的意义。不明推论使人们尽量推理到满意解释为止，使人们创造出新的模式来解释新的经验，从而创造出新的意义。

3. 不明推论促进语言发展

在不明推论的作用下，经验世界和物质世界的改变势必会引起语言符号的变化，面对新的生活经历和新鲜事物，人们通常有两种做法，一是直接给它们命名，如汉语中"导弹、电脑、登月"，英语中如"nylon, granola, Xerox"等，从而产生了新词汇；二是利用已有的语言符号来表达新的意义，而表达了新意义的语词已不再是以前的自我。如果某个人或一组人首先提出用某个词语形式来表达比该形式原有内容扩大了的或缩小了的，甚至完全不同的成分，只要他们所在的社团接受这一创新，新的形义结合就成了语言代码的一部分。这一过程说明，我们可以通过语言吸收新发现的事物特征，扩大和修改我们的知识，反过来也改变了我们语言符号的本来面貌。在这个意义上，"不明推论是我们赖以改造语言代码的元语言操作"（丁尔苏，2000：95）。众所周知，不明推论导致三类旧瓶装新酒式的词义变化：（1）词义扩大，如汉语中"盖"最近几年扩大了原来的意义，具有"非常好"的意义；（2）词义缩小，如英语中"girl"以前可指男青年和女青年，而现在只指年轻女性；（3）词义转移，如 silly 在古英语里是"幸福"的意思，而今天意思却截然相反。

4. 不明推论是语言交流理解的途径

语言理解中的不明推论过程可以表达如下：（1）一个令人惊讶的语言事实 C 被观察到；（2）如果语言理解规则 A 为真，那么 C 会是一个必然的结果；（3）因此，有理由相信规则 A 的存在。不明推论方法可以清楚地解释 Grice 的会话合作（C. P.）理论和言外之意的产生。如，电话铃响了，正在做饭的妻子对丈夫说：（1）"有电话！"丈夫回答：（2）"我在洗澡！"妻子最后说：（3）"那好吧。"这三句话表面上不相关，违背了合作原则中的关联次则（maxim of relation），但这三句话却构成了一次成功的语言交流，话语双方都明白了对方的意思。交际双方的话语表面上对于对方来说都是令人惊讶的事实，但双方交际成功，说明语言事实的背后有某种规则的存在。按照 Grice 的合作理论，只有假定双方仍然遵循了关联次则，语言事实的存在才是合理的。具体不明推论过程如下，句（1）不是仅仅在陈述事实，更重要的是向丈夫发出接电话的请求；丈夫接到请求后，说了（2）也不仅仅在陈述情形，而是通过陈述情形说"自己忙，不能接电话"，从而拒绝妻子的请求；而妻子通过（3）接受了对方的拒绝，并决定自己去接电话。这一推理过程，离不开双方的假定，即互相都遵守关联次则；这个例子同时表明，语言的理解还离不开当时当地的语境。语言理解就是话语的词典意义，即凝固的已被社会确认的意思，与百科意义，即在实际新语境中的意义，在不明推论思维调停下搭成协议的结果。由于我们生存的环境在不断变化，认知过程没有终点，新的经验、新的语境可能改变，甚至颠覆过去的词典意义。如当人们看到"飞机心脏"这一新的表达法时，就能够很容易从"心脏"一词的原始词典意思推测出该词的语境意思，即"飞机发动机"。这一词义理解推理过程，不仅仅与心脏和发动机有关，还与第三个因素，即人的百科知识有关：心脏是人的关键器官，发动机是飞机的关键部件。"要把握词语在实际话语中的特殊意义，听话者或读者必须充分利用自己的百科知识，通过不明推论建立'局部'词典，他与说话者或作者之间的交流成功将最终证明他的假设是有效。"（丁尔苏，2000：101）

5. 不明推论在语言教学中的意义

正因为不明推论能够帮助我们理解语言，联系语言与世界，创造和改变语言，编码新经验，创造新意义，所以在语言教学中，教师不应该满足于仅仅传授语言知识，而且应该把语言当作思想交流的工具，采用联系的方法，充分发挥学生的创造性。在课堂上，教师可以混杂不同甚至是矛盾的思想和观点来激发学生的思考。Shank 认为（1994：34），这种混杂法是建立在人类具有协调混合思想和发现结果以求整合完整意思的心理本能基础之上的。这种类型的不明推论式练习使学生能够积极学习，创造知识，创造联系，有别于演绎性练习只学已存在的知识；不明推论还鼓励师生对已有信息，提出质疑；不明推论是生产论据，而不是检验论据的过程。所以教师要尽可能创造语言交流场景，让学生质疑所观察到的现象，然后形成解释假设。不明推论法让学生能够将所学内容与外部世界、历史文化及当下环境联系起来。例如，在学习 Hamlet时，教师可以鼓励学生把 Hamlet 与复仇、暴力、荣誉、家庭等很多社会问题联系起来，从而创造出自己的观点。不明推论法是充满自由的教学法，它允许学生联系自身实际。通过联系自己的观点和别人的，甚至是矛盾的观点，学生们就能创造新知识。使用不明推论法的教师必须进行角色转换，即从信息知识的传播者到能够创设新情景，提出新经验让学生产生疑问和思考的指导者。这一新角色的主要任务是在课堂中创造惊奇和歧义，以供学生做出新的联系并对外界和自身有新的发现。

（六）余论

综上所述，不明推论是人的本能，是语言交际和理解的基石，然而不明推论有时会令不同人对同一现象得出不同的解释。如长期以来，人们认为地球均衡地自转，但后来人们发现地球自转不是均匀的，它在秋天转得快，在春天转得慢。对此现象，科学家提出了许多不同的见解。有人认为，这与季风有关，重达300万亿吨的季风空气在海洋和陆地之间来回移动，使地球的重心发生变化，地球自转的速度也就时快时慢。有人认为影响地球均匀转动的原因是南极正在融化的冰川使南极重量减轻造成的结果。还有人认为这与月亮引起海水涨潮有关。在所有这些假定解释中，要得到一个最佳的关联解释需要一个反复验证和修改的长期过程。在这一过程中，如何选择最佳关联解释假说，以及如何看待令人惊讶的事实等问题有待于进一步研究。此外，不明推论的推导力过于强大，从而有时产生错误的新知识。如初学外语的人通常会犯过度概括（over－generalization）的错误，以英语为外语的人在初学阶段看到过去时动词加 ed 的语言事例，便会用不明推论法得出假定解释，认为所有动词过去式是加 ed 的，然后在话语中就会犯了诸如"goed"的错误。但过度概括只是语言发展的初始阶段，随着不明推论的反复检验，我们将不断逼近真实，语言能力将更趋完善。

六、语言符号认知中的类比机制

从时间轴上讲，类比更早于不明推论，它是一种更加普遍的符号意指和传达机制。类比也是一种创新性的符号演算过程，它存在于归纳、演绎与不明推论三种逻辑推理过程中和主要类比对象的特征与关系系统。类比过程具有系统映射性、方向性和推理创新性，它是语言符号交际和理解的机制，是语言发展的动力，是语言理论建构的方法，也是人类认知行为的基本方式。

（一）类比概述

类比的英文说法"analogy"来自希腊语的"analogia"，其组成词素为 ana（意为"向上"）和 logos（意为"思维"），这个希腊单词的意思为"关系"，而英语单词"analogy"侧重于"相似，一致"等意思。总的来说，类比就是比较两个对象在某些方面的相似程度，并以此相似性和一致性为基础从而推导出两者在其他方面的相似性。按照美国符号学家皮尔士（C. S. Peirce）关于符号组成三要素的观点，即一个符号由表征项（reprsentamen）、指称项（object）和解释项（interpretant）组成，我们认为，类比可以是表达形式上的类比，如符号形式本身逻辑和结构类比，可以是指称对象物质上的类比，如内容、特征和功能类比，也可以是符号解释概念上的类比，如语义类比、概念结构类比。然而符号形式与指称项的联结是通过解释概念实现的，所以类比从本质上讲是两个概念结构（conceptual structure）上的类比。很多学者（Falkenheimer, Forbus and Gentner, 1989：1）认为两个对象相似的先决条件是从描述一个对象的概念结构到描述另一个对象的概念结构之间存在着映射（mapping）。反映在语言符号表达上，类比就是关于两个对象或对象所在领域的语言描述关系，这种描述关系容许我们以对源域（base domain）或源域对象的描述来理解目标域（target domain）或目标域对象，或对目标对象做出推理。关于类比在语言学以外的科学中的重要作用，已有大批学者（Paley, 1802；Oyama, 1985；Pattee, 1969；Peirce, 1932；Rosenbery, 1985；Sebeok, 1972；吴家国, 1989；等等）做出相关研究，本章将把主要精力放在语言符号类比的探讨上。

类比在语言表达手段上，通常用明喻、暗喻、隐喻、平等叙述等方式，甚至有的不用任何语言手段，仅表现为一种思维方式。类比中具体使用的句式和词汇有"A 像 B，A 是 B，把 A 比作 B"等，英语则用"be like, be, as…as, compare to"等，例如：

（1）Tires are like shoes.

（2）My surgeon is a butcher.

（3）Was Anna still boiling mad when you saw her?

（4）A man is not necessarily intelligent because he has plenty of ideas, any more than he is a good general because he has plenty of soldiers.

（5）A language might also be compared to a sheet of paper. （Saussure, 2001：111）

（二）类比与其他思维方式的关系

作为一种思维方式，类比克服了归纳（induction）和演绎（deduction）的缺点，是其他思维方式的有力补充。众所周知，演绎三段论中，将普遍命题应用于某个个案则得出该个案的结论，如：

Every human is an animal,

Socrates is human,

Therefore, Socrates is an animal. （Sowa & Majumder, 2003：16 –
36）。

假如演绎大前提（普遍命题）和小前提（个案）正确，则结论必然正确，这是一种非常有效的推理过程。然而包含个案的普遍命题必须来源于关于个案的归纳。假如归纳本身是不全面的，则普遍命题是不确定的。反过来，假如归纳是全面的，则待定的个案（Socrates）已经在归纳过程中检验过了，这样一来，归纳或推理三段论则处于多余论证或循环论证的尴尬境地。换句话说，归纳或推理三段论作为推理形式本身是不会创造出新知识的，而类比既不试图从个案中总结普遍命题，也不从普遍命题出发来解释个案，而是比较两个个案，试图以一个个案来解释另一个个案。如在"My surgeon is a butcher"这个类比中，把外科医生比作屠夫，"屠夫"为源域或已知个案，而"外科医生"为目的域或新个案。类比过程如下：

A 事物（butcher）具有属性或关系：a（拿刀），b（切肉），c（切得粗鲁）

B 事物（surgeon）具有属性或关系：a（拿刀），b（切肉），

所以 B 事物也是有属性或关系 C（切得粗鲁）。

通过把外科医生类比作屠夫，实际上是用"屠夫"来解释"外科医生"，进而创造该词新的语境意义，即"这位外科医生开刀技术不够细腻，不考虑病人感受和健康"。

Sowa 和 Majumdar（2003）认为，虽然归纳演绎二步思维模式在物理、化学、分子生物学和工程学等硬科学中被证明取得了巨大成功，而从个案到个案的类比一步思维方式在硬科学以外的学科，如商业、法

律、医学和心理学中，得到更大的成功，然而，即使在充满例外的软科学中，许多问题的解决也离不开普遍原则或命题的直接应用，同时在最硬的硬科学——物理学中，关于使用哪一理论来解决给定问题仍然需要应用类比思维。两位学者得出结论，在科学和日常生活中，经得起严格逻辑检验的学科与需要类比推理的学科之间没有截然不同的鸿沟。

关于类比与其他逻辑方式之间的关系，美国符号学家皮尔士也持类似的观点，他认为三类逻辑推理过程，即归纳、演绎和不明推论（abduction，为皮尔士独创），都离不开类比的作用（Peirce，1932）。在演绎过程中，给定小前提命题 p 并且关于 p 的大前提公理蕴含 q，则演绎出结论 q。在大多数情况下，小前提命题 p 与公理中的 p 是不同的，所以在适应普遍规则之前就得首先通过类比结构映射使二者一致。在归纳过程中，每个个案 p 都是有自身的特点，所以只有通过类比才能对所有 p 进行归类，进而得出关于所有 p 的一般结论 q。在不明推论过程中，要想追溯已知命题 q 的原因或解释，则必须将此个案 q 与其他蕴含原因 p 的个案 q' 相类比，进而逆推出 q 现象的原因或解释可能是 p。

（三）类比的三个阶段和三种类型

类比的过程是在两个情形，即源域和目标域之间建立结构性映射并对目标产生推论的过程，因此类比的原始阶段是盲目的、局部的映射，把源域对象与目标对象之间所有特征及关系表述都进行映射，这是一种没有秩序的映射。如在 My surgeon is a butcher 这个类比的初始阶段，人们会把 surgeon 和 butcher 的所有语义成分列举出来，试图从中找出相关的语义特征。有些在初始阶段映射出来的语义特征对于类比的表达和理解关联程度并不高，如 surgeon 和 butcher 的共同语义成分 [+ animate]。类比的第二阶段为系统性结构映射阶段，在这一阶段，源域和目标域之间的关联语义特征被整合到一个具有一致性的系统结构中，如 surgeon

和 butcher 之间的共同系统语义特征包括：（1）拿刀，（2）切肉。类比的第三阶段为产生方向性干预推论的过程，在这一阶段，类比把源域中的语义特征投射到目标上，从而形成关于目标的新的观点和解释。如把 butcher 的语义特征之一［+ cutting crudely and without regard for the health of the flesh］投射到 surgeon 上（Dedre Gentner et al.，2001：224），从而呈现出该外科医生技术不佳、不考虑病人安危的形象。

按照皮尔士符号理论的哲学基础中的三个范畴，我们可以把类比从其所对比的内容上分成三类。皮尔士的三个范畴是一级存在（firstness）、二级存在（secondness）和三级存在（thirdness）。一级存在是一种自身独立的自在存在，皮尔士称之为"感觉质"（qualities of impression），表现为物体的属性（attributes），如色彩。二级存在是时空上的经验，牵涉到一些事物与他事物的关系。三级存在属于"中介""再现"等抽象范畴，它使具体的时、空经验又获得一种新的形态（丁尔苏，1994：13）。以一级存在为基础的类比是属性概念类比，它主要比较具有相似特征的语义节点，如以 animal 为上义词的共同下义词 cat 和 dog 语义之间的类比；再如"His eyes were burning coals."这一类比中，用燃烧的火碳来描述眼中发出的怒火。以二级存在为基础的类比，比较的主要内容为关系共同性，即源域中事物之间的关系与目标域中事物之间的关系的一致性。如 My job is a jail 中，用牢房困囿人的关系来阐明工作在某种程度上限制了人的自由这层关系；再如，"A man is not necessarily intelligent because he has plenty of ideas，any more than he is a good general because he has plenty of soldiers."这个类比，用好的将军与士兵多少之间的关系来类比是否聪明与思想多少之间的关系。第三种类比以抽象表征规则为中介，比较使两个对象相似的中间转换过程，这种类比可以称作中介转换类比法。例如，使用不同工具、不同数据库和编程语言的编程人员，通常对同一信息做出不同的表征方式，如 FORTRAN 程序员偏爱矢量图，而 LISP 程序员通常用列举法，但这些不同的表征形式通过转换手段是可以类比的（Sowa and Majumdar，2003：25）。最常见的中介转换类比莫过于逻辑学家和形式语义学家通过逻辑转换规则用逻辑表达式来类比自然语言，从而更清楚地解释自然语言。如，用（□X：Cat）（□y：Chase）（□Z：Mouse）（name（X，'Yojo'）∧ agnt（y，x）∧thme（y，z））这一逻辑表达式来类比这句话："The cat Yojo is chasing a mouse."当然，以上三种分类方法只是粗略的、大致的，并不意味着三种类比之间是截然分开的；相反，我们常常会遇到一些交叉情况，如下面这个类比 "Tires are like shoes."，这个类比中既有属性（皮革做的）类比，又有关系类比，即用鞋与人之间重要的关系来类比轮胎之于汽车的重要性。

（四）类比的特征

从以上的论述中，我们可以概括出类比的三大特征：系统映射性、方向性和创新性。系统映射性首先表现在从源域到目标域映射的结构一致性，即一对一的平行联系。如用水中的船来类比太阳系中的行星，船对应行星，水对应太阳能（Kepler，1982）；同时系统性还包括源域中对象之间关系和目标域中对象之间的关系之间的映射，即互相联系的不同关系组成的系统。类比的系统映射性表现出来的一致性为后期的创造性推论奠定了厚实的基础。类比的系统映射性表现在日常语言中，我们常用旅程的不同阶段来映射人生的不同时期，如 "The baby is due next week." "She has a baby on the way." "She passed away" "He's gone." 等。类比的方向性是指类比中人们对源域的偏爱，即源域和目标域在人们心中的不对称性，如，人们更偏爱 "A scanner is like a copy machine." 这个类比，而不愿接受反过来的类比 "A copy machine is like a scanner."。Gentner 和 Markman（1997：52）认为，类比的方向性的产生是因为人们总是用熟悉的具体的源域来解释不熟悉的抽象的目标域，人们更喜欢用一致性强、系统性强并且信息量多的符号当作源域，而把一致性弱、系统性差且信息量小的符号当作目标域，有待进一步解释。这种关于类比方向性的解释在大部分情况下是正确的，如 Lakoff 和他的同事们提出的很多日常语言中的隐喻性类比（Lakoff and Johnson 1980）：argument as container 和 love as a journey 等。但这种解释无法说明 English is Greek to me 这个类比，因为说话者本身就不懂希腊语。Greek 对于说话者来讲，信息量并不比 English 多，但这是一个成功的类比。这种解释更不能解释源域和目标域可互换类比，如 "Some Surgeons are butchers" 和 "Some butchers are surgeons."。前者是批评外科医生，后者是表扬屠夫。两个类比都成功，但很难说哪个域系统性更强，哪个信息量更大。这两个颠倒的类比意思不一样，说明了类比方向性的存在，因为假如类比不具有方向性，即源域和目标域是完全对等的，则这两个类比的意思应该一样。类比的方向性只能说明说话者在解释目标域过程中所选择的作为源域的模式框架和出发点不同。再如，"The acrobat is a hippopotamus." 这个类比是批评杂技演员的动作笨拙，而 Hippopotamus is an acrobat 则是一句表扬的话了。当然对于源域理论框架出发点的选择要取得言语社团的认可，类比才能成功。如 "A rumor is a virus." 这个类比把源域中的传染性和相关卫生习惯投射到目标概念 rumor 上；而颠倒的类比 "A virus is a rumor." 则表达不出多少意思。总之，一个类比不能颠倒的情况和一个类比能颠倒但意思大相径庭的情形都说明了类比的方向性。类比的第三个特点是创新性。正是上文讨论的系统性映射和方向性使类比的创新性成为可能。在类比过程中，我们不仅仅比较已有的相似点，而且通过为目标域提供全新的解释模式结构创造源域和目标域之间的相似点，即在系统性平行映射的基础上在目标对象上创造意义，借助于人们平行映射的本能，将源域中的独有特征和关系投射到目标上，从而在目标中创造了新的知识。换句话说，人们在概念理解中偏爱对称性，总倾向于把源域系统与目标域中的系统相匹配，这样，与源域系统有关的陈述都可以被投射到目标上，从而对目标产生了可能的新的推论。设想，你有一个朋友说话尖刻，很难相处，后来你遇到一个说话尖刻的陌生人，你就会以此人与你朋友之间相似之处为基础，将你朋友"很难相处"的特征投射到这个陌生人的身上，从而得出推论：此人很难相处。再如，上文提到的"My surgeon is a butcher"类比把屠夫切肉粗鲁的形象投射到外科医生的身上，造成了外科医生的新的形象。人类的许多科学发现都是用类比方法得到的，英国物理学家托马斯·扬曾用声音的性质来类比光的性质，得出全新推论：光具有波动性；达尔文用马尔萨斯《人口论》中的"生存竞争"理论来类比自然界中的物种生存关系，从而建立了生物进化论。

（五）类比是语言理解的重要手段

类比方法不是科学家的专利，在日常语言表达和理解中，我们普通人也常常借助于类比法，只不过我们对于类比的存在感到习以为常而没有理性地加以关注。除上文提到的明显的类比语言手段以外，类比还是联结日常语言会话语篇的重要手段。Hofstadter（Hofstadter，1995：76）曾举过下面这个例子：

Shelley：I'm going to pay for my beer now.

Tim：Me, too［Tim had a coke.］

Tim 并不是要为 Shelly 的啤酒付钱，也不是为自己付啤酒钱，而是给他自身情况中与 Shelly 的啤酒对应的可乐付钱。这种在两个个案之间连贯的，看起来毫不费力的结构映射是人类本能的类比认识过程的标志。用类比法解释语言的特征是现代语言学之父索绪尔（F. D. Saussure）的强项。索绪尔曾把语言符号比作一张纸："A language might also be compared to a sheet of paper." (Saussure, 2001: 111)。他认为语言思想和声音形象,就像一张纸的正反两面很难用剪刀剪开一样,是不可分离的,是一个符号的统一体。在谈到静态语言学与演化语言学关系时,索绪尔将树干的水平切面图和纵向切面图分别比作语言的共时状态和历时状态,树干水平切面中的复杂图案是纵向切面图在某一时间点上投射的结果,即反映树生长过程中某一时间点的状态,但水平图案与纵切面不是一回事,因为纵切面中表现出来的树的生长过程在水平面上并不是显而易见的;同样,索绪尔认为,某个时间的语言状态也是语言历史真实的投射,但研究历时事件并非有助于我们了解语言共时态内部的关系(Saussure, 2001: 87)。为了说明语言要素之间的关系,索绪尔还把语言状态比作棋盘状态(Saussure, 2001: 88),棋子的价值取决于它们在棋盘中的相对位置,语言要素的价值是通过与其他要素否定区别获得的。为了更进一步解释语言要素价值的概念,索绪尔用货币系统来类比语言系统(Saussure, 2001: 113),要想知道一枚 5 法郎硬币的价值,必须要知道:(1)这枚硬币可以用来交换不同于自身的特定数量的它物,如面包;(2)它的价值与同一系统内另一价值具有可比性,如相当于 5 个 1 法郎硬币,或与其他货币系统内的一枚硬币价值的可比性(如一美元)。同样,一个单词可以用来替代某个不同于自己的东西:概念;同时,它又可以与同类的某物,如另一单词相比较。因此单词的价值的确立还必须与其他单词形成对比。索绪尔最终得出其影响多学科几代人的结构主义观点:语言要素的价值是否定区分的结果。

(六)类比是语言发展的动力

在解释语言共时状态系统中,索绪尔身体力行地运用大量的类比来解释语言符号的结构性,这说明类比是一种十分有效的思维方法。同样,在论述演化语言学时,索绪尔认为,类比是语言发展变化的革新原则（Saussure，2001：160-174）。他认为类比革新是以一种或多种其他形式为模型，按照特定的原则而制造出来的一种形式。拉丁语名词 honor（荣誉）是类比产生的，起初表达这个概念的词是 honōs，其复数形式是 honōrem；由于某个人不留心，偶然把 honōs 说成了 honor，言语社团接受了 honor，这两个词的使用并存了一段时间后，honor 战胜了 honōs. 索绪尔认为，之所以第一个人把 honōs 说成 honor，他一定知道 ōrātor 这个形式和 ōrātor 与 ōratōrem 的语法关系，他是借用 ōrātor 与 ōratōrem 之间的关系模式创造出 honor 这个形式。索绪尔用了一个关系比例求解算式形象地描述了这一类比创新过程：

ōratōrem: ōrātor = honōrem: X

X = honor

在语言中可以找到很多这样的例子，如法语单词 magasinier（店主）是基于 prisonnier: prison 的类比模式产生；emmagasiner 的创造是以 emmailloter: maillot 为类比基础的。在索绪尔看来，类比主要是一种语法现象，集中体现了语言符号的纵聚合关系和横聚合关系。有人认为，法语中没有经过类比变化的印欧语词汇连一页纸都写不满，绝大部分的词汇都是旧成分的更新组合（刘，1995：86）。英语中的很多词汇形式也是建立在类比思维基础之上的，如 worked、beseeched、slayed 分别相对于 wrought、besought 和 slew 的出现就是以其他规则动词过去式加 ed 的情况为类比模式的；同样英语中一些逆向造词则建立在正向成词的类比模式上，如先有 editor，后来人们造出动词 edit，因为人们看到 work→worker 这样正向成词过程。其他的例子有 tevevision→televise、laser→lase、inept→ept、hawker→hawk、peddler→peddle、calmative→calm、gangling→gangle，这些分别都是按照一定的类比模式创造出来的。

（七）类比是语言理论建构的方法

索绪尔用类比法既解释了语言符号的价值和结构性等，又同时建立了自己的全新的语言学理论，成为现代语言学的奠基人，开创了结构主义先河。其他语言学家也利用类比法建立了各自的理论。布拉格语言学派创始人之一 Roman Jakobson 用基因代码理论来类比音位学理论和语言交际理论。他认为语言代码和基因代码一样是由细微的要素（音位）组成，这些要素本身是没有内在意义的，仅仅用来构成最小的有意义的实体（词素）；音位和基因代码一样，都可以按照二元对立法（binarism）来描述其特征，如元音性/非元音性，他总共总结出 12 对音位区别性特征（Jakobson，1973）。美国符号学家 Sebeok 用信息理论模式类比出动物符号学（Zoosemiotics）的六角理论模式：（1）符号源点；（2）符号终点；（3）渠道；（4）代码；（5）信息；（6）语境。诺姆·乔姆斯基（Noam Chomsky）在运用类比方面则高人一筹，因为他的类比是上文提到的第三类类比，即抽象中介转换类类比。Chomsky 用众所周知的树形图或括号加标法所表达出来的抽象的语法深层结构来类比并解释句子的表层结构，如 "The man hit the ball." 这句英文的深层结构为：（NP（Det（the）N（man））VP（V（（hit）NP（Det（the）N（ball））））。这一抽象的类比过程是借助于词组规则的中介转换作用实现的，这些词组规则包括：（1）S→NP + VP；（2）NP→Det + N；（3）VP→Vb + NP；等等。Chomsky 正是以这种中介转换类类比为思维方法，提出革命性转换生成语法理论。其实，正如上文提到的，在利用这种类比方法建构语言理论方面，绝不仅有 Chomsky 一人，语义逻辑学家们早已采用此种类比建立语义学理论。如，他们用 ∃x（M（x）&C（x））这一抽象逻辑表达式来类比并阐明 "Some men are clever." 这句话的内部语义关系。

（八）以语言或语言学理论为源域的类比

类比机制能促进洞察力，能突现源域对象和目标域对象间的共同点和不同点，进而引发创新推论，是事物解释和理论建构的新方法。类比的创造潜能不仅表现在语言理解和语言学理论的建构中，很多科学工作者还把语言学理论作为源域模式去映射和创建其他目标域。胚胎学家 Brian C. Goodwin 把生物有机体看作认知系统，生物体的活动是以自身和其环境的相关知识为基础。这种知识表现为规则形式，生成对生物体有用的行为，如生存、繁殖和演化。这种观点是以 Chomsky 的语言能力理论为源域解释模式的，Goodwin 把生物行为比作语言行为，认为生物的基本属性是拥有关于其生存世界的知识，这种知识被编码在基因里，控制着生物体的行为。分子学家 Marcel Florkin 以索绪尔的结构主义语言学理论为类比框架，认为，生物分子秩序是受意指系统制约的，创造性地提出了分子意指的最小单位——生物素（biosemes）和组成宏观分子（macromolecule）的结构单位——生物横聚合（biosyntagm），生物素就像语言符号由能指和所指组成一样，由分子结构和分子活动组成。生物学家 Guido Forti 更加系统地用索氏的理论类比生物进化，把生物体比作语言，基因型（genotype）是语言（langue），基因表现型（phenotype）是言语（parole），基因变异相当于新词的出现，基因和语音一样是能指，有机体功能和人类经验是所指，等等。免疫学家 Jerne 也用句法理论来类比免疫系统，认为免疫系统库就像句子一样，具有强大的生成能力和反应能力。（Claus Emmeche and Jesper Hoffmeyers 1991：1 - 42）

综上所述，类比是语言符号认知和语言学理论建构的重要思维方式，它是人类创造性认知行为的基础。

七、从模态到言外行为的符号学旅程

语言符号的意指和传达离不开符号能指手段的构建，语言表达构成了语形学范畴，语义传达构成了语义学范畴，态度意指构成了语用学范畴。第一层次的能指所指结合体动态地构成了高一层次的能指手段。语言模态和言外行为之间的关系就建立在这一动态机制上。传统观点认为，模态与言外行为不相区分，二者都表达了说话者对于命题内容的态度，因此试图在二者之间建立直接的联系，并将二者归于语义学的范畴。笔者认为，模态与言外行为是两个不同的概念。前者属于语义学，后者属于语用学。模态和言外行为之间存在一段符号学旅程。从符号学角度分析，情态符号由能指——情态指示词和所指——动态功能组成，然后模态符号整体充当言外行为符号的部分能指和另外一些能指手段共同指向言外行为的内容功能。从模态化指示词到言外行为功能的实现，中间经历了一系列符号学意指转换过程。从符号学角度分析模态到言外行为间的符号学距离，有助于清晰掌握模态和言外行为之间的关系。

传统观点认为，模态与言外行为（illocutionary act）不相区分。有人认为话语的言语之力与话语模态是相似的（malality），因为二者都表达了说话者对于话语内容的态度，如断言、疑问和请求等（Graff，1994：100；Schneider，1999：13）。也有人用形式逻辑整合模态与言外行为，建立言外行为逻辑，认为二者同属于语义学（John J. Keams

2009：1 – 19）。还有人更是直截了当地指出，实施言外行为等同于表达某种态度，并提出表达态度的言外行为范例（Bach，K & Harnish，R. M. 1979）。更有人试图在言外行为功能与情态表达法之间建立直接联系（王庆华，2007）

笔者认为，模态与言外行为既相区别又有间接联系。情态属于语义学范畴，而言外行为则属于语用学范畴，从情态到言外行为的实现实则体现了从语义学到语用学的一次符号学旅程。

由于费尔默（Fillmore）在其格语法提出句子是由模态（M）和命题（P）组成的观点，且集中研究命题中的格问题，而对模态问题置之不谈（Fillmore），这为后人研究模态逻辑提供了广阔的空间。

模态是指说话者对于自己所说话语的评价，表明了说话者对所描述的内容的相信或信守程度。而言外行为则是关注说话者对听话者的态度。二者属于两个不同层次的符号系统，前者属于语义学层次上的符号，而后者属于语用学层次上的符号。模态符号的能指由模态指示词组成，如情态动词、信念动词、分析形式、表达愿望或必要性的动词、评价形容词、判断副词、语气词等；模态符号的所指包括价值判断功能，如客观判断功能（ontic）、认知功能（epistemic）和道德判断功能（deontic）。而言外行为符号则是交际系统的最小符号单位，其能指包括句子命题模态符号和语境，而其所指则是说话者的意图和完成的言语行为如断言、命令等。换句话说，模态符号能指与所指的结合体与其他能指单位共同构成了言外行业的能指单位。模态符号是基于符号内容的初级符号系统，而言外行为符号则是基于语境的二级符号系统，以雅可布逊（Jakob）的言语交际模式来看二者之间的关系，模态仅包括六要素中的三个要素——发送者、符号、信息，如图7 – 1的小方框架所示；而言外行为则包含了所有六个要素，如图7 – 1大方框所示。

用巴尔特的符号层级理论观之，则模态符号是言外行为符号能提的

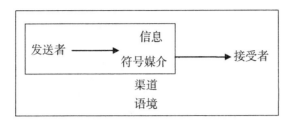

图 7 - 1

部分构件，如图 7 - 2 所示。

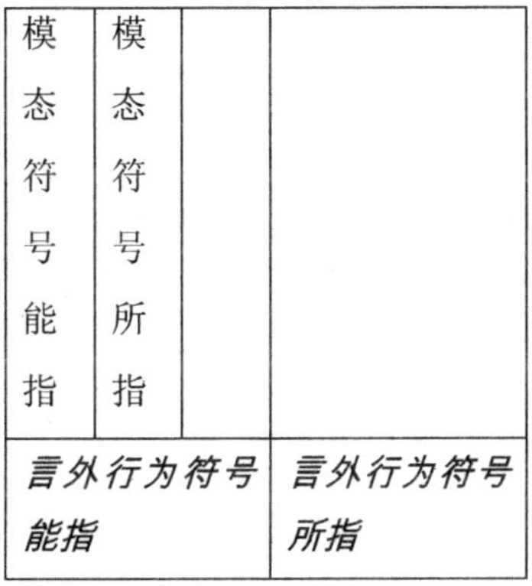

模态符号能指	模态符号所指		
言外行为符号能指	*言外行为符号所指*		

图 7 - 2

  不管怎么说，模态与言外行为的符号能指手段虽有重叠的部分，二者却是两个不同的概念，命题是语义学的核心研究内容，而模态则被认为了对命题的最高层次的语义组织手段。模态符号的价值内容被格雷玛斯（Greimas，2000：7）归纳为四类：欲（vouloir）、应（devoir）、能（pouvoir）和知（savoir）。英语文献中的四个对应词是 volition、necessity、possibility 和 belief。格雷玛斯认为命题可分为两类：状态陈述（etre）和行为陈述（faire）。每一种模态价值与命题类型搭配都可形成一种对命题的模态化，如模态算子 N（necessity operator）对一命题 P 的模态化表达式可写成 N（P）。将 4 个模态谓词与两类命题陈述进行搭配，可得出 8 种模态化过程。若将 4 类模态谓词用 M 来概括，则模态化过程表达式可写成 M（P）。在此表达式的不同位置加入否定性算子"～"，该表达式则能衍生出三个亚形式：M（～P）、～M（P）和～M（～P）。例如，对"做"命题的"能"模态化过程可表现为 4 种形式：能做、能不做、不能做和不能不做。再如，对"是"命题的"应"模态化过程可表现为 4 种形式：应是、应不是、不应是、不应不是。当然这四种形式只是模态化过程中较典型的状态，其间还有过渡状态。例如，在"知"模态中，说话者可以利用各种模态符号能指手段：相信类动词、否定词、形容词或副词等来表达模态符号的所指价值功能——说话者对某一命题不同的相信程度。阿伦（Allan，1986：2. 289 – 290）提出的模态梯度论很能证明这一点，他认为在以下例句中，前一个句子表达的说话者对命题 P 的相信程度总比下面一个句子强烈。（Saeed，P287）

 a. I know that P.

 b. I am absolutely certain that P.

 c. I am almost certain that P.

 d. I believe that P.

 e. I am pretty certain that P.

 f. I think that P.

 g. I think/believe that P is probable.

 h. I think/believe that perhaps P.

 i. Possibly P.

 j. I suppose it is possible that P.

 k. It is not impossible that P.

从以上的例句中，可以同时总结出两类模态化能指手段：（1）将命题句当作模态动词的宾语从句，模态动词表达出说话者对相关命题的信念程度；（2）将命题句嵌入带有形容词或副词的从句。当然，表达说话者对于命题态度的能指手段不仅仅这些，还有其他手段，如情态动词。

a. Tom must have left by now.

b. Tom might have left by now.

c. Tom could have left by now.

这些情态动词的使用表明了说话者对于"Tom has left"这一命题内容的不同相信程度。模态符号的能指手段众多，但根据说话者表达模态化命题时所参照的标准模态符号所指的态度功能可分为三类。

（1）本体模态功能（ontic modality）：说话者参照客观世界通过逻辑事实推理而谈论对于相关命题真实性之可能性和必要性的态度。如：

a. A Zebra must be striped.（条纹的）

b. A dog can be white.

（2）认知模态功能（epistemic modality）：说话者参照自己的信念、意见或态度谈论相关命题的可能性和必要性时所表现出的态度。

a. Mario must have gone.

b. She is sad, I think.

（3）道德模态功能（deontic modality）：说话者参照社会道德要求，谈论相关命题时所表现的关于社会因素，如义务、责任、许可等的态度。

a. You must take back these apples.

b. You can leave them here.

这三种模态功能的界限不是截然分开的，有时互相之间有重叠或有相通之处。由于人们的主观世界是依赖于客观世界，且不存在绝对的客观认识，所以本体模态功能和认知模态功能的边界是模糊的，且极端地说，本体模态功能可以看作是认知模态功能的特例。同样认知模态功能与道德模态功能也是相通的。二者的相似之处，明显地表现于两模态共用的能指手段上。如，"You can read this book."这一句既可表达认知模态功能：It is possible for you to read this book.（我认为你能读懂这本书），也可表达道德模态功能：You have my permission to read this book.（我容许你读这本书）。英语中，Must、may、can 等情态动词既可用于表达道德模态功能，也可用于认知模态功能，反映了模态符号所指结构与能指结构的同型性。Sweetser 用力量和障碍图式解释了这一现象（Saeed，2000：317－318）。例如，"You may enter the room when the light goes out."这句中的 may 起道德模态功能作用，表达了只对某种障碍或潜在障碍后的许可；而在"You may be right."中 may 起认知模态作用，反映了说话人在排除认知障碍后得到的可能结论，这句话可以解释为：没有证据阻止我得出结论"you are right"。同理，must 的道德模态功能反映了某种社会力量的结果，而它的认知模态功能则反映了某种心理认知力量的结果。各种模态功能在语义界面上的相融性正说明了索绪尔关于概念在评议符号能指对其切割之前是模糊的观点。以上模态实现了个人态度表达功能，为言外行为的实现奠定了语义学前提，但还远远不够，要在表达了社会人际功能之后才能完成言外行为。

奥斯汀将同一个言语行为区分成三个侧面：言中行为（locutionary act）、言外行为（illocutionary act）和言后行为（perlocutionary act）。其中，言中行为和模态化行为一样局限于语义学范畴内，是由较小语义单位组成的最大的语义单位，而言外行为则是语用交际学范畴内的最小单位，其能指形式包含了命题的模态化手段。但模态化有时是隐性的，如说话者说"It's cold here."，意在让某人去关窗，这一言外行为的实现是通过隐性的"知"模态来完成的，即说话者在完成言外行为之前，表达了自己对"It's cold here."这一命题相信的态度。但这一过程中的模态化对于实现言外行为却未必是必要条件。甚至有人认为，"意欲表

明对命题 P 的信念对于断言该命题并无必要"（韩大传、尹铁超，
2006：63）。所以说，言外行为符号的能指手段可能由模态化符号组成，
但后者不是前者的全部。言外行为的实现还得依赖于包括说话者和听话
者在内的社会语境。换句话说，虽然模态化手段，如英语中的情态动词
能十分有力地协助履行言外行为功能，但这些功能的实现同时依赖于社
会语义学。

言外行为以模态符号为基础，但模态符号有时又是不可靠的，用逻
辑表达式可以清楚表明两者之间的区别。断言行为的完成条件是，说者
S 断言命题 P，并表达：（1）他相信 P，（2）意使听者 H 相信 P，设 K
是知模态化算子，当且仅当指定主体目前知道命题 P 时，K（P）才是
正确的。即主体对命题 P 进行知模态化，表明主体知晓 P，且复合命题
［P&～K（P）］可以是正确的，即命题 P 正确，但主体目前不知道其正
确。例如，"张三中了头等乐透奖，但他自己却不知道"，如果把这复
合命题当作言外行为的部分能指手段，如果断言的内容、逻辑表达为 R
［P&～K（P）］，其中 R 为断言符号，则这一断言是矛盾的，因为主体
很难用所知内容来完成言外行为，即下面的断言是不正确的。"张二宣
称自己中了头等乐透奖，同时宣称自己不知道中了头等奖"这一断言
自相矛盾，难以使听者相信。这一例子充分反映了从模态化到言外行为
之间存在的距离，通常"知"和"信"是密切联系的。"知"是"信"
的前提，同样"信"模态化过程也不一定能导致成功的言外行为。设 B
是指定主体"信"模态化的算子。当主体目前明确相信命题 P 时，则 B
（P）是正确的，即主体相信 P，且复合命题［P&～B（P）］将可能是
正确的。如"人皆有一死，但炼丹道士却不相信"。但将这一复合命题
作为断言的能指手段，即 R［P&～B（P）］却不一定正确，即下面的
断言是矛盾的。"炼丹道士宣称人总有一死，但他们却不信"，断言
"人皆有一死"本身就表达了主体相信"人皆有一死"。这两个例子说

明，模态符号到言外行为符号之间存在很长一段距离。言外行为的完成，以模态符号的整体作为其表达形式的一部分，同时还离不开社会语境和人际交往等因素的共同参与。奥斯汀认为，对于一句话意思的解释不应局限于语义分析，还应延伸到话语行为信息，即言外之力。评议行使各种功能，言语功能受到不同言说话语境的制约。语境或说话行为为我们解读各种说话功能提供了线索。奥斯汀强调了将评议功能与社会语境相联系的重要性。相比之下，模式态化过程只是说话者对命题内容在态度上的操作，还处于自言自语的单向说话阶段，还没有将听者纳入视野，模态化过程基本上停留在奥斯汀提出的言中行为阶段，属于语义学范围，而奥斯汀提出的言外行为则明确预设了一个听者，且试图打动、影响听者的行为，属于语用学疆界。塞尔（Searle）提出的言外行为分为直接言语行为（direct speech act）和间接言语行为（indirect speech act）的观点，更是将言外行为远远地置于模态符号行为之外。在直接言语行为中，说话者相信听者理解了他的信息，并致使其进一步完成所期望的行为。塞尔把间接言语行为定义为一个言外行为的实现是间接地通过完成另外一个言外行为而进行的（Searve，1969：60）。如果说直接言语行为的意指方式还紧密与命题的模态化相联系，那么间接言语行为符号的所指的解读则是通过模态符号和直接言语行业符号，两层符号进行的，最终离模态符号的距离更远了。例如："This room is very hot."说话者隐性地模态化了这一命题"This room is very hot."。在说这一命题的同时，表达了作者对这一命题的肯定态度。这一模态化过程约等于言中行为。在此基础上，结合听者因素，我们才能得出这句话的直接言外行为即，这是一个断言行为。通过肯定该命题，说话者希望听话者同意和接受该命题。到此为止，直接言外行为还是与模态化过程紧密相连的。但若结合某一具体语境，该直接言外行为又派生出另一间接言外行为、请求："说话者想让听话者去开冷气"。这一间接言外行为更取决于社会语境，而远离于命题的模态化过程。同样，"Can you pass me the salt?"说话者对命题"You pass me the salt."进行"能"模态化（通过can这一情态动词能指手段加以实现）和"知"模态化（通过疑问句加以实现）。然后在模态化基础上，说话者实现其直接言外行为——询问："你是否有能力把盐递给我？"而这句话的间接言外行为则并非是期待听者"Yes"或"No"的回答，而是直接借助于并超过这一问题，发出"请求"这一言外之意。所以，间接言语行为与模态符号行为之间存在着很大的符号学意指距离。

由于有些命题受到明确的模态化，而另一些命题则经历隐性模态化或零模态化，表现为模态化物质手段的缺席，而言外行为更多地依赖于社会语境，所以，只有部分言语行为经历模态化过程，有些言外行为的表达是需要对命题的模态化过程的，如"Excuse me!""Hello!""My God!"等说法。而作为模态化能指手段的模式态指示词，如情态动词与言外行业之间存在较大的符号学意指距离，从而模态指示词绝不能成为划分言外行为类别的参照物。

奥斯汀曾将言外行为划分为五类：定论行为（verdictives）、行使权利行为（Exercitives）、承诺行为（Commissives）、表态行为（Behabitives）和话语衔接行为（Expositives）。（Austin，1988：462-470）这一分类有重叠交叉之处，分类标准不甚明了，奥斯汀本人对如此分类也不太满意。学界公认的关于言外行为的分类是塞尔的分类：表述类（Representatives）、指使类（Directives）、承诺类（Commissives）、心理表达类（Expressives）和宣布类（Declarations）。塞尔的分类标准虽然是温和的，但很明确，主要包括言外之的、言语与外界的符合度、说话者心理姿态和言语行为内容。这些温和标准其实是以社会礼貌原则为基础的。塞尔认为，日常会议的礼貌要求方便直白的祈使陈述（如"Leave the room"）或明确的施事句（如"I order you to leave the room"）

令听话者处于尴尬境地，因此我们寻找间接手段来满足言外行为目的（如 "I wonder if you would mind leasivng the room"）。（Searle，1975：64）。

正如模态符号反映了 3 种态度表达功能一样，种类言外行为符号也反映了不同的社会礼貌功能，在这一过程中，作为模态符号的能指手段的指引词如情态动词很难与某一言外行为功能建立固定的联系。

假如把各种言外行为看作是能指手段，而把其反映的社会礼貌内容看作是所指，则我们可区分出各种言外行为的符号所指功能。表态类言外行为主要是说话者对命题中所描述的事件的可能性陈述，由于其言外目标相对于社会目标是中立的，说话者希望听者同意他的看法，所以表态类言外行为指向言外功能中的合作（collaborative）范畴。

指使类言外行为意在让听话者行使命题中所描述的行为，其言外目标与社会目标产生冲突，因此，指向言外功能中的竞争（competitive）范畴。承诺类言外行为中说话者承诺将来的行为与礼貌性共生（convivial）功能相关。情感表达类言外行为目的有益于听者，其言外目标指向社会目标，所以其完成的言外行为功能和承诺类言外行为一样属于礼貌性共生（convivial）功能。宣布类言外行为导致命题内容与事实的联系，塞尔认为这类言外行为是机构行为，基本上不牵涉礼貌问题。

在模态符号的所指——表达态度功能，与言外行为的能指——言外之力之间不存在直接的一一对应联系。每一种言外之力类型都可以通过 3 种模态功能来表达，反之亦然。如指使类言外之力可以通过 3 种模态功能来表达：（a）客观功能："The apple on the desk must be delicious." 言外功能为请求听话者拿苹果给他吃；（b）认知功能："The classroom is too noisy, I think." 言外动作为是请求大家要静下来；（c）道德功能："You must come here before 10 o'clock." 表达说话者的指令。反过来，一种模态功能可以表达多种言外之力。例如，道德模态功能可表达指使、情感表达和断言等言外之力：（a）"You must finish the home-work." 表指令；（b）"You cannot do this anymore." 表谴责；（c）"You can keep this book." 表达说话者的意图。

模态符号与言外行为符号之间的距离更是明显表现在前者能指手段模态化指求词（主要为情态动词），和后者的礼貌性社会功能之间的非一一对应关系上。在自然评议中，模态化指示词不是仅具一种模态价值，在很多情况下，情态指示词如情态动词所表达的情态价值不仅仅依赖于指示词本身的含义，还依赖于评议语境、交际语境和背景知识等。从以上例子中可以看出，情态动词 must 既可表达道德模态功能，又可表达认知模态功能。因此情态动词是多模态的、多功能的，进而其表达言外行为的社会礼貌功能也是多样的。又如，当 may 用于情感表达类言外行为时，表达说话者为听话者利益考虑的意图时，则其礼貌功能是共生性的（convivial）；当 may 用于断言类言外行为时，其礼貌功能则是合作性的；而当 may 用于指使类言外行为时，则其功能是竞争性。同样，当 can 用于表达言外行为时，其完成的言外功能是共生性的；而当 can 用于断言时，则其言外功能是合作性的。

从言外行为类型本身到其表达的礼貌功能之间也存在着一定距离。例如，承诺型言外行为的目的若与社会目标一致，符合听者的利益，则其言外功能为共生性的；若其目的与社会目标冲突，给听者带来威胁，则其言外功能就是冲突性的。（Prashant Mishra，2009）

总之，从模态到言外行为，其间经历了一系列表达与被表达的符号学过程，基本路线是：模态化指示词→模态功能→言外行为→言外行为功能。模态仅是对命题的组织，基本上属于语义学范畴，而言外行为则以模态为物质手段，并结合社会语境，基本上属于语用学范畴。两者是两个不同的概念，两者之间存在着一段符号学转换旅程。

八、传达符号学与意指符号学视角下的语义成分分析法的意义

符号能指和所指之间的动态意指和传达关系同样体现在语义成分分析法中。如果上一章的讨论集中体现了语义学与语用学之间的符号学旅程，那么本章的讨论将集中体现语形学与语义学之间的符号学旅程。语义成分分析法是结构语言学提出的一种语义分析方法，它一般认为，一个单词的意义是由更小的意义要素组成的。成分分析法能够清晰地揭示语言要素之间的关系，有助于探讨句法和词形学过程找出深层次的语义动因，还有助于进一步探讨语言中普遍的心理概念结构，是相对于指称论的一大进步。

（一）概述

结构语义学家参照音位学中关于音位区别性特征的描述，提出了语义特征或语义成分的观点。他们认为单词的意思不是不可分割的整体，而是由一些更小的基本意义要素组成，不同基本意义要素的组合就形成了不同单词的意思。这是成分分析法的核心思想。如"girl"一词的意义由 3 个基本意义要素组成：［HUMAN］、［YOUNG］和［FEMALE］，同样，woman、bachelor、spinster 被认为包含了［ADULT］和［HUMAN］等基本语义成分：

woman［HUMAN］［ADULT］［FMALE］

bachelor［HUMAN］［ADULT］［MALE］［UNMARRIED］

spinster［HUMAN］［ADULT］［FEMALE］［UNMARRIED］

从上面所举的例子可以看出，基本意义要素［ADULT］和［YOUNG］、［MALE］和［FEMALE］、［MARRIED］和［UNMAR-RIED］分别是一对反义义素，对其中一个肯定意味着对另一个的否定。除此之外，一些意义要素包含另一个意义要素，如从［HUMAN］中，我们可以得出［ANIMATE］义素。因此，有些基本意义要素之间存在着暗含关系。为了使语义成分分析的表现形式更简洁，语义学家提出了一些消除冗余现象的暗含规则：

［HUMAN］——→［ANIMATE］

［MARRIED］——→［ADULT］

［MALE］——→not［FEMALE］

［ADULT］——→not［YOUNG］

同时，语义学家借用结构语言学二分法（binarism）的工具，用"＋"或"－"表明某一词汇的意义中是否具有某特征，这样在描述boy和girl的意义要素时，只需使用两个相反的基本意义要素中的一个就可以了，这样语义基本要素（又有人称之为语义基因）的总数量可以减少，更有利于语义的形式描述。如：

boy［＋HUMAN］［－ADULT］［＋MALE］

girl［＋HUMAN］［－ADULT］［－MALE］

成分分析法不仅可以孤立地分析词汇意义的组成要素，还可以从关系角度分析词汇意义。如：

son =［＋CHILD］(x, y) & ［MALE］(x)

daughter =［＋CHILD (x, y) & ［－MALE］(x)

mother =［＋PERENT］(x, y) & ［－MALE］(x)

语义成分分析法不仅可以用来分析名词，还可以用来分析其它词类，如动词、介词等。"cut""break""touch""hit"等动词的语义成分分析可表示如下：

touch［－CAUSE］［－CHANGE］［－MOTION］［＋CONTACT］

break［＋CAUSE］［＋CHANGE］［－MOTION］［－CONTACT］

hit［－CAUSE］［－CHANGE］［＋MOTION］［＋CONTACT］

cut［＋CAUSE］［＋CHANGE］［＋MOTION］［＋CONTACT］

动词也可以按上述关系表达法来分析，如：

kill ＝［＋CAUSE］(x,［＋BECOME］(y, (［－ALIVE］(y))))

give ＝［＋CAUSE］(x,［－HAUE］(x, y)))

（二）意义

1. 有助于解释语言要素之间的关系

语义成分分析法采取形式手段来说明复杂的语义问题。语义成分分析法的优点是其形式化描述的精简性。这种简约化的形式描述使词汇之间的关系和句子之间的关系一目了然。例如，woman 和 spinster 之间的上下义关系可以用成分分析法清晰地呈现出来：

woman［－MALE］［＋ADULT］［＋HUMAN］

spinster［－MALE］［＋ADULT］［＋HUMAN］［－MARRIED］

woman 的所有语义成分都包括在 spinster 的语义成分中，因此，spinster 是 woman 的下义词。同样道理，boy 和 girl 是 child 的下义词，因为前者拥有后者所有主要语义成分［＋HUMAN］［－ADULT］。而 boy 和 girl 之间反义关系，则表现在二者语义要素中某一相反的成分上，即性别要素，前者为［－MALE］，后者为［＋MALE］。有人认为，具有对立要素的两个单词即构成反义词（胡壮麟，2001：171），如 boy 和 girl、give 和 take 之间。从这个角度看，任何两个词都在某一语义要素上产生对立，构成潜在的反义词。词汇之间的同义关系则是表现为两个词汇的语义成分相同，如 autumn 和 fall、bachelor 与 unmarried man。

语义成分也可以用来解释句子之间的关系（胡壮麟，2001：171），如下面句（1）和句（2）分别是自相矛盾的句子，因为 kill 和 murder 包含了［－ALIVE］的成分。

（1）Tom killed Jack but Jack didn't die. ＊①

（2）Marry murdered Rose but Rose didn't die. ＊

同样道理，下面的句（3）和句（4）是互相矛盾的。

（3）Washington is dead.

（4）Washington is alive.

语义成分可以更好地说明句子之间的蕴含关系，如：

（5）There is a desk in the office.

（6a）There is an object in the office.

（6b）There is an artefact in the office.

（6c）There is a piece of furniture in the office.

若句（5）命题正确，则句（6a）、（6b）和（6c）必然正确，若句（6a）、（6b）和（6c）不正确，则句（5）必然不正确。逻辑语义学由此认为句（5）分别蕴含了（6a）、（6b）和（6c）。按照语义成分分析，句（5）的词汇含有（6a）、（6b）和（6c）中词汇的所有语义成分，具体地说，desk 一词的语义成分包括［＋OBJECT］、［＋ARTE-FACT］和［＋FURNITURE］等。同理，句（7）蕴含了句（8），因为lion 一词包含了［＋ANIMAL］的语义成分。

（7）I met a lion.

（8）I met an animal.

---

① ＊表示句子语义上不可接受。

2. 有助于探讨句法或词形学过程背后的语义动因

语义成分分析法不仅能够分析语言要素之间的意义关系，还试图为句法或词形学过程找出深层次的语义动因。换句话说，语义成分可以用来分析句法——语义界面问题。（John I. Saeed，2000：241）利用语义成分来解释和预测词汇的语法形为的专家是 Beth Levin，她通过调查动词的不同语法形为，总结出其背后深层次的语义成分（Levin，1993：5ff）。她重点调查的 4 个动词是 cut、break、touch 和 hit。这 4 个动词都是及物动词，都可以用在 SVO 结构中，但在另外三类句子结构中表现不一。这三类结构如下。

第一，中间结构（middle construction）。

（9）Those trousers wash well.

（10）That car drives smoothly.

第二，意向结构（conative construction）。

（11）She chopped at the meat.

（12）We shot at the wolf.

第三，身体部分突显结构（body part ascension construction）。

（13）Tom slapped Mike inthe face.

（14）Kate tapped Mary on the shoulder.

Levin 将 cut、break、touch 和 hit 这四个动词在这三类结构中的使用情况总结如下。（Levin，1983：6 - 7）

结构	cut	break	touch	hit
A 中间结构	能	能	不能	不能
B 中间结构	能	不能	不能	能
C 身体部分突显结构	能	不能	能	能

从上表中可以看出，cut 能胜任以上三种结构，分别可以造出三个句子：

（15）The cake cuts easily.

（16）Terry cut at the cake.

（17）Carla cut Janet on the arm.

break 只能胜任上表中的中间结构，不能应用于其他两种结构：

（18）Glasses break easily.

hit 则与 break 相反，不能用在中间结构，而能用在意向结构和身体部分突显结构中：

（19）Janet hit at the door.

（20）Janet hit Tom on the back.

而 touch 却只能用在身体部分突显结构中，不能用在其他两种结构中：

（21）Marry touched Carla on the shoulder.

这四个动词的语法表现之所以不同，是因为它们的语义组成成分不同，重点体现在是否具有以下 4 个语义特征：致使（CAUSE）、改变（CHANGE）、接触（CONTACT）和移动（MOTION）。正如本章开头部分举例分析，cut 具备所有这四个语义特征，所以能够用在上述三种结构中；break 的意义仅包括 [＋CAUSE] 和 [＋CHANGE] 两个语义成分，是纯动作状态改变动词，所以只能用在中间结构中；touch 的语义要素只有 [＋CONTACT]，是个纯接触类动词，所以只能用在身体部分突显结构中，不能用在体现运动、改变的意向结构和中间结构中；hit 的语义组成成分为 [＋CONTACT] 和 [＋MOTION]，只能用在意向结构和身体部分突显结构中，而不能用在中间结构中。

不同动词意义中不同语义成分的在场或缺席导致了动词不同的语法

行为，所以，对动词语义成分的分析有助于预测动词所经历的语法过程。换言之，成分分析法有助于更进一步解释语法现象，在语法和语义研究之间架起了一道桥梁。

3. 有助于建立语言的心理概念和过程

语义成分的观点不仅有助于解释词汇的语法行为，而且，在解释语法过程中，能帮助语义学家建构心理概念结构和过程。李幼蒸认为，我们不应把语义要素看成是自然实体的属性，看为自然实体的一部分，而应看成是抽象的观念成分（李幼蒸，1993：280）。Saeed 认为，"语义基本要素是我们心理结构的一部分。"（Saeed，2000：232）语义成分在描述语义推理规则方面起着重要作用，例如：

（22）John takes a pen from Mary.

（23）John has the pen.

根据上文的内容，我们知道句（22）蕴含了句（23），蕴含关系的确立取决于 take 的意义成分拥有 ［＋CAUSE］ 和 ［＋HAVE］ 的要素。Take 的语义成分可分析为：

take = y ［＋HAVE］ z and x ［＋CAUSE］ （x, （ ［＋HAVE］ （x, z）））.

以其语义成分为基础，take 和 has 之间关系表现在命题推理层面上，则描述为：

（24）x takes z from y 蕴含 x has z。

再如，kill 和 murder 的语义成分都包了 ［＋CAUSE］ 和 ［－A-LIVE］：

kill = ［＋CAUSE］ （x, （ ［＋BECOME］ （y, （ ［－ALIVE］ （y））））)

murder = ［＋INTEND］ （x, （ ［＋CAUSE］ （x, （ ［＋BECOME］ （y, （ ［－ALIVE］ （y）））)))) kill 和 die 及 murder 和 die 之间的关系表现出的命题推理则为蕴含关系：

（25） x kills y 蕴含 y dies。

（26） x murdered y 蕴含 y died。

同理，相类似的蕴含关系推理结构有：

（27） x lends z to y 蕴含 y receives z。

（28） x gave z to y 蕴含 y received z。

（29） x convinced y that 蕴含 y believed that。

以上的蕴含关系实际上体现了人类深层次的心理推理模式，即：

$$X \text{ cause } E \text{ to occur 蕴含 } E \text{ occur}$$

解释为："X 致使一件事发生" 蕴含了 "一件事发生了"。在这一心理结构中，对 CAUSE 这一语义成分的确认起到了重要作用（Jackendoff，1990：39）。

语义成分是语言意义分析的概念。语义学家试图学习自然科学方法，用有限的概念和公式概括无限的现实世界，他们竭力追寻具有普遍意义的语义成分或概念，从而进一步探讨人类语言中的心理概念结构。例如，语义学家 Jackendoff 就找到了 6 个基本语义要素（Jackendoff，1990：43）：事件（event）、状态（state）、实体（material thing/object）、路径（path）、处所（place）、特征（property）。句子是建立在这些基本概念基础上的心理结构的外在表现。例如：

（30） Tom rushed into the classroom. 其句法结构为：

$$[_S \ [_{NP} \text{Tom}] \ [_{VP} \ [_V \text{ rushed}] \ [_{PP} \ [_P \text{ into}] \ [_{NP} \text{ the classroom}]]]]$$

而其概念结构为：

$$[_{Event} \text{RUSH} \ (\ [_{Thing} \text{TOM}], \ [_{Path} \text{ TO} \ (\ [_{Place} \text{ IN} \ (\ [_{Thing} \text{ classroom}])])])]$$

这句话从概念上可理解为一事件 "RUSH"，这一事件要素又由两个要素组成：移动的实体和路径，而路径又以处所为终点。在这句话中，rushed 代表动作事件，Tom 代表实体，into the classroom 代表路径，the classroom 代表处所。通过分析句子意思的基本概念，我们可以得到句子的概念结构，而作为概念结构的思维模式可以扩展到不同的语义领域。如：

（31）The pen is in the box.

根据 Jackendoff 的基本语义要素的理论，这句话的概念结构可表现为：$[_{State}$ BE（$[_{Thing}$ PEN]，$[_{Place}$ IN（$[_{Thing}$ BOX]）]）]。作为心理思维模式，这一空间概念结构又可延伸到其他非空间语义领域，从而诞生了隐喻思维过程。这一空间结构投射到时间上，则可以得到：

（32）The English class is on Monday.

这句话的概念结构为：$[_{State}$ BE（$[_{Thing}$ English Class]，$_{Place}$ AT（$[_{Time}$ MONDAY]）)）]；投射到事物特征上，可以得到：

（33）The theatre is full.

其概念结构为：$[_{State}$ BE（$[_{Thing}$ THEATER]，$[_{place}$ AT（$[_{Property}$ FULL]）])）]；投射到所有关系上，则得：

（34）This book belongs to John.

其概念结构为：$[_{State}$ BE（$[_{Thing}$ BOOK]，$[_{Place}$ AT（$[_{Thing}$ JOHN]）])）]。

Jackendoff 提出的 6 个基本语义成分还可以进一步细分为更小的语义成分。如 thing 这个语义成分又由 [+BOUNDED] 和 [+INTENAL STRUCTURE] 组成，略写为 [+b] 和 [+i]。通过这两个要素的分析，我们可以把握单词、词组、句子形成的概念过程。可数名词单数被认为具有有限性特征，即 [+b]，而不可数名词和可数名词复数被认为不具有有限性特征，即 [−b]；可数名词复数具有内部结构性特征，即 [+i]，而可数名词单数和不可数名词不具有内部结构性特征，即 [−i]。一个词组或一句话的形成经历一个或多个深层次的概念结构化过程。例如，词组 a house of bricks 在 ［＋b］ 和 ［＋i］ 两个语义成分方面，经历了两次概念结构转换，一为从单数到复数的转换，即从 brick ［＋b］［－i］ 到 bricks ［－b］［＋i］；二为从构成要素的特征到整体特征的转换，即从 bricks ［－b］［＋i］ 到 house ［＋b］［－i］ 的转换。这两个概念结构转换过程如下图所示。

$$\begin{bmatrix} +b, \ -i \\ \text{HOUSE} \\ \text{构成功能} \\ \text{Thing} \end{bmatrix} \left(\begin{bmatrix} -b, \ +i \\ \text{复数功能} \\ \text{Thing} \end{bmatrix} \left(\begin{bmatrix} +b, \ -i \\ \text{BRICK} \\ \text{Thing} \end{bmatrix} \right) \right)$$

这一图示形象地代表了词组形成的概念过程，即复数功能和构成功能对语义特征 ［＋b］ 和 ［＋i］ 转换的影响。这种关于语义基本成分的观点视觉化地呈现了语义表达过程，反映了语言行为背后的概念结构和思维过程。

成分分析法曾饱受批评，被指责忽视了外部世界和人的经验（参见 Saeed，2000：255－262），但其历史进步性不容忽视。语义成分分析法直接受益于索绪尔在《普通语言学教程》中提出的非指称性语义观，摆脱了传统逻辑语义学中关于指称问题的烦恼，克服了语义研究停滞不前的局面。成分分析法的精细操作使语义研究更具科学色彩，并且使语言内容面的研究达到与表达面研究同样的形式化与精确性。成分分析法为进一步解释词与词之间、句与句之间的语义关系打下了坚实的基础，更为解释复杂的词形学和语法过程提供了操作上的可能性，它为我们了解语义世界和概念世界的微观机理打开了一扇窗户。成分分析法不仅呈现了词汇的各种基本语义成分，而且指出了它们所处的结构关系，使研究对象的组成单元更加精细化。李幼蒸认为这种语义分析方法论模型极具启示性。"这对于人文科学话语命题含义的明确化有极大帮助。同时，还有助于克服实证主义以物理或自然客体为语义基本单元的简单做法，使我们的基本思考单位在不限于物理世界的诸多层次上微观化，这一过程是与自然科学对象微观化的总趋势一致的"（李幼蒸，1993：280）。毫无疑问，成分分析法是语言学史上的一大进步。

九、文学作品中正向信息传达与逆向审美意指机制分析

符号的意指和传达机制不仅存在于语言中，更是充斥于文学作品中。传统的文学批评观点认为，作家将自己的意图表达在作品中，读者的任务就是在作品中被动地寻找作者的意图，然而这种简单化的信息论方法使文学作品失去了其独特的美学价值。事实上，作者既传达自己的意图，又传达了审美情感；既要传达信息，又千方百计加大读者接收信息的难度，延长读者的审美过程。读者在解读作品过程中，一方面尽量忠实地解读作者的意图，另一方面又尽可能自由地依赖于作品的召唤结构所产生的意指机制，对作品进行新的意义建构。本章试图借用传达符号学与意指符号学中的核心概念来分析文学作品中正向信息传达与逆向审美意指过程中的复杂情况，并指出二者处于对立统一关系之中。

（一）文学作品结构

文学作品是作家表现和传达信息给读者的媒介。作家用语言手段把自己的构思加以物化成为自在的文学作品，目的是为了传达自己的意图，与读者分享。只有到读者能够阅读、欣赏到作家作品的时候，文学的传达功能才算完成。假如，奥地利作家卡夫卡的小说《变形记》按照其遗愿被烧掉的话，该文学作品未能完成传达功能。"传达就是用艺

术语言把审美意象加以物化的活动，是作家创作活动最后的一个环节。"（王元骧，2002：83）艺术语言是建立在自然语言基础上的，所以说，文学创作使用的媒介是语言，而语言的初级功能是描述现象和表达情感，因此文学的低层功能是信息传达。

然而艺术语言又不同于自然语言，它在语言的实用功能除了传达功能之处，还存在着美学（或诗学）功能，即文学语言不再满足于被动反映外界、传达信息的功能，而且文学语言中蕴藏着无限的创造性语义作用的可能性。换句话说，文学作品的感召结构使读者能够最大限度地发挥主观能动性，在作品之上创造性地赋予作品以新的意义。这种创造性解读，与忠实解读作者意图的读法不同，后者仍然属于文学传达过程的最后阶段，它至多维持原作品的质和量，而前者则属于对文学作品的逆向阐释，它不以作者的创作意图为唯一解读标准，而以读者的主观建构为中心，它会不可避免地导致作品内容和价值的再增长。我们把文学作品的逆向创造性解读称作为文学作品的意指作用。当然，成功达到作者创造意图的解读也可以看作是文学作品意指作用的特例。按照美国符号学家皮尔士的观点，意指作用是"某物对某人意味着什么"（Peirce 1934：228），所以广义上的文学作品意指作用是指作品对于读者的意谓，应包括传达作用的末端产品，而狭义上的意指作用，是指文学作品的创造性解读。本章侧重于狭义上的意指作用，同时兼顾广义上的意指作用。这样，文学作品结构中的正向信息传达与逆向审美意指作用之间就处于对立统一关系之中了。

狭义上的文学作品结构是指作品内容及形式两个层面上的结构，同时也包括两层面之间的代码映射关系。而广义上的文学作品结构则包含了系统与非系统因素、本文及非本文艺术结构、作者因素、读者因素、社会历史文化因素等一切历史文化代码的总和，这些因素共同产生了文本意义。因此正如苏联符号学家洛特曼所认为的那样，包含着作品产生和读者接受时的现实生活、文化背景、文化观念等因素的非艺术本文结构体系与艺术本文结构是密不可分的，"而且在一定程度上其实就是艺术本文结构的有机部分"（张杰、康澄，2004：88－89）。从广义上的文学作品结构来看，文学的传达作用明显偏重于作者意图，遵守创作代码等因素，而意指作用则明显偏向于读者因素，打破已有代码等因素。

（二）文学伤口的正向信息传达

文学作品的传达功能是以广义的意指作用为前提的，即作者要传达的是某种意义或信息。传达功能是在交流过程中实现的，文学作品是作者创作劳动的结果，它本身就是交流行为的一部分。"其目的是通过某种复杂的预设行为网络，在交流者之间确立若干语用关系。"（艾柯，1990：315）文学作品的传达功能不同于一般的日常信息传达。参照雅可布逊（Jokobson）的著名的语言功能分类：指称功能（referential）、情感功能（emotional）、使役功能（directional）、寒暄功能（phatic）、元语言功能（metalinguistic）和诗性功能（poetic），日常信息传达主要集中在指称功能上，把信息明白无误地传递出去；而文学作品的传达功能则集中在指称功能、情感功能、使役功能和诗性功能等要素上。文学的传达功能是个矛盾混合体，一方面文学作品的最终目的是要向读者传递特定的信息，但另一方面文学作品的信息传达又是"犹抱琵琶半遮面"，尽量延缓信息的传递时间，延迟读者的解读过程，延展读者的审美享受。

换言之，文学作品的信息传达手段与日常语言信息传达手段是不一样的。日常信息传达要求快捷、准确，而文学信息传达则要求延缓和模糊。日常语言的能指与所指之间的距离很短，符号的代码明确，意义较单一，有利于交际；而文学语言能指与所指之间的距离较远，符号代码模糊，意义多元。日常语言信息传达通常是受规则支配的信息传达，而文学语言通常是打破或改变规则的创造性信息传达。那么作者通常会采取什么手段来完成独特文学信息的正向传达呢？

与日常交际相比，文学信息的最大特点是歧义性或多义性。而歧义性或多义性则更能令读者激动，且延长其审美过程。歧义性是文学文本行使美学经验引导功能非常重要的手段，它来源于规则的打破。而符号的运行则或多或少是依赖于规则的，规则存在于 3 个符号学基本平面：能指层面、所指层面和能指与所指连接的代码关系上。文学创作者为了完成独特的文学信息传达功能，通常在这三个平面上进行规则违反操作。在能指层面，例如英语规则要求定冠词 the 用来修饰指称首次出现的事物的名词，但在文学语言中，这一能指层面的规则可以被打破，以达到某种特定的效果。如美国作家海明威（Heimingway）著作《老人与海》的标题 The Old Man and the Sea 就打破了这一规则。在该作品中，Old man 和 Sea 是首次出现，按英语语法规则应该用不定冠词来修饰。作者却打破常规，使用定冠词 the，读者读到这里不免会延长思考时间和审美过程。作者传达给读者的信息是：希望读者把该"老人"当作自己熟悉的人来看待，将"海"等同于自己知晓的海，以期让读者一开始读故事便产生身临其境的真实感觉。在所指层面，乔姆斯基提出了著名的句子："Colorless green ideas sleep furiously."（无颜色的绿色观念疯狂地睡着）。该句话遵循了相关句法规则，但违反了相关语义规则，使这句话看起来更像诗的语言，创造出一种诗的境界。再如莎士比亚的《李尔王》（King Lear）中，李尔王的一段独白明显违反了语篇层次上的语义规则：

There's your press – money. That fellow handles his bow like a Crow – keeper: draw me a clothier's yard. Look, Look a mouse! Peace, peace: this peace of toasted cheese will do't. There's my gauntlet; I'll prove it on a giant. Bring up the brown bills. O, well flown, bird! (*King Lear*: IV VI.

87－92）

这段话从定金说到箭，从老鼠和奶酪谈到与世人争斗，再到鸟，不是一个语义有机体，没有一个中心思想，违反了话语的语义规则。但莎士比亚正是利用破坏语义规则而使读者感到震惊，并引导读者重新审视所表达的内容和作者的意图：莎士比亚利用这段疯话把李尔王的癫狂状态呈现在读者面前。在连接能指与所指的代码层次上，能指层面的异常不可避免地引起所指层面的相应变化，进而连接代码也相应变化。例如格特露·斯泰因（Gertrude Stein）所写的著名诗句"A rose is a rose is a rose is a rose."（玫瑰是玫瑰是玫瑰是玫瑰）。该诗句在能指连续体上产生了表达羡余性，同时引起所指层面上的内容羡余性，从而表达了同义反复的内容；反过来讲，要想表达内容上的羡余性，就需要能指层面上的羡余性。两个层面上的羡余性是歧义的来源。语句在羡余和非羡余情况下表达的意思是不同的，因为"歧义感首先由过量的表达羡余性暗示的，它违背了风格法则"（艾柯，1990：309）。该句话偏离了通常意义上的定义法则，使代码从植物学和逻辑学领域变迁到另一深层信息之源，即从相对固定的外延代码转变成了丰富的内涵代码，可能产生比喻性的和图像性的歧义。作家正是利用不同层面上的违规行为持续不断地将文学作品符号的外延转化为新的内涵，不断地突破读者的期望值，延长读者理解作者所要传达的审美信息的审美过程。这种美学信息传递方法被俄国形式主义者称作"陌生化手段"。他们认为，为描写读者已相当熟悉的对象，作者突破常规地以一种全新的方法运用词语，给读者造成无法识别对象的困惑。因此，能指方式的改变同时也引发了所指内容的改变，加大了理解的困难且延长了审美过程。如英国诗人布莱克（Black）的《歌》（Song）中有这样的诗句：

Joys upon our branches sit.

Chirping loud and singing sweet.

在这两句诗中，打破能指层面规则的手段包括词序颠倒、形容词修饰动词等，而违反所指层面语义规则的有：用具有生命特征的 sit、chirp 和 sing 等动词描述无生命的 joys。

信息传递本质要求文学作品中的一切组成成分都要服从于严格编码的系统，使它们按照代码规则自动传达文本信息，而文学的审美本质却要尽力克服文学语言自动传递信息的状态，让文本信息在读者的大脑中传递的速度放慢，目的是让读者有足够的审美欣赏时间，而要达到这一目的，作者就要破坏原有的系统性机制，打破原有代码规则，这种系统性破坏机制在文学作品中获得了一种新的存在，导致了新的代码规则的存在，"也就是说这种系统性破坏机制转化成了另一种系统性机制"（张杰、康澄，2004：75）。从上文讨论的能指层面与所指层面之间的连带关系来看，文学作品结构的复杂性与所传达的信息的复杂性是成正比的，同时，传递的信息越不确定，越模糊，信息量也就越大。

为了顺利地完成传达任务，作家用以上手段把审美意象加以物化，并运用一定艺术形式和艺术技巧把审美内容传达出来。那么，传达出的审美内容包含哪些内容呢？

文学作品是作家的审美意象经由创作活动的产物，作家头脑中的审美意象按照作家的创作意图，通过文学语言媒介把它传达出来。文学作品构建了现实生活和作家的思想情感，因此，文学作品传达的审美信息应包括两方面内容：客观对象和主观思想。从文学作品与现实世界的关系来看，文学作品传达了认识信息。人的知识通常有两种形式：直接经验和间接经验。从文学作品中得到的知识实为间接知识，但文学作品通过生动的形象反映生活，我们平时无法亲身体验的生活，以直接经验的形式展示在我们面前，形象的描述给人以身临其境的感觉，这样，文学作品首先提供给读者生动的知识，这种知识包括外部世界及经验现象的总和。"文学作品以非常清楚、非常明确的方式，给我们指出各种时代

的思想感情、各个种族的本能和资质。"（丹纳，1963：362 - 363）作
家通过作品不仅传达关于外部世界的知识，同时也传达关于人的内部世
界的知识。作家为了使自己的作品逼真可信，总是尽力把对人物外部行
为的描述与人物活动的内心动机分析相结合，为读者传达关于人的内心
世界的知识。通过传达外部世界的信息和人物内心世界的信息，作家最
终要传达的信息是作家对于生活的认识、态度和评价。

正是这种主观情感信息使文学作品与其他文本区别开来。这种美学
情感使心灵在现实面前激动。文学是主观的，它影响主体，它借助于意
象在我们心理上产生的作用来打动主体。文学符号是现实之意象，传达
着作者对自然所产生的情绪。作家用文学作品来传达对外界的认识、抽
象的心理经验和欲望。

"就文学创作而言，语言结构除了能够综合各种符号信息代码和传
递信息以外，还具有重大的认识功能。"（张杰、康澄，2004：45）在
文学作品反映的真实生活与读者之间存在着的语言现实影响读者的独特
的认识功能，传递出认识论上的信息。文学作品是由建立在自然语言基
础上的文学语言构成的，文学符号连接方式与文学系统可以传达出依靠
其他手段所不能传达的审美信息。文学语言不仅传递信息，而且表现出
对现实的模式化功能，即其是一种模式系统，是一种被创造出来的现实
模式。换句话说，文学作品不仅是作者向读者传递信息的方式，还是认
识生活的方式。因为文学语言不仅传达出内容上的信息，还传达出作品
结构上的信息。文学作品的思想内容以作品结构为载体，同时结构本身
造就了审美信息，它给读者传达的是不同于内容的另一种思想。文学作
品中所有形式元素都是意义元素。"结构的复杂性与所传达信息的复杂
性成正比，信息特征的复杂化不可避免地会导致为传达它所用的符号系
统的复杂化，同时在正确建构的符号系统中不会有多余的没有根据的复
杂性。"（张杰、康澄，2004：59）例如，文学语言，特别是诗歌语言，

能够传达出比普通语言结构更多的信息量。由于文学语言的歧义性、虚构性和假定性，文学作品所表达出的信息量同时具有较大的模糊性和不确定性，从而产生特定的审美信息。

要之，文学作品的信息包括内容信息、认识信息、模式信息、社会信息、美学信息等。文学符号把各种信息联系起来，从而产生文学作品。许多待传达的信息处于文本的不同层次，被歧义手段或陌生化手段模棱两可地组织起来了。某一特定信息的常规和违规都对其他信息的常态和歧义产生影响。文学作品就是各种信息相互交织在一起的一个令人称奇的复杂结构。按照雅可布逊的诗学观点，文学作品具有一种建立在复杂结构基础上的符号自指性（self‑reflexity），所以文学作品结构本身也变成了它所传达的内容之一。

（三）文学作品的逆向审美意指

文学作品的正向信息传达主要重心在于作者对作品的编码和创作方面，而作品的逆向审美意指机制则更多地由读者来完成。"一件艺术品的全部意义是不能仅仅以其作者和作者同时代的人看法来界定的。它是一个累积过程的结果，也即历代读者对此作品批评过程的结果。"（韦勒克、沃伦，1984：35）读者对文学作品的阅读既可能发现作者的意图所欲传达的信息，更有可能从作品中建构一些超越作者本意，且不同于其他读者阅读时得到的意思。换句话说，文学作品阅读一方面要找寻作品的潜在意义，使作家自己要表达的和前代读者所能自觉意识到的意义层面显现出来；另一方面，根据新时期的情境，合理地把新的意义添加进作品，使作品的意蕴更丰富充实。尤其是后一方面，更值得我们重视，因为它可以带来文学作品意义的逆向增长。毫无疑问，从后代读者逆向反应的视角对文学作品的意义进行考察，描述文学作品在不同时代的意指变幻，对于文学发展的研究将具有重大意义。

　　传统观点认为，一部文学作品在被作家完成之后，基本就不会发生变化了，尤其是在作家离世以后，只要没有其他人续写该作品，则该作品不会生长出任何新的内容。然而，后世的读者或评论家却能在一部文学作品，尤其是一部伟大的文学作品中开发出新的意蕴，这新的意蕴是读者或批评家运用现有的知识和智力添加上去的。这样看来，文学作品的逆向意指过程造就了文学作品的永无止境的开放的逆向增长。

　　文学作品的逆向意指过程体现为复杂的读者解读方式。读者在解读作品时，对于作家在作品中使用的语言编码的关注程度与自己所借助于解读信息的代码之间的平衡程度的不同导致逆向意指阐释的复杂情况。

　　苏联符号学家洛特曼区分了文本逆向阐释的几种情况。第一种情况，读者的解读代码与作者的创作代码一致，此时，读者能准确无误地理解作者的创作意图。第二种情况，真正对于读者起作用的仍然是共同的代码，但作者在极力掩盖他的真实表达意图，他赋予作品另一种模式的虚假信息或者他在用另一种模式来替换。在这种情况下，读者的解读面临着在作者安排的作品中选择解码，从作品已知代码中选择一种所谓的正确代码，这种做法本身就增加了作品的额外意指作用。第三种情况，读者解读代码与作者创建代码不同，读者硬把自己的语言代码强加给作品，这就破坏了信息传达编码，读者极力所要获得的意义是由他已经知道的代码创建的一种信息。第四种情况，读者解读代码与作者创作代码还是不一样，读者试图按照自己熟悉的方式来阅读作品。"但是通过尝试和犯错，令他明确需要建立新的自己尚不知晓的代码。"这样，作家的语言代码在读者的解读过程中就变形了，与读者意识中的语言混杂在一起。（张杰、康澄，2004：53）

　　由于读者在绝大部分情况下，很少且很难与作者交流，复杂的逆向审美意指机制只能建立在作品本身的结构上。艺术性强的伟大作品通常蕴含较多的潜在的多种阐释的可能性，其语言结构所承载的信息量越多，作品与现实世界的相关性就越突出，对人的意指作用就越强。伟大作品形式方面的因素本身就是意指单位，就能够召唤读者的多样阐释和期待视野。文学作品的逆向审美意指机制是建立在作品空间召唤结构基础上的历时性意义变化和增加过程，它既包括历史上读者意识中关于作品意义的变迁，又包括目前甚至未来读者的阅读代码所引起的作品中新语义层的出现。人们常说，有一千个读者，就有一千个哈姆雷特。《哈姆雷特》对于不同时期的读者意指着不同的哈姆雷特形象。这与不同时期的读者按当时的文化代码所做的逆向审美阐释分不开的。英国莎士比亚研究专家詹金斯研究发现，每个时代的读者根据当时思想逆向阐释出的哈姆雷特的形象不同：伊丽莎白时代疯狂复仇的哈姆雷特；感伤主义时代多愁善感、温情可爱的哈姆雷特；浪漫主义时代理智耽溺于哲学冥想的哈姆雷特；20 世纪多种批评流派又看到了"灵魂发病者"和"灾难的根源与替天行刑的使者"两种身份的哈姆雷特等。（詹金斯，1979）

读者对文学作品的逆向审美不是凭空进行的，他所依赖的物质基础是文学作品本身和当下的文化代码。这样一来，逆向审美解码方式可以分为两种：一是内部解码；二是外部解码。按照洛特曼的观点，内部解码可以被看成是按照横向轴线来构建本文的那种情况；而外部解码是按照聚合轴线来构建本文的情况。（张杰、康澄，2004：76）内部解码是在文本系统内部进行的，通过内在的方式来形成文本意义；外部解码是其在文本符号系统与非文本现实系统之间确立等价性，是从一个系统进入另一个系统的行为。内部解码是利用作品内部各个要素间形成的相互关系来进行的，如英雄与坏蛋之间的对立关系、美丑、善恶等关系；而外部解码则主要取决于作品系统内部各要素与系统外部其他因素之间的关系，从文学系统到非文学系统的对照就是作品意义形成的过程。通常来讲，在文学作品的逆向审美过程中，内部解码与外部解码是共同起作用的。内部解码得出的作品结构的复杂性和外部解码的主观性共同造就了从不同角度来认识和丰富对文学作品的解读，从而致使文学作品的意义增值。艾柯对洛特曼提出的两种解码方式也持相似的观点，他认为在对文学作品进行审美阐释时，需要两种知识。"（a）对特定代码之内所能容纳的全部范围的可能性而具备的组合知识；（b）对特定艺术时期的环境和代码（确确实实是所有法则）而具备的历史知识。"（艾柯，1990：316）读者利用第一种知识介入具有歧义结构和歧义信息的文本，以适当的代码填空语义空档，在歧义信息中寻找解读的灵感；同时，读者利用第二种知识，参照创作年代的语境和当下的语境，选择自己喜欢的解读路径。文学作品是作家脑力劳动的终极产品，但对于读者的逆向审美劳动来讲，则刚刚开始。读者一般并不知道作者的代码规则是什么，他全力在模糊的文学符号材料中进行不断地意义推测和建构。逆向审美劳动包括从个别例子中推测出一般规则的归纳法，用一个平面上的结论考察另一个平面上材料的演绎法，还包括借助于某种假设去验证新旧两种代码的不明推理法（abduction）。特别是不明推理法更容易让读者建构作品的信息，因为"不明推理式旨在提出一些临时性代码以便消除非编码状况的歧义，那么审美不明推理式就在于提出一定的临时性代码，以使作者形象能够理解"（艾柯，1990：315）。读者在逆向审美时，有意识或无意识地利用所有这些推理方式，这些方式的脑力操作使读者能够在具有复杂结构的迷宫式的文学作品中采取自己偏爱的解释路径。

文学作品对读者的意指作用具体表现在两个方面：一是选择性意指，二是再创性意指。所谓选择性意指是指作品本身内容丰富，不同的读者按照自己的心理期待和审美趣味对作品内容进行取舍，在这种情况下，作品内容没有变化。正如鲁迅在谈到《红楼梦》时所说的那样："单是命意，就因读者的眼光而有种种，经学家看到《易》，道学家看到淫，才子看到缠绵，革命家看到排满，流言家看到宫闱私事。"（鲁迅，1958：419）所谓再创性意指是指读者在能动地阅读和接受前代文学作品时，能根据自己的个人经验和时代文化代码，对作品的意义进行改变、补充、增加，这时，作品本身的思想内容发生了变化，反过来又对读者产生了强烈的影响，作品已经成为作者和读者共同创造物。豪泽尔认为"但丁的作品、莎士比亚的戏剧、米开朗琪罗和伦勃朗的作品部分是他们后世的创造"（豪泽尔，1987：157）。今天的普罗米修斯、安娜·卡列尼娜、王昭君等人物形象是历史积淀的结果，是"历代的读者对此作品批评过程的结果"（韦勒克、沃伦，1984：35）。

文学作品的逆向审美意指并不满足于让读者从作品中得到某种信息或某种意义，更重要的是读者从作品中能得到一种感官愉悦和审美体验。读者在对文学作品解码、获得意义后，审美意指活动并没停止，对美的欣赏过程继续进行，这是一种对作品的情感性欣赏，它不同于获得信息的理性欣赏，"感情欣赏则是对各种不同代码反复多次的运用，这一欣赏一般时间较长，一直会持续到一定感情现实的消失，持续到系统外的材料进入各个不同的系统中"（张杰、康澄，2004：71）。感性欣赏关系到内在的和完全是主观的情感，这种情感使读者的心灵在作品前激动。情感性欣赏表现为读者通过想象力的自由游戏、艺术美的感知和体验过程中自身精神的满足和升华。文学作品通过吸引、陶醉和娱乐读者使之超过自己原先的喜怒哀乐等思想情绪，产生一种真正自由的愉快。文学作品向读者传达审美信息，从而调节读者的情绪。审美的感性欣赏是心灵的调节器，它可以净化人的灵魂和提升人的品格。

（四）文学作品中正向信息传达与逆向审美意指的辩证统一关系

作者的编码与读者的解码之间、作品的正向信息传达与逆向审美意指之间是一种对立统一关系。由于读者在对文学作品审美时，不可避免地从自己的审美旨趣和当下的文化代码出发，所以作为艺术交际方式的文学作品的一个重要特点是"读者的接受代码无论在哪个层次上都永远是与信息传递代码不相同的"（张杰、康澄，2005：85）。换句话说，在文学作品的交际过程中，不仅只有一种代码起作用，而是两种代码起作用：一种是正向传达信息的编码；另一种是逆向阐释的解码。这两种代码相当于语言学中所说的说话规则和听话规则，在结合语境的语用学中，这两种代码是不同的。由于信息传达与审美意指所采用的是并非一致的代码系统，作品阐释过程就是读者与作者之间展开的一场斗争。在阅读作品过程中，不论读者的感情和想象力是多么丰富，总是要受到作者在作品中所创造的形象和作品结构的制约。作家在作品中渗透着自己的意图和倾向，这种待于正向传达的信息被作家编码在作品的人物、形象、思想、主题、结构、情节之中，所以这些要素都不可避免地影响到读者的审美情感和想象力。另一方面，读者又乐于积极发挥自己的主观能动性，不同人从同一部文学作品中所获得的信息、感受和启迪不可能完全相同。读者的每一步审美阅读与期待都是建立在已有的审美代码和偏见上，而作家则试图打破现存代码，创造出新的代码。所以在文学性强的作品中，读者的每一步阅读都会遇到惊喜，他现有的审美代码一步步地被作者创造的新的代码所战胜，读者被战胜的过程就是获得新知识的过程，获得审美愉悦的过程，就是正确译解作者意图的过程。当然，读者也会战胜作者，即他可以在作品中建立新的解释的可能性，读者在文本的歧义召唤结构中寻求灵感，并以自己的代码填空歧义作品。在逆向审美过程中，读者的心中出现了新的经验，这种新经验既不能还原为旧经验，又是无法预见的。但这种新的审美经验是由文本的结构触发的，所以在作者正向信息传达与读者逆向审美之间，在忠实性解码与自由性解码之间，存在着对立统一关系。作品新的意指作用的产生正是作者在作品中建立的代码与读者记忆中的代码相互碰撞而产生的结果，作家一方面要向读者正向传达信息，但另一方面又要让信息在读者的大脑中传达的速度放慢，延长读者的审美欣赏过程，所以作者力求增强作品的代码系统复杂程度，增加作品的艺术性，这种作品的审美意指作用就加强了。根据省力原则（least effort principle），人们倾向于花最小的代价去完成最多的事情。作品的每一个要素都给读者带来复杂的意指信息。另一方面，读者则希望以最小的劳动换取最多的信息量，因此结构越是复杂的作品越能引起读者的兴趣，其审美意指作用就越强。其实作家在创作过程中，已潜意识地把自己当作读者，一边创作，一边阐释，边传达信息，边解释信息；作品写出来是让人读的，因此作家在写作过程中或多或少会考虑到读者因素，努力赢得读者的赏识。"任何文学作品都是一种召唤。写作是为了召唤读者以使读者把我通过语言所做的启示化为客观存在。"（萨特，1991：121）另一方面，读者在阅读作品时，在逆向审美阐释时，他也在作家创作和信息传达的延长线上对作品进行再创造。作品是读者和作者之间展开对话的渠道，当他的审美情感融合于作品的召唤结构时，他会感到作品是他与作者共同创造的，作品是作者正向信息传达与读者逆向审美劳动的共同结晶。从这个意义上说，文学作品中的正向信息传达与逆向审美意指机制是辩证统一的。

十、颠倒的二元对立

文学符号的意指和传达关系不仅体现在上章讨论的辩证统一关系中，还体现在文学要素的对立与转换过程中。本章重点利用格雷马斯的符号学矩阵分析《葛特露的反驳》的文学意指和传达过程。

（一）内容概述

《葛特露的反驳》（*Gertrude talks back*）是被誉为"加拿大文学女王"的玛格丽特·阿特伍德（Margaret Atwood，1939— ）所写的短篇小说集《好骨头》（*Good Bones*）中的一篇。该短篇小说重写了莎士比亚名剧《哈姆雷特》中发生在王后葛特露寝宫里的情节。在《哈姆雷特》第三幕第四场中，哈姆雷特在得知新国王——自己的叔叔克劳狄斯就是毒死老国王——自己的父亲的元凶后，哈姆雷特为父报仇的决心更强烈了。而对自己的亲生母亲葛特露在老国王死后不到两个月就改嫁给叔父克劳狄斯的行为严加辱骂。哈姆雷特轻蔑地称葛特露为"你丈夫的兄弟的妻子"（*Hamlet*，3.4.13–15），怀疑她参与了对老国王的谋杀。哈姆雷特还拿出父亲的照片和叔父的照片加以对比，并贬低叔父的形象。葛特露被儿子责骂得无以颜面，良心上备受折磨，并深深地忏悔自己的行为，恳求哈姆雷特"不要再说了"。

由于莎士比亚在戏剧中对于王后葛特露是否参与谋杀老国王的阴谋

交代得不甚明了，所以这为阿特伍德对这一场景改写提供了可能性。在《哈姆雷特》中，母子的冲突是以对话方式进行的，其中哈姆雷特占据主导地位；而在《葛特露的反驳》中，阿特伍德将母子间冲突表现为单方对话，即只能听到葛特露的声音，而听不到哈姆雷特的声音，实际上葛特露的话语就是一段独白。而这段独白不是一段连续的话语，而是由被中断的几段话语组成，即整个叙事由几个叙事片段组成，每一片段都是对《哈姆雷特》中哈姆雷特向王后提出的每一个责难和挖苦的反诘。这段独白共约由 7 个反诘组成。第一个反诘是针对哈姆雷特对自己的母亲关于"你是丈夫的弟弟的妻子"（*Hamlet*, 3.4.13 – 15）的称呼的，葛特露认为儿子名叫"哈姆雷特"是一个错误，进而贬低儿子的形象。第二个反诘是关于哈姆雷特所说的"别尽扭你的手。安静，坐下！让我扭你的心"（3.4.34 – 35）。葛特露给出的反诘是"我是在晾干我的指甲油"。第三个反诘针对哈姆雷特所说的"我要把一面镜子放在你的面前，让你看看你自己的灵魂深处"（3.4.17 – 19）。对此，葛特露让哈姆雷特"别再和我的镜子过不去了"，表明自己反对儿子干涉自己的私事。第四个反诘是针对哈姆雷特拿着父亲的照片和叔叔的照片加以对比（3.4.53 – 67），从而指出前者要比后者要高贵自信百倍，而阿特伍德得则让葛特露反驳说老哈姆雷特缺少性欲，不正常，而将自己的欲望看作是正常的。第五个反诘片段是关于哈姆雷特指责其母与其叔叔的婚姻和性生活的。王后指责哈姆雷特没有性经验，没有资格对自己的正常幸福品头论足。第六个反诘是关于奥菲利娅的，在《哈姆雷特》中，奥菲利娅被描述成圣洁的女孩，哈姆雷特斥责她说"滚到修道院去"，而在《葛特露的反驳》中，奥菲利娅的名字被抹掉了，被葛特露说成"像只赠品火鸡"，被描述成"介于正常和失常的边缘"。最后一个反驳是关于谁是凶手的问题，在原来的戏剧中，哈姆雷特认定是叔叔克劳狄斯谋杀了老国王，而在阿特伍德的短篇小说中，葛特露驳斥了哈姆雷特的想法，勇敢地承认自己才是真凶。通过葛特露一系列的反驳，阿特伍德解构了文学经典《哈姆雷特》。

（二）关于该短篇小说的国内外研究现状

阿特伍德创作了11部长篇小说、14部诗集、5部短篇小说集和3部文学评论。其中长篇小说和诗备受读者和评论家的关注，但短篇小说影响力远不如前者，而对于特定某一短篇小说的专门研究则少之又少。关于《葛特露的反驳》的研究屈指可数。国内方面，傅俊教授是系统全面研究阿特伍德的第一人，在其专著《玛格丽特·阿特伍德研究》中，傅教授深入细致地分析了阿特伍德成长道路和文学创作，并理性分析了她的相关作品，其中长篇小说和诗歌占据主要篇幅，而短篇小说的分析则是从总体上把握的，很少全面分析某一篇短篇小说。然而幸运的是，傅俊教授在研究阿特伍德的单篇短篇小说方面还是开了先河。在《当代外国文学》2006年第三期上，傅教授与她的学生韩媛媛翻译了该短篇小说，并以法国哲学家福柯的权力—话语理论，对比分析了莎剧《哈姆雷特》和《葛特露的反驳》，重点探讨了两个作品中女性人物——葛特露和奥菲利娅的前后不同的形象刻画，将其归因为女性话语权的丧失与复得，即阿特伍德巧妙地借助于戏仿经典的手法，在全面恢复王后葛特露话语权利的基础上成功颠覆了莎翁原著中的传统女性形象。（傅俊、韩媛媛，2006：94）傅教授他们认为："如果说原著中的王后一直处于近乎失语的不利地位，那么阿特伍德戏仿之作《葛》则还给女性开口说话的权利。这种话语权的失而复得，使得葛特露能够站出来唇枪舌剑地为自己辩护。"（傅俊、韩媛媛，2006：96）

余娟女士对该短篇小说的研究则建立在傅俊教授的研究基础上，在《河北理工大学学报》上，发表了《戏仿经典：简析短篇小说〈葛特露的反驳〉》一文，重点从戏仿的角度探讨了阿特伍德所建立的葛特露新形象。余娟认为，戏仿就是对被戏仿对象的重复和模仿，根本目的是建立起与被戏仿对象间的差异和变化，其表现形式是对被戏仿对象的颠覆性改造以获得某种批评性反讽效果。而阿特伍德创作该短篇小说的成功就在于巧妙地运用戏仿经典的手法，对莎士比亚名剧《哈姆雷特》中的王后葛特露这一女性形象进行了全新、大胆的当代阐释，颠覆了英国文学经典中将女性视为弱者的观念，且解构了那种以男性为主宰的传统文化。（余娟，2009：179 – 180）

黑龙江大学文学院的张珺在《学术交流》上撰文《后现代主义文学戏仿策略阐释》，也认为戏仿是加拿大女性写作的主要方式之一，后现代主义作家看到经典文本中蕴含的话语中的霸权，因此在戏仿经典时就必然要从根本上否定男权话语，最直接的方式就是把最次要的女性放在中心的位置，让她们去说。（张珺，2007：155 – 157）。同样，李娟在《中华女子学院学报》上从女性主义视角分析了葛特露新形象的形成。

国内对该短篇小说的研究数量有限，但主要集中在外部研究上，即权力、女权主义、戏仿等外部视角，而国外则有学者用实证主义方法从文本内部的互文性研究该小说的意群片段。如 Pilar Cuder Dominguez 认为葛特露的一席话是不连贯的，中间省掉了哈姆雷特的话，即莎剧中的中间文本。仔细阅读该短篇小说，可以看出，葛特露的话语可以看作是对沉默的中间文本中哈姆雷特指责的挑战和反应。将两个文本并置研究不仅有助于重建整个对话，即文本与中间文本的联系，而且能够从中看出阿特伍德改写的技巧，即阿特伍德没有遵循莎翁的叙事顺序，而是重置了几个特定的时刻，建构了葛特露的新的形象，从而粉碎了哈姆雷特和莎翁的话语。

对该短篇小说的现有研究主要是从某一理论视角静态地对比戏仿文本与被戏仿文本中人物的不同，进而得出结论，阿特伍德解构了经典文本，建立了拥有话语权的新女性形象。关于前后两个文本中角色及其意义转换过程的微观研究，则不多见。本章尝试用法国符号学家格雷马斯（Greimas）的语义学理论，特别是符号学矩阵来分析该短篇小说中的二元对立现象。

（三）意义的基本结构

格雷马斯认为，一个意义 S 或任何一个符号系统以语义轴的形式出现，它的对立面是 $\bar{S}$，S 与 $\bar{S}$ 相矛盾。语义轴 S 在内容形式层面串联着两个相反的义素：S1 ⟵⟶ S2，两个义素拥有与它们各自相矛盾的对立项，从而组成 $\bar{S}$ 轴：$\overline{S2}$⟵⟶$\overline{S1}$。一个意义或符号系统的基本结构便是由这四个义素及其之间相互关系所组成的复合义素，图示如下（格雷马斯，2005：141）。

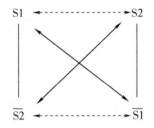

⟵--⟶：反义关系，存在于 S1 和 S2 之间，及$\overline{S1}$和$\overline{S2}$之间；

⟷：矛盾关系，S 与 $\bar{S}$ 之间，S1 与$\overline{S1}$之间，S2 与$\overline{S2}$之间；

——：蕴涵关系，存在于 S1 与$\overline{S2}$、S2 与$\overline{S1}$之间；同理，$\overline{S2}$蕴涵 S1、$\overline{S1}$蕴涵 S2。

以上模型四项中的任意一项，都可以通过取其反义项和取其矛盾项而获得其他三项。根据四个义素之间的相互关系，每两个义素可组成一个意义维度，格雷马斯共找出了 6 个维度系统，义素的结构性维度及义素间的构成关系可列表如下（格雷马斯，2005：144）。

构成关系	结构性维度	义素结构
反义	S（复合）轴	$S1 + S2$
	$\overline{S}$（中性）轴	$\overline{S1} + \overline{S2}$
矛盾	图式1	$S1 + \overline{S1}$
	图式2	$S2 + \overline{S2}$
简单蕴涵	指示轴1	$S1 + \overline{S2}$
	指示轴2	$S2 + \overline{S1}$

格雷马斯认为，一切系统都有一套规则，S 轴代表指令规则的整体，而 $\overline{S}$ 轴则代表着非指令整体。S1 代表肯定和提倡，S2 代表否定和禁止，$\overline{S1}$ 代表非提倡，$\overline{S2}$ 代表非禁止，新的结构系统图可写成：

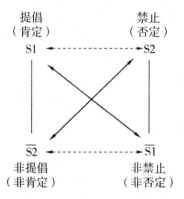

格雷马斯提出的符号系统结构图可以被简化成另一个稍有变化的结构表达式，其重点突出的关系是概念之间所具有的矛盾关系：

$$S1/\overline{S1} \approx S2/\overline{S2}$$

格雷马斯的意义符号系统结构图可以被应用到许多不同的领域中，例如可以描述社会价值观、个体价值观以及不同主体之间文化价值观的冲突。这一语义模型已被列维－斯特劳斯应用到神话模型的建构中。该模型还可以用来阐释某些作家个人所创造的语义世界，本章以下将尝试用这一模型分析阿特伍德在《葛特露的反驳》中所创造的语义世界。

（四）二元对立世界的建构

在《葛特露的反驳》中，二元对立关系出现在各个层次的各个符号语义系统中。按照奥地利叙事学家 F. K. 斯坦泽提出的叙事情境的概念，叙事情境大致可分为三种：第一人称叙事情境、人物叙事情境和作者叙事情境（斯坦泽，1979：46 – 79）。很明显，《葛特露的反驳》属于第一人称、内部聚焦和讲述的叙事模式，而《哈姆雷特》则属于作者叙事、外部聚焦和讲述的叙事方式，但叙事情境自身是富于变化的，它们之间可能会互相转换。据此，在对比两个文本的基础上，虽然表面上葛特露与哈姆雷处于平等的对话地位，但前者属于第一人称叙事，而后者属于作者叙事下的人物叙事。所以我们认为二元对立的符号语义系统发生在三个层次上，即剧中人物所拥有的语义系统、叙述者所拥有的语义系统、作者所拥有的系统，不同体系之间会产生一些相互作用，由于我们要突出前后文本的差异以及后者是怎么解构了前者的意义系统，所以能够反映出强冲突关系的肯定项（S1）和否定项（S2）将被重点关注，而处于中性轴 $\overline{S}$ 的非肯定项 $\overline{S1}$ 和非否定项 $\overline{S2}$ 则从简处之。为区别起见，人物系统要素的代表字母参照语义系统拥有者名字的首字母来给定。

在莎剧中，哈姆雷特作为剧中人物，他心目中的人物关系系统可表述为肯定项 h1 = 老国王，否定项 h2 = 克劳狄斯，非肯项 $\overline{h1}$ = 克劳狄斯的助者，非否定项 $\overline{h2}$ = 忠于老国王的人。这一爱憎分明的人物关系系统明显地表现在哈姆雷特比较其生父与叔叔狄斯时的言辞中："瞧这一幅画，再瞧这一幅；这是两个兄弟的肖像。"（*Hamlet*，3. 4. 53 – 67）而在《葛特露的反驳》中，葛特露虽是个叙述者，但同时又是自我叙事中的人物。作为小说中的人物，葛特露呈现给我们的人物关系系统为：肯定项 g1 = 克劳狄斯，否定项 g2 = 老国王。其他人物归入非肯定项 $\overline{g1}$

和非否定项$\overline{g2}$。这一观点反映在葛特露的独白中，"该向你指明你爸爸实在没什么劲……但克劳狄斯不同……他爱放声大笑"（Good Bones，15－16）。格雷马斯指出，两个符号意义系统发生关系时，一个系统中的任一要素（如S1）与另一系统中的要素进行组合，可以得到16种组合，从而可以看出两个系统之间的异同，其中一系统的肯定项与另一系统的否定项组合时会产生强冲。（格雷马斯，2005：153）当我们将以上两个系统中属于S指令轴的四个要素进行交差并置时，即h1＋g2，g1＋h2，两个系统的冲突就会强烈体现出来，即哈姆雷特肯定的老国王被葛特露否定，而哈姆雷特否定的克劳狄斯则被葛特露所肯定。结果，短篇小说中的人物解构了戏剧中人物所拥有的人物关系系统。

从人物叙事视角上升到叙述者叙事视角，短篇小说的叙事者还是葛特露，而莎剧中的叙事者则是隐性叙述者。两个文本叙述者所拥有的人物关系语义系统也是不同的。莎剧中叙述者反映的主要人物关系可分为：肯定项n1＝哈姆雷特，否定项n2＝克劳狄斯，非肯定项$\overline{n1}$＝帮凶，非否定项$\overline{n2}$＝助者。这种人物关系贯穿戏剧的主线，即哈姆雷特如何向叔叔克劳狄斯复仇。而在短篇小说中，叙述者所拥有的人物关系系统为：肯定项g1＝克劳狄斯，否定项g2＝哈姆雷特，其他人物可归入非肯定项或非否定项中。将两个系统加以并置，n1＋g2，n2＋g1，即可得到强烈的冲突效果。哈姆雷特在戏剧中是主角、英雄，而在短篇小说中，则遭到葛特露的极力贬低与批评，成为了反主角、反英雄。例如葛特露批评哈姆雷特名字不好、没有良好的卫生习惯、找的女朋友不性感等，而在戏剧中属于坏蛋角色的克劳狄斯则在短篇小说中被叙述成了令女人开心的好男人。从叙述者叙事角度，戏剧中的二元对立再度被短篇小说中的二元对立所颠覆。

再上升到作者叙事角度，两个文本中又表现出作者所拥有的人物关系系统的诸多不同。我们只择取两个文本中对应的且相关但不同的人物系统加以对比。在短篇小说中，作者阿特伍德呈现在读者面前的主要人物关系为母子关系，即在作者的人物意义系统中，肯定项 a1 = 葛特露，否定项 a2 = 哈姆雷特。而此对立关系在莎翁的笔下为：肯定项 s1 = 哈姆雷特，否定项 s2 = 葛特露。在莎剧中，哈姆雷特被歌颂为人文主义者的代表，是正义的捍卫者，而葛特露则被描述成不守贞节、忘恩负义的女人；在短篇小说中，作者阿特伍德将葛特露描写成为一个身心健康，具有现代意识、充满活力与欲望，且勇于追求个人幸福的新女性，而哈姆雷则被否定为邋里邋遢、不讲卫生、毫无生气的颓废青年。

我们将这两个系统中的肯定项与否定项进行并置，a1 + s2，s1 + a2，很容易得出结论，阿特伍德颠覆了莎剧所歌颂的以男性为中心的父权制社会，颂扬了一个敢爱敢恨、能言善辩的女性形象。

人物之间的二元对立包括很多，诸如母/子、父/子、继父/子、夫/妻以及情人之间的关系。二元对立是作家表达鲜明主题的有效工具，也理应成为我们分析文本的有力武器。当然，二元对立不仅体现在共时性人物关系和历时性人物关系的关系上，还表现于一个人相对于某个问题的价值观念中，如性观念。对于分析葛特露来说，这是避不开的一个话题，因为她的出场和复杂性格的确立是以此为组成要素的。按照格雷马斯的意义结构理论，关于性关系的基本义素为 S1 = 提倡的性关系，S2 = 禁止的性关系，$\overline{S1}$ = 非提倡的性关系，$\overline{S2}$ = 非禁止的性关系。不同的人或不同的社会在不同历史时期对这一意义结构的赋值不同，可以进一步看出人与人之间、人与社会之间的冲突。例如，在我国，校方对于在校大学生性行为的态度随着时间而变化。20 世纪 80 年代各高校的态度基本上是 S2，即禁止大学生的性行为，而到了 20 世纪 90 年代，校方的态度基本上是 $\overline{S1}$，即不提倡在校大学生的性行为，而到了 21 世纪，随着新婚姻法的履行，校方的态度基本上转变成了 $\overline{S2}$，即不禁止大学生的性行为。哈姆雷特作为戏剧中的人物，同时反映了作者的观点，将 h1

＝提倡的性关系，赋值为坚贞不渝的、始终如一的、患难与共的夫妻之间的性行为，而把王后葛特露与其叔叔之间的婚姻和性关系赋值给 h2 ＝禁止性关系，把她与克劳狄斯的性生活比喻为"生活在汗臭垢赋的睡床上"（*Hamlet*，3.4.88－96）。而在短篇小说中，阿特伍德创建的葛特露既是小说人物，同时又是叙述者，她对性关系结构中要素的赋值却截然不同，她把她与克劳狄斯之间的性关系看作是值得提倡的性生活，属于 g1 ＝提倡的性关系，因为与老国王相比，"她自然会对喜好美食、常露笑容的克劳狄斯倍感亲切与中意"（傅俊，2006：97），她觉得她与克劳狄斯之间的性关系能达到肉体和精神的双重满足与和谐。而葛特露性关系结构中的 g2 ＝禁止的性关系，则包括了她与老国王之间毫无生气的性关系和哈姆雷特与其现任女友奥菲利亚之间的零性关系。葛特露批评奥菲利亚过于正经，也毫无乐趣可言，"全身上下裹得像只赠品火鸡"（*Good Bones*，17），批评他们的零性关系并强烈建议哈姆雷特换一个性欲要求强烈、充满朝气的女朋友，并暗示他们亲身尝试一下性生活，然后哈姆雷斯才有资格与她谈论"肉欲"问题。（*Good Bones*，17）。

将以上两个性关系结构中的强冲突项，肯定项与否定项加以并置，即 h1＋g2，g1＋h2，我们就会深切感受到两个文本中表达出的性观念的不同，进而可以看出阿特伍德笔下的葛特露是个典型的崇尚性自由、追求现世享受、充满现代意识的西方女性。阿德伍德利用自己建构的女性形象解构了传统的女性形象。

以上讨论的二元对立基本上属于意义内容层面，其实在阿特伍德的这篇短篇小说的叙事方式中，也到处充斥着潜在的二元对立关系。处于叙事外聚焦中的对立包括新文本与旧文本之间的对立、新作者与旧作者之间的对立和独白与对话之间的对立。在莎剧中，虽然哈姆雷特控制着话语权，但王后葛特露并非处于完全沉默的状态，并非被完全剥夺话语权，所以旧文本的叙事是以对话方式进行。而新文本《葛特露的反驳》虽然预设了一个沉默的听者哈姆雷特，但仍然是以葛特露的完全独白叙事方式进行的，完全剥夺了对方的话语权。独白是自言自语的方式，源自无意识的想象界，反映了女主人公公然反抗男权制度的欲望，反映了作者解构英国经典文本的愿望。在新作者对抗旧作者的过程中，新作者采用的独白叙事方式是一种无情节的构思（plotless plotting），与莎剧的情节发展形成鲜明的对比。阿特伍德设计的这段独白是寄生在莎剧的基础上的，所以它的初级能指就是另一文本莎剧《哈姆雷特》，但同时作者又要解构它，因此独白文本的所指变得模糊了，只剩下能指本身了。同时，独白接近呓语和疯话，谁能保证葛特露这段独白的真实性？所以独白文本归根到底缺乏另一交流主体，从而缺乏交流价值，不传达明确意义，造成所指在二元对立中失落。但跳出独白话语本身，《葛特露的反驳》以喃喃呓语的独白方式呈现各种显性的和隐在的对立，反映作者试图改变加拿大文学及文化受制于英国文学与文化的被动局面。

（五）余论

本章所讨论的二元对立不仅仅存在于单个文本之中，同时，一个文本的一要素与另一个文本中的一要素也构成二元对立，新文本中的对立项或新的二元对立在解构旧的二元对立后，不是为了建立新的二元对立，而是要在新的二元对立中，树立起其中的一方，以表达作者鲜明的观点。但话又说回来，新文本在解构旧对立的同时，使旧文本在读者心目中的印象又加深了一次，从而使经典更加经典化，使新的文本更加苍白，表达手段显得更加枯竭，即在解构别人的同时，也解构了自己，此乃二元对立的核心悖论。

十一、欧洲文学经典形成的符号学要素分析

正如上一章所讨论的那样，单篇文学作品的创造离不开各种语义交织的网络系统，离不开文学的互文性。通过互文性，作品的意指和传达机制在文学发展过程中得以传承和改进，从而造就了特定的文学传统，沉淀出经久不衰的文学经典。对文学经典的符号学考察同样能够看出符号运行的意指和传达机制。本章将从社会符号学的角度考察文学经典的形成过程。近年来，讨论文学经典形成的研究越来越多，然而，由于受到后现代主义思潮的影响，许多研究者质疑文学经典的存在，提出经典形成的主观性和任意性，片面地把文学经典的形成归为某一单一原因。针对欧洲文学经典的形成实例，笔者认为，文学经典的形成是各种内因和外因合力作用的结果，缺一不可。内因主要表现为欧洲人文思想精神的传承，外因表现为教育部门、教会、学校、必读书制度、文学史编写等因素。欧洲文学经典是融各种因素在内的文学历史长河大浪淘沙的结果。

在欧洲，经典（canon）一词源自古希腊单词 Kanon，本意是指当作测量仪器的木棍或芦苇，后来发展出"尺度""准则""规则""法规"等引申意思，并逐渐进入欧洲的其他语言中。在早期的基督教中，该词被用来指称《圣经》、神学家的著作或与基督教有关的经书、律书和典籍。现代的文学层面上的经典含义则可追溯到欧洲大学教育制度的

诞生，在那时，经典主要指大学课程中所使用的精品教材和必读书目。目前，较普遍的观点认为，经典是指一系列具有权威性的文本，是人们认为最好的作品，理解其内容就是获得通向超时间智慧的便捷途径；理解其形式，就是经历美丽的或有意义的秩序；阅读这些作品能使人更完善（Krupat，1989：157）。哪些是好作品？哪些是差作品？这涉及优选问题，一些作品比另一些作品更值得一读，是否存在一个统一的衡量标准？经典是怎么产生的？关于经典的形成，有些人认为是由经典作品本身的内在品质必然决定的，经历了时间的考验。而另一些人则认为，经典形成纯由一些历史偶然因素造成的，经典衡量标准充满了主观性。笔者认为，这两种观点过于偏激。文学经典作品的形成是历史潮流大浪淘沙的结果，是经典作品本身的固有品质，再加上一些外部因素在时间的作用下合力所致。本章以下将以欧洲文学经典为个案，探讨文学经典形成的内因和外因，以求达到关于经典形成的较全面客观的看法，纠正偏激观点。

文学经典作品的形成是内因和外因共同作用的结果，但内因是根本原因。欧洲文学经典的产生也不例外，经典形成的内因，主要表现在经典作品中所蕴含的跨越时空的内容。经历时间考验的内容就会形成传统，而传统体现了人的历史意识。艾略特认为："历史的意识又含有一种领悟，不但要理解过去的过去性，而且要理解过去的现存性；历史的意识不但使人写作时有他自己那一代的背景，而且还要感到从荷马以来欧洲整个的文学及其本国整个的文学有一个同时的存在，组成一个同时的局面。"（Richter，1989：469）主体的身体空间移动及精神漂泊是人的本能，是作品最基本主题内容。在单部经典作品中，文本意义世界的建构应从主体的空间运动开始。法国符号学家高概认为，在分析文本意义时，尽量收集让我们准确理解意义的所有材料，在这些材料中，最重要的就是我们的身体与所处空间发生联系，与时间发生联系（高概，

1997：33）。意义产生于主体在时间与空间中的移动。主体身体栖居在一个空间里，与时间发生联系，时间与空间互相渗透。这一基本主题又会穿过时间的障碍表现在不同时代的文学作品中，从而从内因上促成了经典的产生。

漂泊主题是串联欧洲文学经典的一根红线，不仅构成作品中主人公的漂泊情节，也反映了作者游历漂泊的心理情结。荷马史诗《伊利亚特》和《奥德赛》刻画了浪迹天涯的英雄神话；建构了流传千古的历经艰难险阻的奥德修斯形象，反映了盲诗人荷马游历四方的流浪生活。此后，漂泊主题成为西方文学经典的核心内容。罗马诗人维吉尔的《埃涅阿斯纪》描述了特洛伊王子埃涅阿斯于特洛伊城失陷后在海上漂流 7 年历经千辛万苦到达迦太基并完成建立罗马帝国的英雄伟业。

《圣经》作为影响西方人宗教信仰和日常生活的叙事，也为西方文学经典中漂泊主题打下基础。众所周知，在《旧约·创世纪》中，居住在伊甸园的亚当和夏娃偷吃了智慧树上的果子，违背了上帝的旨意，被驱逐出了伊甸园。从此以后，人类进入了流浪漂泊的生活。如希伯来部族在亚伯拉罕及其孙子雅各的带领下从两河流域下游的吾耳逆流而上一直到中上游的哈兰，再向西南长途迁徙至约旦河谷，并两次泊居埃及。然后，摩西率以色列人出埃及，穿越红海，进入西奈旷野，前往迦南。这种漂泊的生活构成了犹太文化中"四海为家"的空间生存特征。在《新约》中，耶稣从 12 岁到他开始宣传福音，差不多 20 个年头，在这期间耶稣的漂泊历程从未终止。

此后的欧洲文学基本上笼罩在异教和基督教的漂泊游历主题下，从而造就了一部又一部文学经典。在益格鲁－撒克逊人的《贝奥武甫》中，漂泊主题表现为贝奥武甫的动荡不定的生存环境，及在不同空间中的英雄行为，如下水斩妖、登山屠龙等。法国的《罗兰之歌》描写了法兰西民族南征北战、漂泊流浪的画面。西班牙的《熙德之歌》讲述了熙德虽遭两次放逐却对国王忠心耿耿，为民族独立而一路征战的故事。俄罗斯的《伊戈尔出征记》则更是体现了民族漂泊的历史。

塞万提斯在戏仿中世纪传统文学的基础上，将主人公的出游行程设定为《堂吉诃德》的叙事框架，反映作者在现实和浪漫理想之间的漂泊之旅。但丁的人间漂泊则浓缩于《神曲》从地狱、炼狱到天堂这三个灵界的漫游。弥尔顿在《失乐园》中重走了亚当和夏娃所代表的人类的放逐之路。在《哈姆雷特》中，哈姆雷特思想漂泊于生与死之间，反映了莎士比亚追寻人性真谛的精神漫游之旅。笛福的《鲁滨孙漂流记》和斯威夫特的《格列佛游记》名副其实地描绘了主人公的漂泊生活。歌德模仿但丁的《神曲》，在《浮士德》中描写了精神流浪者从书本到小世界到大世界的漫游历程。雪莱在《西风颂》中的精神之旅，超越了人身物形的束缚，逃出了时空的疆界。在《忏悔录》中，卢梭通过人物的情感历程肯定了对自然感情的自由追求。雨果将19年的流亡漂泊感悟写进了《悲惨世界》。普希金的流放生涯为其在《叶甫盖尼·奥涅金》中成功塑造俄国文学史上第一个处于漫游状态的"多余人"形象打下了基础。狄更斯在《大卫·科波菲尔》和《远大前程》中为读者刻画了小说人物漂泊澳大利亚的场景。

20世纪的人类经历了两次世界大战。这是动荡不安、复杂多变的时代，同时又是全球化进程快速演进的时代。人口移动和漂泊成为全球性的社会文化现象。"一大批文人、作家、学者由于政治的、宗教的、个人的原因或自愿或被迫离开自己的祖国，漂泊于世界各地。"（陈召荣，2006：17）经典传承中的漂泊主题得以在新的时期，继续发扬光大。

欧洲文学经典作家和作品浩如烟海，不是片言碎语所能穷尽的，但贯穿其中的漂泊精神是与荷马传统和圣经传统一脉相承的，它反映了欧洲人尽兴漫游，苦苦追寻人生真谛的愿望。这是欧洲文学经典存在的部分基本内核。

漂泊主题反映了欧洲人古老的英雄叙事结构，普洛普把它总结为英雄（S1）先是与社会（S2）相合，然后移往与社会为敌的孤独空间（S3）去完成壮举。这一过程被格雷马斯用转换函数（F）逻辑简化为：F 转化 = （S2 $\cap$ S1 $\cup$ S3）$\rightarrow$（S2 $\cup$ S1 $\cap$ S3）（格雷马斯，2005：160）。其实漂泊叙事还应包括其原因和期待的结果，因此人物的时空移动过程体现了欧洲人人生奋斗生存模式，即"幸福——失落——漂泊——寻找——回归"。漂泊的目的不是永远放逐自己，而是要回归理想家园。

当然，这一基本的叙事模式在不同的具体经典作品中的变体不同，即一种简单的基本情节，它可以有叙事的多样性。在欧洲文学经典中存在一个共同的叙事模式，不管围绕着它有多少故事的变体，但这种模式仍具有强大的生命力，它在文本的创作和传递中起组织功能。共同的叙事模式超越历史，使经典之间的交流成为可能，也是经典作家创新的基础。欧洲文学经典作品反映出的共同元素相当于乔姆斯基所说的语言能力（competence），而叙事变异则相当于语言使用（performance），前者是指存在于人类大脑中的普遍语法（UG）。从生成语法视角看待文学经典问题，则可得出结论，经典作品之间共同的叙事框架反映了欧洲人共同的心理知识，这也是经典形成的内在动因。

在欧洲文学史的长河中，借助于共同的叙事模式，后代作家创新性地模仿前世经典之作，主要有两种方式。

一是衍生方式。后世作品基本上承袭了前世作品的主要情节，如弥尔顿的《失乐园》是《圣经》中《创世纪》的衍生作品。很多作家模仿维吉尔的史诗《埃涅阿斯纪》，如 18 世纪意大利诗人梅塔斯塔的音乐剧《被抛弃的狄多》选取该经典作品的部分情节。斯宾塞的《仙后》和弥尔顿的《失乐园》也都有模仿《埃涅阿斯纪》的痕迹。

二是戏仿方式。后世作品以前世作品为写作出发点，但改变了主要情节或主要人物，如拉辛的《安德洛玛刻》则是对《伊利亚特》的改写。（李赋宁，1999：64）

不管哪一种模仿方式，其作用一方面表现为借助前世经典的地位，使自己也跻身经典之列，另一方面，使前世的经典作品更加经典化。当把所有欧洲文学经典作品组成一个整体时，则整体经典具有耗不尽的潜在意义，它是欧洲几千年文明的深厚积淀，代表着一种跨越时空的社会文化秩序。经典之间的互相影响是跨时间的，经典的理念有助于维系超越历史的秩序，使一切超越时间。本体论意义上的欧洲文学经典代表了欧洲的共同文化传统，界定了欧洲人都相信和分享的东西。经典的存在为欧洲人提供了某种共同文化的最大保证。阿诺德·克鲁帕特（Arnold Krupat）认为，经典表达了集体的自我，写就了集体自我的自传（Arnold Krupat，2005：157）。因此，欧洲文学经典是体现欧洲共同文化的书籍，代表了欧洲文化传统的主要内容，经典作品之间的联系显示了文化传统内部符合逻辑的程式。例如，欧洲浪漫主义诗歌乃是从欧洲传统的文学形式，即追求罗曼司（romance）演变而来。浪漫主义的运动是从自然走向想象力的自由，而且这种想象力的自由还是对社会自我的净化与救赎，即精神漂泊之后的回归。哈罗德·布鲁姆（Harold Broom）把对罗曼司的追寻视作是人类永恒的渴望，是人类用来对抗这个物质世界的最后手段。（吴琼，2000：6）

精神追寻是人类集体无意识原型的体现，原型意象的传承与变异是造就一切文学的基础。荣格认为原型意象是一种记忆蕴藏、一种印痕或记忆痕迹，"它来源于同一种经验的无数过程的凝缩。在这方面它是某些不断发生的心理体验的积淀"（荣格，1997：490）。集体无意识侵入人类精神领域的每一个角落，它所承载的是对人类所有进程的文化记忆，是一个值得不断探索和无穷阐释的心理空间。每一部文学经典都包含着这种世代相传的集体无意识信息。

　　欧洲文学经典的形成固然是欧洲精神文明和文学历史发展内在要素的结果，但也离不开外部要素的推动。文学经典的形成是一个大浪淘沙的过程，其中诸多外部因素都会起到特定的作用。

　　经典作品的创作是建立在其经济基础上的，试想，一个作家在衣不蔽身、食不果腹的情况下，是很难创造出伟大作品的。在欧洲文学史上，文学赞助是常见的现象，正如中国古代的食客现象。当然，受赞助的文人得听命于赞助人，写出符合赞助人利益的作品。有些作家穿梭于上流社会，与贵族和皇室成员交往并得到他们赞助，有的成为御用文人，从而写出不朽的经典作品。维吉尔在《牧歌》里把屋大维比作神明，以感谢他的帮助；乔叟在《公爵夫人书》中悼念其保护人公爵夫人；斯宾塞在《仙后》中大力颂扬伊丽莎白一世；莱辛的第一个戏剧《年轻的学者》在诺伊贝尔夫人的帮助下才得以上演。而对于经济拮据的作家来说，写作赚钱则是他们的紧要任务。他们本身恶劣的生活环境演变成其经典作品的内容，如狄更斯"对父母生而不养、未给予他正常上学受教育的机会尤其耿耿于怀。这也是他的作品中出现那么多不幸儿童的心理原因"（李赋宁，2001：266）。

　　说到赞助，就不得不提到欧洲社会中的教会学校。在欧洲，有些学校是由教会用私人捐款创办的。而欧洲的经典，特别是在中世纪，则是由教会和学校两个机构制定的。符合《圣经》精神和教会旨意的作品方能进入经典行列，并在学校传授给学生。否则，只能待在经典和为学生设定的必读书单之外。而在当代的欧洲社会，学校的必读书清单制度受到教会的影响比过去少多了，但受到学术机构或政府教育部门的影响则在上升。佛克马和蚁布思也持类似的观点，关于文学经典的设定，"除了学校之外，只有其他两种社会机构被授予了权力：教会和政府……文学经典在中世纪的重要性来源于它统治着整个的教育这一事实"

（佛克马、蚁布思，1996：39 - 40）。教会、学校、学术机构、政府教育机构及相关教育制度在确立必读书制度与文学经典方面起到了共谋作用，所以被西方学者称为"文学公器"（literary institution）。台湾地区学者刘光能在谈到法国文学百年变动时认为，文学公器具有专业独揽、权威公信的特性，文学公器通过标榜或漠视、响应或孤立、巩固或削弱等手段在文学作品中进行选择，并使选择结果正规化，普遍化，甚至教条化和至尊化，最终造成文学经典的成立或变更（刘光能，1994：117 - 123）。

文学公器的参与，离不开意识形态的作用，在同样传承精神传统的文学作品中，哪些能入围经典系列，哪些不能成为经典作品，取决于文学公器所代表的政治思想和意识形态。克鲁帕特认为，经典，就像所有文化物一样，绝非无涉于任何意识形态而纯为先人所思所想的集萃精选；反之，经典的形成是一种建制的行为，对那些被视为最能传达和捍卫当道秩序的文字精撰予以充分认定。文学公器所代表的思想意识形态会不可避免地反映于其对文学作品的经典化选择过程中。经典对于编撰者当代的动能意义体现在两个方面：（1）被经典化作品中的思想符合当代社会的要求；（2）文学公器的后天阐释可以为当代思想在经典作品中找到依据。所以说经典化过程是过去思想与当代思想互动的过程。"经典化在形式上是对文学本文的经典化，而在它的实质蕴含上还包含着对某种观念、某种思想的经典化。"（张荣翼，1997：76）换句话说，后代对前代作品经典化的过程是旧瓶装新酒的过程，即把当代的思想意识形态融入经典作品中。经典作品虽是前人之作，但已添加了后人的创造。美国文化学家理安·艾斯勒作为一位女性所举的例子恰能说明欧洲文学经典化过程中的思想意识形态性："一个众所周知的实例是，在《创世纪》第一章中发现了关于上帝如何创造人类的两个不同的故事。第一个故事告诉我们说，女人和男人是同时产生的神的创造物；第二个更精心炮制的故事则告诉我们说，上帝先创造了亚当，事后觉得亚当太孤单，才用亚当的肋骨又创造了夏娃。"（艾斯勒，1993：98）第一个故事体现了男女平等的概念，而第二个故事则可附加上女性是男性的附属的观念。持有不同思想观念的编撰者会选择其中的一种叙事，融入自己的观念，使之经典化。所以经典化过程反映了当代社会的意识形态需求。假如经典化任务落在文学公器上的话，那么经典在很大程度上是少数精英研究者的经典，反映了一种研究愿望。例如基督教的规范制定者，并不太在意文本本身的美学内容及其感染力，他们选择标准仅仅是作品是否符合宗教社团的规则。而经典规范的形成常常取决于少数有影响力的个人趣味。一些女性主义文学批语家敏锐地发现，18世纪前几乎没有经典性的女性作家，著名的《诺顿英语文学选集》第一版中，根本没有收入1705年以前的妇女写的作品，且大多数规范制定者都是男人。"十八世纪早期有文化的中层妇女被允许和鼓励写作，但仍然较少有机会出版自己创作的作品。"（夏冬红，2000：70）纵观欧洲文学经典或西方经典，如布鲁姆编撰的《西方正典》（布鲁姆，2005），其中女性作家的数量少得可怜，而非白人作者则更是稀缺。经典作品的选取是具有权威性评论家的个人学术趣味所致。如布鲁姆在其《西方正典》中选到的26位作家就排除了大名鼎鼎的彼特拉克、拉伯雷、斯宾塞、莱辛、普希金、雨果、巴尔扎克、劳伦斯等作家；因为他的学术志趣"更看重民族之经典与文类之经典的崇高性和代表性"（曾艳兵，2009：128）。更开放一点的经典选择是通过某一组织召集一些精英人士采取秘密选标的方式来进行的，如诺贝尔文学奖的选出就是采取这种办法。目前尚未出现全民参与海选而出的文学经典。虽然经典是由少数精英选定的，但有时具有很大的代表性，因为经典清单必须被一种文化的主流圈子接受而合法化，从而成为历史传统的一部分。目前的欧洲主流文化圈是以白人和男性为中心的，所以欧洲文学经典不可避免地表现出男性中心主义和白人中心主义的色彩。

　　一些后现代主义批评家和女性主义者试图批评和解构男性资产阶级批评家挑选出的符合中产阶级价值观的自足的经典体系，并试图重新设定经典作品清单。但任何对经典清单的改革都会悄悄地渗透进改编者的意识形态。虽然关于经典的争论一时很难产生共识和定论，但并不是说争论毫无意义。关于经典的争论是经典形成过程的一部分，是大浪淘沙的历史机制之一。同代人对于哪些作品值得阅读、哪些堪称经典的争论也许无法最终得到结论，但结果在后代人那里将加以明确化。所以经典作品的浮出，既得益于同代人的推波助澜，又归功于后代人的过滤积淀。作为经典形成过程的一部分，争论并非只发生在后现代社会。发生在17世纪末和18世纪初的法国文学界的两次"古今之争"可算作是经典形成大浪淘沙过程中的一次较大的波浪。以贝洛为代表的厚今薄古派认为当时路易十四时代作家的文学艺术堪称世界文学史的新高峰，丝毫不比拥有维吉尔、贺拉斯、奥维德这些伟大诗人的古罗马奥古斯都时代逊色，荷马作品某些描写不合现代人的趣味，删节改动理所当然。而以布瓦洛、拉辛、拉封丹为代表的厚古薄今派则担负起维护古人权威的责任，猛烈批评抬高基督教诗、贬低异教诗的做法。"古今之争两派分歧的焦点是如何正确评价古代文学和当代文学。"（李赋宁，1999：317）争论的结果并非两败俱伤，而是古代经典得以进一步经典化，肯定了古典主义的审美观念和审美趣味，古典主义仍旧以主流文学的姿态跨入了18世纪。同时，争论结果导致对当代文学的关注，而当代文学则以反传统的形式出现，从而引领了新的文学风向，预示着新的经典的诞生。

　　由此看来，后代人对前代作品的发现、评价、批评和提倡是形成经典的重要途径。反传统导致新的传统和经典作品的产生，这可以归入经典产生的正向过程。在欧洲文学史上，浪漫主义文学是对古典文学传统的背反，现实主义是对浪漫主义的反驳，现代主义则逃离浪漫主义与现实主义的传统，而后现代主义则完全解构了前世文学，这些文学流派在当初都是以反传统的面貌出现的，在后人看来却铸就了新的经典。反传统本身成了一个传统，有人认为这与欧洲的专利制度在文学版权上的体现有关（张荣翼，1997：76）。法国早在 1791 年就颁布了专利法，多数其他欧洲国家也在 19 世纪陆续实行专利制度。专利制度要求专利人要有独创性，这种要求体现在文学中则是新传统背反旧传统。这时期正值欧洲浪漫主义文学兴起的时候，与专利精神相吻合。而在此之前的古典主义文学和文艺复兴时期文学则重在挖掘和模仿欧洲古代文学。前代经典的重新发现可以归入经典产生的逆向过程。所谓正向过程是相对的，其观察点是作品产生前和当时的时间，而逆向过程是绝对的，即所有经典作品都将接受后代读者挑剔的眼光。无论是正向过程，还是逆向过程，经典的产生都离不开文学思潮和文学理论的影响。作家在创作作品时会潜意识地受制于其信奉的文学思潮，如浪漫主义诗人在回归自然、追求自由理念的指引下，创作出冲破古典主义旧传统和体系的不朽之作。而后人对前人作品的经典化过程则以某种文学理论为指导。新的文学理论可以帮助人们挖掘或重新评价文学经典，如女性主义批评无疑在发现一批新的女性作家方面做出了贡献。新的理论给旧的文学经典还可以添加新的活力，如《哈姆雷特》作为经典之作，在当代各种文学理论的解读下，如新历史主义、女权主义、生态主义、后殖民主义、解构主义等，发射出新的光辉。有一千个读者，就会有一千个哈姆雷特的形象。人们在对文本加以经典化的时候会戴上一副理论性有色眼镜，将作品纳入自己的理论网络体系中。对过去文化的经典化离不开后人所拥有文学思想的影响。

后人对前人作品的逆向阐释导致作品的再生长，这是利用文学理论挑选经典或强化经典的手段之一。假如将经典化过程分为表达层面和内容层面的话，则文学理论或思想是内容层面的经典化形式，而具体的文学史写作则是表达层面上经典化形式。前者体现为经典化概念框架，后者体现为文学史的叙事方式。假如把文学作品成为经典作品的过程称作为文本的经典化，且把文学史也看作是一种文本的话，那么具体挑选经典作品进而编写成文学史的过程可被称作为经典的文本化。经典的文本化是文本经典化的具体操作方式，也会影响到经典的形成。文学史或文学作品选集，是经典承载的媒介，即经典文本化的结果。所谓经典作品集或文学史可以看作是编写者关于经典作品和经典作家的一种叙事方式，因为关于哪些作家或作品能入选经典的问题，涉及不同编写者的不同选择标准。不同版本的欧洲文学史证明每一个版本只是一种关于经典的叙事方式，一种写作方式。英国当代著名文学批评家弗·雷·利维斯在《伟大的传统》一书中认为，在英国文学传统中，真正的大家数量不多，包括"简·奥斯丁、乔治·艾略特、亨利·詹姆斯、约瑟夫·康拉德——我们且在比较有把握的历史阶段打住"（利维斯，2002：3）。利维斯对于当代作家的评判持谨慎和保留态度。而上文提到的批评家布鲁姆在其《西方正典》中仅列举了26位经典作家，而将振聋发聩的雨果、巴尔扎克、劳伦斯等人排除在经典之外。作为他者的中国人，编写欧洲文学史筛选经典作品时，一方面借鉴西方人的欧洲文学史版本，另一方面又受制于国内的具体环境，则呈现出另一种独特局面。

如由杨周翰、吴达元和赵罗蕤主编的《欧洲文学史》大力褒扬现实主义作家，而极力贬低浪漫主义文学，该书忽视了许多现在认为很重要的作家与事件，且历史阶段只写到19世纪。而李赋宁主编的《欧洲文学史》则走向大而全的方向，唯恐漏掉某个作家，且论述相对辩证。不同的文学作品选集或文学史的不同叙事方式，造成了一些文学作品安坐经典殿堂，而另一些作品则被驱逐出去，失去了与经典作品和读者的交流机会。无论怎么说，编写欧洲文学史是影响欧洲文学经典形成的媒介因素。虽然不同编者的叙事方式不同，但目的相似，制定并遵循一个符合逻辑的欧洲文学史秩序：将荷马史诗及其以来的一些文学作品经典化，以期当代欧洲人及欧洲文学学习和研究者对编者的叙事有所理解并产生共鸣。正如艾略特所认为的那样，欧洲文学史的编写及其对作品的经典化过程不仅使人意识到"过去的过去性，而且意识到过去的现在性……荷尔蒙马以来的整个欧洲文学和他本国的整个文学，都有一个同时性存在，构成一个同时性序列"（Richter，1989：469）。

　　正如上文所提及的，西方人编写的欧洲文学史与中国人编写的欧洲文学史之间存在着一定的差别，同样，作为他者的中国人心目中的欧洲文学经典与欧洲人自己心目中的欧洲文学经典也是不同的。并非所有的欧洲文学经典都会成为中国人心目中的经典，而有的非经典的欧洲文学作品却在中国会演变成经典。例如，在改革开放前，中国人心目中的欧洲文学经典作品基本上局限在欧洲现实主义和无产阶级文学作品内；而在欧洲并非是文学经典的《马赛曲》则被于韬与张芝轩于 1871 年当作欧洲经典诗歌被译介入中国（郭延礼，1998：23）。显而易见，在欧洲的文学作品演变成中国的欧洲文学经典的过程中存在着翻译和选择方面的中国化问题。在这一过程中必然会牵涉到语码及意义的转换和变形，必定受到中国文化框架的过滤和改造，已不可能是原汁原味的欧洲经典了。如"苏曼殊、陈独秀将雨果的《悲惨世界》翻译成《惨世界》，形式上采用了中国传统小说的章回体，内容上则多有增删，甚至偷偷塞进了反满的民族革命思想"（曾艳兵，2009：129）。翻译过程是重写、改写和创造的过程，其中甚至会出现不同程度的误读或误译。翻译主体和原作者一样，生活在特定时期的特定社会中，上文讨论的影响经典作品形成的各种因素同样会影响到文学作品的翻译过程。译者的政治意识形态、学术涵养及志趣，文学理论及思潮，赞助奖励机制，学校必读书制度等因素都会影响到欧洲文学经典在中国的形成。例如，目前中国的出版机构非常欣喜地看到教育部门为中国学生制定了一批外国文学作品必读书清单，每一份外国经典文学作品清单都区分适合不同年龄段的不同版本，有小学版、初中版、高中版、大学版，每种版本都是对原经典作品的不同程度上的改写。经典作品是一种文化食粮，阅读经典就是积累和消费文化资本。约翰·格勒里（Guillory，1993：IX）认为最好把经典形成问题理解为文化资产形成和分配中的问题，或更确切地说是文学生产和消费问题。在中国，存在着庞大的经典作品传播、消费机构和群体，这使欧洲文学经典在中国的进一步经典化打下了坚实的基础。

总之，欧洲文学经典代表着欧洲传统人文精神的主要内容，是体现欧洲共同文化的书籍，经典作品之间的联系显示了传统内部符合逻辑的程式。欧洲人共同的，甚至是全人类共同的生活经验和思维方式造就了欧洲文学经典形成的内在规定性。同时，欧洲文学经典的形成、传播及深化离不开许多外在因素的合力作用。本章以欧洲文学经典为个案，所讨论的经典形成的内外部因素原则上希望对其他地区的文学经典形成的分析具有一定的指导作用。

十二、柏拉图与亚里士多德美学思想的
传达与意指关系

　　讨论文学作品的意指和传达机制，探讨文学经典的形成，我们不得不追溯到柏拉图和亚里士多德的美学思想，因为其中表现了符号意指和传达机制的连续性。学界普遍认为，柏拉图和亚里士多德分别开创了浪漫主义和现实主义先河，学术研究多侧重于两人美学思想的差异性，侧重亚氏对其恩师的批判性，较少研究两人美学思想上的相通之处，从而导致美学思想发展认识上的断裂。本章从真、美、善以及符号表征等角度分析了两人美学思想上的诸多相似点，指出西方早期美学思想发展中的连续性，纠正断裂性的认识，弥补对美学思想进行简单化贴标签的失误。

　　柏拉图与亚里士多德被公认为是开启和引导西方两千多年来唯心主义和唯物主义思想走向的两大哲学巨擘。人们普遍认为，此后的西方美学思路便沿着柏拉图与亚里士多德的两条对立的路线发展，前者路线是唯心主义的路线，后者路线基本上是唯物主义路线（朱光潜，2009：61）；继而，在文艺思想和创作方法方面，浪漫主义者视柏拉图为其先祖，而现实主义却尊奉亚里士多德为其开山鼻祖。两人美学思想上的对立被文艺复兴时期意大利画家拉斐尔形象地定格在他的名画《雅典学派》之中：柏拉图手指苍天，而亚里士多德手指大地。虽然亚里士多德是柏拉图的高足，但人们常常引用"吾爱吾师，吾更爱真理"这句话来说明亚里士多德对其恩师的学说的批判性。因此，学界着重考察了二者美学思想之间的差异性，如有人从柏拉图的"理式"论和亚里士多德的"四因"说出发讨论两人诗学思想的差异（李平，2004：66 - 72），也有人深入分析两人在"模仿说"上的区别（施锐，2006：51 - 54；陆礼春，2007：182 - 183；张丽云，1997：89 - 91），还有人结合当代文学批评的最新潮流，认为柏氏的美学思想属于道德批评，而亚氏的美学则应归入文学伦理学批评的范畴（聂珍钊，2006：8 - 17）。

不可否认，亚里士多德在批判柏拉图文艺理论的基础上创立了与后者迥然不同的学说，然而，作为柏拉图的爱徒，亚里士多德难道仅从恩师那儿学会了方法论上解构老师的批判性，没学到其老师本体论上的一点点思想和观点？如若这样，于情于理解释不通。从师生关系来看，亚氏的美学思想从柏氏的美学思想脱胎而来，前者或多或少会受到后者的影响，二者之间理应存在着一些相通之处。本章以下着重考察两人美学思想方面的相似性，从而指出西方早期美学思想发展中的连续性，纠正断裂性的认识，弥补对美学思想进行简单化贴标签的失误。

首先，在艺术与现实的关系上，两人都持反映观。众所周知，柏拉图在《理想国》卷十中举例说，有三种"床"，第一种是理式（idea）之床，是由神创造的，第二种是由木匠按照第一种理式之床制造出的个别的床，第三种床是画家模仿个别的床画出来的床。柏拉图认为："如果我们把画家叫作那两种人所造的东西的模（摹）仿者，应该是最合适的。""悲剧诗人既然是模（摹）仿者，他就像所有其他的模（摹）仿者一样，自然地和王者或真实隔着两层。"（柏拉图，2009：391 - 392）由此可以看出，柏拉图学说中的世界由三部分组成，即理式世界、现实世界和文艺世界。文艺世界模仿现实世界，现实世界反映理式世界，因而，文艺世界依赖现实世界，现实世界又依赖理式世界；反过来，理式世界支配现实世界，现实又支配文艺世界。虽然柏拉图坚持认为理式之床才是本质的、真正的床，画家所画的床是对真理的"影像的模（摹）仿"（柏拉图，2009：392），和真理隔着两层，是不真实的，但是如果我们撇开柏拉图的玄奥的理式世界且不考虑他对真实概念的主观价值判断的话，我们可以清楚看出文艺世界与现实世界之间的直接映射关系，即柏拉图的模仿说中包含了文艺反映现实的观点。关于这种反映是真实的反映，还是歪曲反映的问题，这属于价值判断问题，则可另当别论。如果从这角度看，亚里士多德的文艺观则是直接继承了老师的观点。

在亚里士多德的模仿论中，他放弃了柏拉图对理式的追求，肯定了现实世界的真实性，因此也就为认同文艺的可能真实性埋下了伏笔。在《诗学》中，他转向对事物普遍规律的追求。他在《诗学》第二十五章中指出，诗人是模仿者，在任何时候都必须从如下三者中选取模仿对象："（一）过去或当今的事，（二）传说或设想中的事，（三）应该是这样或那样的事。"（亚里士多德，2008：177）第一种是自然主义的写作手法，第二种是模仿神话传说，第三种就是模仿按照事物普遍规律可能发生的事。亚氏认为："诗人的职责不在于描述已经发生的事，而在于描述可能发生的事，即根据可然或必然的原则可能发生的事。"（亚里士多德，2008：81）由此看来，亚氏在肯定文艺世界反映现实世界的基础上，进而追求高质量文艺作品的衡量标准，即符合现实世界背后的必然规律。

柏拉图认为在一个人身上同时存在着两种相反的势力，一种是"我们的最善部分是愿意遵从理性指导的"，二是"我们的无理性的无益的部分是懦弱的伙伴"，"我们的那个不冷静的部分给模（摹）仿提供了大量各式各样的材料"（柏拉图，2009：403-404）。由此看来，柏氏与亚氏一样，在文艺与现实的关系问题上持有相似的观点，即不考虑他们的价值判断，他们都认为文艺是反映或模仿现实的，且模仿的主要对象是人的心理、感情、行动等，而不是自然。车尔尼雪夫斯基曾评论道："无论柏拉图或亚里士多德都认为艺术的尤其是诗的真正内容不是自然，而是人生。"（车尔尼雪夫斯基，1957：144）

由此，我们可以认为，柏拉图和亚里士多德都同意"艺术反映生活、反映人生"的说法。至于反映的真实程度、衡量标准及艺术对人的好坏影响等属于价值判断的因素，则另当别论。理解亚氏的反映论难度不大，但理解柏氏的反映论却并非易事，因为柏氏在《理想国》中基本上以价值判断的方式批评荷马等诗人对人性中弱的部分的模仿。即便如此，柏氏的叙事实践本身却毫无疑问地证明了诗性摹仿能够反映现实世界的观点，因为《理想国》本身就是柏氏模仿苏格拉底来反映自己观点的论著，"《理想国》像柏拉图的所有对话录一样本身是诗……从性质上说，柏拉图对话录就是一种诗性的模（摹）仿，柏拉图代表，或至少似乎代表了所有他虚拟的对象来说话，这与荷马以及悲剧诗人没什么不同"（罗森，2004：11 - 18）。退一步讲，即使柏拉图认为艺术是虚幻的甚至是歪曲的反映，但他还是间接地承认了艺术是对现实的一种反映。

回头再看看柏拉图提出的作为价值判断标准的理式与亚里士多德提出的事物的普遍规律，虽然这两个概念被后人分别武断地归入唯心主义和唯物主义的范畴，但这两个概念体现了两人在表达事物普遍性、寻找现实世界背后的动因以及探寻文学艺术的共性等方面所表现出来的理性化精神追求。

其次，两人对文艺现象的分析都试图表现出理性化和整体化观念。柏拉图试图通过"理式"来对现实世界和文艺世界进行理性把握，而亚里士多德则企图通过"四因说"来驯服它们。柏拉图的理式理论诞生于两个世界的对立：现实世界和理式世界，他认为，"凡是若干个体有着一个共同的名字的，它们就有着一个共同的理念或'形式'"（罗素，1963：163）。理式世界相对于现实世界和文艺世界是永恒的独立存在。正如上文指出的，文艺世界和现实世界会不同程度地反映理式世界，所以柏拉图认为美感教育的过程应该是：第一步应从某一个美形体开始，第二步学会了解形体之间的美是相通的，即在许多单个美形体中见出形体美的形式，第三步要学会"把心灵的美看得比形体的美更可珍贵"，如此向前探索，最后达到理式世界的最高的美。"这种美是永恒的，无始无终，不生不死，不增不减的。"（柏拉图，1963：271－272）

A. E. 泰勒在《苏格拉底种种》中指出，"理式"（idea 或 edios）的基本意思是"所视之物"，早期的衍化意思是"形状""形式"等，后来引申出"种""类"的意思。由此看来，"理式"实际上就具有对现实事物加以抽象和概括的意思（叶秀山，1986：105－107）。由于历史条件的限制，柏拉图无法搞清楚抽象出的普遍规律是什么，所以只好把理式归于神造。虽然被批评为客观唯心主义，但柏拉图对美的理式和理式的美的拷问，都反映了他试图对文艺现象及现实世界进行理性化的意图，因为"理式"一词与我们所说的"规律"在认识论上具有相似之处。按照柏拉图的观点，美是一种客观存在，人生来就有审美能力，对节奏与旋律有着本能的爱好，事物的美并非出于偶然，文艺产生的美一定具有固有的原因。

而亚里士多德对文艺现象背后的普遍规律的理性化分析则是建立在其"四因说"基础上的，而后者又与柏拉图的"理式"存在着千丝万缕的联系。"四因"即事物形成的四种基本原因，分别为材料因、形式因、创造因和最后因。亚氏认为，一切事物的形成都离不开这四因，以一尊纪念伯里克利的青铜雕像为例，它的材料因是青铜，形式因为伯利克利形象，创造因为雕塑家的创造，最后因是为了纪念伯里克里从而雕像的目的（欧文，1998：154）。从"四因说"可以看出，亚氏把事物的形式和材料割裂开来了。我国学者朱光潜认为，在材料与形式之中，亚氏把形式看成是更基本的，这些都显出他的唯心主义的倾向。朱光潜还进一步指出了亚氏"四因说"中所弥漫的柏氏"理式"之神性。如果把"创造因"应用到现实世界，就必须假定有个创造主，所以亚氏没有放弃"神"的概念，神还是"形式的形式"，并且，亚氏所说的最后因也是指造物主（神）的目的。把"四因说"应用到文艺上，实际上亚氏把"自然"和"神"看作一个艺术家，认为只有神这个外因才能赋予形式于文艺（朱光潜，2009：68）。再者，亚氏非常看重的"形式因"被派定了比材料因更重要的地位，在亚氏心目中是构成一切事物的首要推动力。虽然亚氏未采用理式世界和现实世界对立的说法，但"形式因"的抽象性和玄奥作用与柏氏的理式是相似的，难怪有学者认为，虽然亚氏强调艺术创造，但这种创造的根源还是在"神"（李平，2004，71）。

由此看来，柏氏所追寻的美的理式等同于亚氏苦觅的作为事物内在本质的形式美，这两个概念都体现了两人要把文艺及其他事物当作可把握的、能够追寻到其本原实质的理性化思考求真过程。那么，艺术的美具体表现在哪些方面呢？

理式之美或形式美要求运用理性力量作用于非理性事物，从对象中分析出可把握的整体结构。柏氏是通过"限定"的工作来完成这一任务的。所谓"限定"就是对混乱和杂乱无章的非理性事物进行逻辑化的规范。经过限定的事物都体现以下两个特点：（1）由开头、中间和结尾等成分组成，每个组成成分都有自己明确的位置；（2）各组成成分按合宜的比例排列。柏氏认为美的事物必须符合这种完整和统一的标准，事物的美取决于其内部的秩序。具体到文艺作品，柏氏在《斐德若篇》中明确表示："每篇文章的结构应该像一个有生命的东西，有它

所特有的那种身体，有头，有中断，有四肢，部分和部分，部分和全体，都要各得其所，完全调和。"（柏拉图，1963：150）

对于柏氏的文艺结构整体观，亚氏丝毫没有冒犯老师的表现，他几乎是完全接受了柏氏的这一观点。多年的师生关系使亚氏不由自主地套用了老师的观点。他指出，顺序、匀称和限度等是审美的核心成分，美是对"无限"或"无界"事物或现象的限定，完美作品的结构应由开头、中间和结尾三部分组成。亚氏认为，艺术作品与现实事物的区别就在于在艺术作品里，原来零散的因素结合成一体。亚氏在《诗学》第七章中为整体结构给出了一个通俗易懂的解释："一个完整的事物由起始、中段和结尾组成……组合精良的情节不应随便地起始和结尾，它的结构应该符合上述要求。"并且亚氏有针对性地论述认为戏剧的美就在于其整体结构性。"一个有生命的东西或是任何由各部分组成的整体，如果要显得美，就不仅要在各部分的安排上见出一种秩序，而且还须有一定的体积大小，因为美就在于体积大小和秩序……同理，戏剧的情节也应有一定的长度，最好是可以让记忆力把它作为整体来把握。"据此，亚氏把悲剧定义如下："悲剧是对一个完整划一，且具有一定长度的行动的模仿。"（亚里士多德，2008：70）

由此看来，亚氏拥有与其恩师同样的理性化整体结构文艺观。如果说上文讨论的两人之间的第一点相通之处与文艺的"真"有关，第两点相通之处与文艺的"美"有关的话，那么两人表现出的第三点相似之处则与文艺的"善"有关，即在文艺的社会功用和教育功能方面，两人的美学观点也相似。二人都认为美和善是相通的，文艺具有教育功能和娱乐功能。柏氏是以强烈规定性口吻提出文艺的教育功能的。在《理想国》卷三中，柏氏在痛斥那些经常模仿坏人坏事或是软弱的人和软弱的事的诗人之后，说："至于我们，为了对自己有益，要求作为较为严肃较为正派的诗人或讲故事的人，模（摹）仿好人的语言，按照我们开始立法时所规定的规范来说，唱故事以教育战士们。"（柏拉图，2009：102）在提倡好的文艺作品的同时，他对于荷马及其他悲剧、喜剧诗人持禁止态度，因为他们的诗歌会毒害人们的心灵，所以要坚决驱逐出理想国，他说，实际上我们是只许可歌颂神明的赞美好人的颂诗进入我们城邦的（柏拉图，2009：407）。对于荷马等诗人的否定，并不是由于柏氏没有认识到文艺的社会功用，而是恰恰因为他认识到了文艺所带给受众的深刻影响。不管是反面排斥，还是正面提倡，都反映了柏拉图对文艺之社会功用的重视，不然的话，他就不会对古希腊文艺名著进行字斟句酌的反复审查。柏氏坚持认为，文艺必须对人类社会有用，必须服务于政治；文艺的好坏，必须首先以政治标准来衡量。可以说，"柏拉图在西方是第一个人明确地把政治教育效果定作文艺的评价标准"（朱光潜，2009：56）。柏氏的观点使我们看出，文学的教育功能使它对现实社会良好风尚的形成负有责任。除了文艺的教育功能，柏氏批评荷马及悲剧诗人可能毒害人们思想的讨论客观上是以承认文艺的娱乐功能为前提的。他批评说，悲剧性的文艺让听众的情感尽量发泄，使听众暂图一时快感，且人们的心灵认为自己得到的这个快乐全然是好事。"我们大概也要许可诗的拥护者……说明诗歌不仅是令人愉快的，而且是对有秩序的管理和人们的全部生活有益的"（柏拉图，2009：408）。在批评声中，我们看到柏氏无可奈何地承认了文艺娱乐功能的存在，因为若此功能不存在，则失去了批评的口实。其实，柏氏在《斐莱布篇》里曾较全面地阐述了艺术美的概念。在此，柏氏重视快感的产生，认为它是与美是相连的。柏氏区别了两类快感，一是纯净快感，二是混合快感。他认为悲剧所提供的就是混合快感，即掺杂着痛苦的喜；真正优秀的文艺应该给人以纯净快感。

与其老师一样，亚氏也把文艺的教育功能摆在第一位，并兼顾娱乐功能。亚氏在谈到音乐时，认为："音乐应该学习，并不只是为着某一个目的，而是同时为着几个目的，那就是（1）教育；（2）净化……（3）精神享受……要达到教育的目的，就应选用伦理的乐调……具有净化作用的歌曲可以产生一种无害的快感。"（朱光潜，2009：86）为了更好地实行文艺的教育功能，亚氏与柏氏一样采用了区别对待的规定性方法。在《诗学》第十三章中，亚氏认为有三种情节结构应该避免："首先，悲剧不应表现好人由顺达之境转入败逆之境……其次，不应表现坏人由败逆之境转入顺达之境……再者，不应表现极恶的人由顺达之境转入败逆之境……它应该表现人物从顺达之境转入败逆之境，而不是相反……人物之所以遭受不幸，不是因为本身的邪恶，而是因为犯了某种后果严重的错误。"（亚里士多德，2008：97－98）亚氏主张悲剧主角的性格与我们观众类似，只有这样，悲剧主角才能极容易引起我们的同情，使观众的心灵得到净化，进而受到教育，结果，这样的悲剧作品就成了一种社会财富。亚氏所提倡的教育功能是通过娱乐功能，即净化完成的。亚氏认为，诗对听众情绪起净化作用，有益于听众心理健康，也就对社会有益。亚氏宣称悲剧"通过引发怜悯和恐惧使这些情感得到疏泄"（亚里士多德，2008：63）。情绪净化的快感只是文艺作品美感来源之一，亚氏在诗学中还提到在模仿中，认识事物本身所产生的快感以及作品节奏与和谐所带来的快感。艺术品的娱乐功能由各种快感综合而成。亚氏还区别了不同类别的文艺所激发出的不同情绪，产生不同的净化作用和不同的快感，如悲剧的快感、滑稽性格所生的快感以及善恶报应类戏剧所带来的快感。文艺作品给观众带来的这些快感同时有益于身心健康和道德修养。正如柏拉图的观点，即文艺激发情绪，产生快感，并不必然是坏事，亚氏也认为，情感宣泄，模仿快感是人的自然倾向，文艺的存在有它固有的理由和社会功用。正因为深刻认识到文艺的教育功用，所以亚氏在其《政治学》里制定了详细的文艺教育计划。（朱光潜，2009：93）

由此看来，两人都重视文艺的教育、娱乐等社会功能，并堪称史上最早的寓教于乐的典范。

师徒两人美学观点上的相通之处不仅表现在以上与真、美、善有关的三个问题上，还存在于一些具体的技术性问题与意识形态等因素方面。例如，关于诗学分类问题，两人的做法也表现出惊人的但可理解的相似性。两人不约而同地从今天意义上的叙事学角度对文艺创作方式进行了分类。当然，分类后的价值判断是有差别的，此另当别论。柏拉图指出："诗歌与故事共有两种体裁：一种完全通过模仿，就是你所说的悲剧与戏剧；另外一种是诗人表达自己情感的，你可以看到酒神赞美歌大体都是这种抒情诗体。第三种是二者并用，可以在史诗以及其他诗体里找到。"（柏拉图，2009：96–97）在这里，柏拉图实际上沿着两个维度区分了三种文艺体裁。两个维度表现为模仿与单纯叙述之间的对立。第一种体裁属于模仿，戏中人物在讲话、行动；第二种属于单纯叙述，只有诗人在说话；第三种是前两种方式的混合。柏拉图的价值取向是：第二种方式最好，最坏的是戏剧性的模仿，因为单纯叙述有助于诗人直接向观众表明善恶之分，而戏剧性模仿容易使观众迷失在纷繁的剧中人物的多声部中，致使诗人观点的消失和观众难辨善恶。在诗歌体裁划分方式上，亚氏几乎照搬了柏氏在《理想国》卷三的二维三分法："人们可用同一种媒介的不同表现形式模仿同一个对象，既可凭叙述——或进入角色，此乃荷马的做法，或以本人的口吻讲述不改变身份——也可通过扮演，表现行动和活动中的每一个人物。"（亚里士多德，2008：42）在此，亚氏主要区分了叙述和扮演两种叙事方式，柏氏所提倡的抒情诗体属于叙述体裁，悲剧和喜剧则属于扮演体裁，而荷马史诗则采用了介于二者之间的模式，时而用叙述手法，时而进入角色，叫人物出场，使模仿者用动作来模仿。亚氏对诗学体裁的分类与柏氏的分类如出一辙，唯一不同的是前者认为模仿方式高于叙述方式，因为模仿是人的天性，会给人带来快感，亚氏认为悲剧优于赞美诗和喜剧。

相同的诗学分类方式，却导致了不同的价值判断，而不同的价值判断又引领我们看到了两人美学观点背后相似的伦理态度和意识形态。柏拉图之所以不能容忍荷马史诗和悲剧，因为它们把神和英雄们刻画得和普通人一样浑身是毛病，如欺骗、争吵、贪财怕死、奸淫掠夺，这些行为违背了理想国的道德原则，会毒害理想国的青年人，会削弱他们保卫理想国的斗志。柏拉图认为神的本性是善的，决不允许诗人玷污众神的形象。其实神代表了柏拉图意识形态中的贵族阶段，所以为了维护贵族形象及统治，除了歌颂神和赞美好人的诗歌以外，不准一切诗歌入境。压制荷马史诗和悲剧体现了柏拉图文艺批评的道德标准和贵族阶级的意识形态。而亚氏赞美悲剧和史诗、贬低喜剧的做法却达到与柏氏殊途同归的愿望。亚氏认为，悲剧主角应该是好人而不是坏人，而"喜剧模仿低劣的人"（亚里士多德，2008：58），情节逆转不应造成反感，而应适合道德标准。强调好人有好报，恶人有恶报。主张模仿高尚的人及文艺要教育受众的观点使亚氏的美学思想充满了道德判断的意味。受到其老师深刻影响，亚氏的美学思想同样折射出他的贵族阶级的意识形态。亚氏心中理想的悲剧主角应是一些"声名显赫，生活顺达，如俄狄浦斯、苏厄斯忒和其他有类似家庭背景的著名人物"（亚里士多德，2008：97）。换句话说，在亚氏的心目中，只有他所属的上层贵族阶层的人才可以当悲剧主角。另外，亚氏在《政治学》里所设计的文艺教育，正如在柏拉图的《理想国》里一样，只以统治阶级的青年为教育对象（朱光潜，2009：90）。由此看来，师徒二人的美学思想反映了共同的意识形态，"都背着道德主义考虑的包袱"（鲍桑葵，1995：27）。

在以上对文艺的本体论的讨论中，我们看出了两位先贤的诸多共同之处。下面，我们再从文艺表征和方法论角度简要考察一下两人之间相似的观点。

众所周知，文艺是一种表征手段，是一种符号表达方式，与日常交际表达不同。真实的日常交际要求符号能明确无误地指向所指。而对于文艺作品却不能这样苛求。较一致的观点认为，文艺是一种虚构，能指与所指之间的关系是模糊不清的，文艺与现实不是明确对应的。从这个角度看，柏氏和亚氏的模仿论属于典型的现代意义上的虚构性表征理论。在本章的前面，我们已提到两人的美学思想是一种反映论，但反映的真实程度是另外一回事。此处，文艺的真实性问题将得到分析。柏氏认为文艺与真理隔了两层，只是影子的影子；换句话说，文艺作品是不真实的，是虚构的；而亚氏认为文艺作品不在于模仿事物本来的样子或照事物为人们所说的样子去模仿，而是在于照事物应当有的样子去摹仿。这种应当有的样子是被现代人说成是源于现实，高于现实中事物本来的样子的，因而也是一种虚构。师徒二人的美学思想均暗含了文艺的虚构性。而虚构就是撒谎和欺骗，当然谎言不一定是恶意的。柏拉图认为，摹仿得到的只是影像，并不曾抓住真理，"模（摹）仿者对自己模（摹）仿的东西没有值得一提的知识。模（摹）仿只是一种游戏，是不能当真的"（柏拉图，2009：399）。柏氏认为荷马等悲剧诗人巧妙地利用了观众心灵中弱的部分，骗取他们的眼泪和情感，"绘画所以能发挥其魅力正是利用了我们天性中的这一弱点"（柏拉图，2009：400）。观众们受了艺术家的骗，却不知道艺术作品与真实隔着两层。那么柏氏认为艺术家虚构表征的具体手段有哪些呢？什么样的谎言手段能骗得观众的相信呢？柏氏认为诗人的谎言手段主要包括语言、韵律、曲调等符号。"诗人虽然除了模（摹）仿技巧而外一无所知，但他能以语词为手段出色地描绘各种技术，当他用韵律、音步和曲调无论谈论制鞋、指挥战争还是别的什么时，听众由于和他一样对这些事情一无所知，只知道通过词语认识事物，因而总是认为他描绘得再好没有了。所以这些音乐性的成分所造成的诗的魅力是巨大的。"（柏拉图，2009：396 – 397）

诗人虚构的成功导致观众沉溺于由各种符号编织起来的谎言之中。

亚氏在谈到诗的模仿媒介时，完全认同了柏氏的观点。他在《诗学》第一章中就开宗明义地指出，靠说唱谋生的表演者或艺人凭借节奏、话语和音调进行模仿，这些符号手段的使用有助于诗的虚构性的实现。但亚氏对文艺虚构手段的挖掘比柏氏走得更远，他没有停留在单纯符号手段的使用上，而是进一步探讨了符号与符号之间的演算过程在文艺虚构中的共谋作用。在《诗学》第 24 章中，亚氏直截了当地分析了诗的撒谎过程，而擅长使用撒谎手段的大师，荷马理应当仁不让。这一更高级的撒谎手段被亚氏称作悖论或包含谬误的推断（paralogism）。亚氏说："教诗人以合宜的方式讲述虚构之事主要是荷马，而使用这方法要利用如下包含谬误的推断。倘若 P 的存在或出现先于 q 的存在或出现，人们便会这样想：假如 q 是存在的，那 P 也是存在或发生过的。然而，这是个错误的推断。因此，假如前一个事物是个虚构，但在它的存在之后又有了其他事物的存在或出现，诗人就应补上这个事物，因为当知道 q 是真的，我们就会在内心里错误地推断 p 的存在也是真实的。"（亚里士多德，2008：174）亚氏列举了《奥德赛》"盥洗"一幕中，俄底修斯利用这一符号逻辑骗取悲奈罗佩信任的故事。亚氏认为这一撒谎的逻辑可以掩盖荒唐的情节，使不可能发生的事情变得更可信，使之比那些可能发生但却不可信的事更加胜任为诗歌和戏剧的情节。由此，亚氏美学思想中的虚构观或撒谎观可见一斑。

在洞察文艺符号的谎言性方面，柏氏和亚氏可谓是美学思想史上的先驱，因为符号的表征危机和美学的语言学转向只是近来才引起人们的高度关注。例如，意大利的符号学艾柯（Eco）在其《符号学理论》中直接把符号定义为撒谎的工具，他认为"符号学是这样一门学科，它研究可用以说谎的每物"（艾柯，1990：5），他在该书中对作为创造功能的美学文本和修辞学劳作进行了相应的分析。该观点理应同样适用于文艺符号的分析。

柏氏和亚氏美学思想上的相通之处还表现在诸多其他方面，如两人都强调诗的读者因素，强调文艺才能的培养；在美学方法论上两人都采用描述性规定法，分析视角都是静态的；等等。这些共性都有待于进一步深入探讨。但本章重点分析的两人美学思想上的相通之处，足以证明西方古代美学思想的连续性。当然两人之间的不同点也不能忽视，否则将看不到美学思想的发展。但目前学界过度侧重两人之间的差别，简单地给他们贴标签，一个是浪漫主义始祖，一个是现实主义祖先。这样简单化的操作忽视了美学思想发展的复杂性，只能导致美学思想史在认识论上的断裂。有学者认为，根据柏拉图的理论，"模仿就是对外界的一种被动的，忠实的抄录"（塔达基维奇，1990：364）。从柏氏的身上，难道看不出一丝一毫的现实主义因素？同样从亚氏的关于艺术高于现实的观点中，难道看不出半点的浪漫主义情怀？

本章对于柏氏和亚氏美学思想中共性的讨论，目的不在于要扼杀文艺思想的发展性，而在于指出美学思想是在连续性基础之上的发展；提醒人们关注美学思想的传承性，避免采取简单化的操作，避免在对美学思想认识上产生断裂。

十三、电影语言分节理论中的
传达与意指成分

相对于语言和文学，电影属于一种多媒介符号系统，其中更是弥漫着多种符号意指和传达方式。本章仅从其分节理论窥其一斑。关于电影语言的理论研究在国内已广泛开展，然而受到主流学术氛围的影响，国内学者大多从外部因素，如导演、表演、审美等对电影加以研究，而对于电影语言本身的研究不如西方学者研究得深入。本章对西方学者关于电影语言的细致的分节理论进行梳理和评述，指出分节理论源自语言学，电影语言分节理论可分为四种：零分节观、一级分节观、二重分节观和三重分节观。不同分节观表明了研究者的研究重点、学术旨趣、理性化程度等方面的不同。电影语言分节问题在西方是争论热点，但对于国内研究者来说，则相对陌生。对电影语言分节理论的探讨将有助于国内电影符号系统的深化研究。

（一）分节理论概述

分节（articulation）这一术语来自于当代法国语言学家马丁内特（Andre Martinet）创立的结构语言学（Keith Brown，2006：524），意思是指语言片段可以分解成具有区别意义的离散性要素的情况。分节意味着把某物肢解成其组成部件，同时也意味着将组成部件拼装成某物的过程，所以也有人把该词翻译成组接（艾科，1990：261 - 272）。不管怎么说，分节指的是一件物体由其部件构成的方式，马丁内特认为，语言系统具有两次切分或组接过程，即语言的双重分节（double articulation），有的语言学家称之为二元模式（duality of patterning）。在语言系统中，无数的句子是由数以千计的极小的语法或意义单位组合而成，这些最小的具有意义（词汇意义或语法意义）的单位被称之为语素或意义词素（moneme），这一分解过程被称为第一分节（first articulation），而每一个意义词素又是由数量极少的不同单位组成，这些更小单位本身没有意义，只具有区别作用，它们被称为音素（phoneme），这一分解过程被称为第二分节（second articulation）。在第一分节层上，语言系统由最小的有意义的单位组成，如语言中的词素或单词，或称语素。在语言中，第一分节层属于语法层，这一层次上的有意义单位都是完全的符号，每个符号包含了能指和所指，即是表达和内容的有机结合体。意义词素可能具有词汇意义（如 work，er），也可能具有语法意义（如 ed，ing 等）。例如，He worked hard. 这一句子在第一分节层上可分解为四个意义词素，其中 he，work，hard 具有词汇意义，而 ed 只具有语法意义。在语言系统的第二分节层上，这四个意义词素符号又分别可以被分割成更小的功能单位，这些单位本身不具备意义，仅具有区别功能，如音素/h/、/i：/或书写素（graphemes）"h""e"。第一分节不仅切分了能指层面，同时也切分所指层面，而第二分节仅切分能指层面。

第二分节中的纯粹区别性单位被叶姆斯列夫（Hjelmslev）称之为符号素（figurae）。这些较低层次的单位是不具有意指作用的符号要素。在具有双重分节的符号系统（如语言系统）中，这些较低的单位仅起到区别最小意义单位的作用。在英语中，音素/f/、/k/和 /m/ 是第二分节层上的要素，其作用是区别诸如/fœt/、/kœt/和/mœt/这样一些单词，而这些单词又是第一分节层上的要素，因此语言第二分节层是音素层，

第一分节层是句法层。

分节概念，特别是二重分节观体现了语言的经济性和创造性，即双重分节使数量有限的低层次单位组成数量无限的意义组合体。众多语言学专著和教材把这一特征看作是语言的界定特征之一。拿英语来说，第二分节层上仅有四五十个音素，却能生成成千上万个单词，同时这些数量相对有限的单词又能生成无穷无尽的句子。语言的经济性和创造性使语言学习和表达成为可能。正是通过有限要素的双重组合作用，我们才有可能表达无限的经验世界。试想，假如没有二重分节作用，那么每一个经验，每一个事物必须使用一独特的符号来表达，这样一来，单词的数量将和客观对象和经验一样数量无穷，这将会远远超越人们学习、回忆和控制的能力。然而，在不同分节层上，要素的组合自由度，或受到规则限制的程度是不同的。雅可布逊指出，在将音位学区别性特征组合成音素的过程中，说话者的自由度为零；将音素组合成单词的自由度受到一定词形学规则的约束；用单词组合成句子的过程中，说话者所受到的约束则相对较少；而最终说话者连句成段，谋篇布局的自由度则可发挥到极致。（Jakobson，Halle，1956：74）显然，双重分节的概念被雅可布逊扩大了，但他的做法为分节概念在其他符号系统中的推广使用铺平了道路。

用分节概念分析其他符号系统的典型学者有普里埃托（Prieto，1966）和艾柯（Eco，1990：261－272）。有的符号系统只有第一分节，如鸟的叫声，每一声叫喊都是完整的信息，不可以再分割成更小的无意义的单位；具有二重分节方式的系统有自然语言和带有区号的电话号码。而具有三重分节的符号系统则是下文将重点分析的艾柯所认为的电影语言。如果说某个符号系统不具备分节方式，要么指的是某超符号，如船上的上将旗，其出现指示/上将登船/，要么指的是零符号，如上将旗的消失指示/上将下船/，或者指的是研究者拒绝对符号系统进行微观分析的情况。例如，苏珊·郎格（Susanne Langer，1951：86 – 87）认为分节概念在视觉媒体如摄影、绘画等领域中的使用不会带来令人信服的结果，因为这些领域不存在具有独立意义的词汇单位。同样拒绝分节的还有下文将分析的法国电影符号学家梅茨（Christian Metz）。分节的相对性不仅与研究者的研究方法与态度有关，同时也与符号系统层次有关。索绪尔（Saussure）早就指出有些符号本身就包含着符号，如 twenty – nine 这一复杂符号本身就包含了两个简单符号 twenty 和 nine；并且，在更大的范围上，整篇文章可看作一个符号，它又由一定数量的其他符号组成（Saussure，1974：128 – 131）。

对某一符号系统研究中表现出的分节方式的多样性和相对性，一方面说明研究对象复杂性，另一方面说明了不同研究者研究重心及兴趣的不同。例如，深入地使用分节概念，可能体现了研究者将研究对象理性化和清晰化的愿望；而拒绝使用分节概念，则可能表明研究者充分解放研究对象的思想。下文将重点考察西方学者关于电影语言的不同分节观念，以说明电影系统本身的复杂性和研究者的不同学术兴趣，希望为国内电影符号学研究起到抛砖引玉的作用。

（二）关于电影语言的不同分节观

语言分节概念已为国内语言研究者所熟悉，而电影语言分节问题虽然在西方是争论热点，但对于国内研究者来说，则相对陌生，所以有必要对此加以介绍和评论。

西方学者关于电影语言的分节方式持有不同的观点，有人认为电影语言只具一重分节方式，有人认为电影语言具有二重分节方式，还有人认为电影语言具有三重分节方式，甚至有人认为电影语言无分节方式。

1. 零级分节

法国电影符号学先驱克里斯蒂安·梅茨（Christian Metz）认为电影

的最小单位是镜头，镜头组成一个大的综合语意群，即场景。自然语言的句子可以分解成文字，文字进一步分解成音素。但虽然电影可分解为大的单位元素，即镜头，梅茨却坚决否认这些镜头可分解为小的、基本的特殊的单位元素。他说："电影中没有一样东西符合第二分节。"（梅茨，2005：55）梅茨认为第二分节作用主要产生在能指上面，而不是在所指上面，在自然语言中，能指构成中的音素与所指内容之间的是异质关系，且距离较远，所以第二分节可以实现，而在电影语言中，影像镜头与其所代表的东西之间呈现现实性逼真关系，能指与所指之间是同质关系，且距离较近，"如果所指本身没有分开为几个同形的段落，根本就无法解开能指，所以电影中的第二分节根本不可能"（梅茨，2005：57）。那么电影语言是否具有第一分节呢？梅茨的答案基本上是否定的。梅茨把电影语言的最小单位规定为影像镜头，而镜头相当于自然语言的一个句子，而不是相当于自然语言的一个单词，场景则相当于自然语言的陈说段落，而且镜头并非可再分解为更小的、基本的、特殊的单位元素，所以梅茨得出结论，如果说电影语言中没有类似自然语言中的音素，那么，同样也不存在类似于自然语言中的词，电影语言大多时候并不附属于第一分节。（梅茨，2005：58）如一个呈现一支手枪的镜头并非与"手枪"这个字对等，它对等的是句子："这里是一支手枪。"即使在少数情况下，一个镜头所呈现的仅是一个词所代表的东西，梅茨仍然认为这相当于自然语言中的由单个单词组成的句子。梅茨把二重分节从电影语言中排除出去后，他的电影语言研究就超越了传统的在句子以下层面的语言学研究方法，他的关于大语意群范畴的研究属于超语言学的符号学研究，近似于语言学中的语篇分析。

2. 一级分节

麦茨在研究电影符号学时，把镜头看作一个不能以任何方式再加以切割的最小实体，而这个实体相当于语言中的句子。换句话说，镜头不能通过分节被简化为组成自身的离散单元（discrete units）。这种符号学观点，我们称之为零级分节观。这一观点体现了梅茨的超语言学观，具体地说，超越影像电影观。而其他的电影符号学家则不像麦茨那样试图超越影像镜头来研究电影语言，他们多少集中于影像镜头本身或内部来研究电影语言。例如，英国电影符号学家彼得·沃仑就把注意力放在镜头上，他认为"从某种意义上说，电影是一种语言，或者至少可以说是一种语法。通常的想法是，镜头（或备用镜头，虽然这个词会引起问题）具有字符性，在某种意义上，它类似于一个词，而且用剪辑法对诸镜头进行连接就是一种句法"（沃仑，2002：24）。按照沃仑的观点，在语言学意义上相当于词的镜头可进一步组成相当句子的陈述单位。这种观点与梅茨的观点大相径庭。那么镜头可以再分割为相当于语言中音素的离散单位吗？沃仑对此语焉不详。但是从他对梅茨的态度中可寻找到答案。众所周知，梅茨的电影符号学理论是建立在对爱森斯坦电影理论的批评基础之上的。爱森斯坦看重符号的操作组合作用，"爱森斯坦一直想做的，不断在梦想的，就是把事件用视觉方式清晰地表现出来，通过细部分析和蒙太奇的方式把事件突显出来"（梅茨，2005：34）。梅茨把爱森斯坦的方法描述成电动玩具的装配方法，即物体被分解为毫无生气的诸单元，然后再把这些离散的单元重新组成新的、失去生机的赝品。（梅茨，2005：32-34）"梅茨最感到讨厌的正是爱森斯坦的理智化、图式化的这一面。"（沃仑，2002：29）梅茨对于爱森斯坦将一个镜头实体分解成无意义的单位的做法给予了严厉的批评，而沃仑对于梅茨的这一观点持赞同的态度，他说："梅茨在批评爱森斯坦的语言主义时是完全正确的。"（沃仑，2002：32-33）由此可知，沃仑把镜头看作是词的态度表明他既不同意梅茨把镜头看作是句子的观点，也不同意爱森斯坦把镜头分解成更小单位的做法。沃仑的观点表明电影语言只有一级分节方式。

3. 二重分节

梅茨和沃仑都力图使电影符号学逃脱语言学的阴影，不生硬套用自然语言的分节方式，反映了他们计划建立一门独立的电影符号学的愿望。具有同样愿望的还有意大利电影符号学家和导演帕索里尼，他认为有可能建立一种真正的电影语言，他坚持说："这种语言，为了获得语言的尊严，无须符合语言学家赋予天然语言的双层分节规则。"（艾柯，2002：65）与前面两位学者观点不同的是，帕索里尼仍然在隐喻性的意义上建立了电影语言的二重分节方式。帕索里尼宣称，电影语言有自己的双层分节，他认为电影记录现实中的客体和行为其中体态行为可被离散为体态素（kinemorph），相当于语言学中的音素概念。体态素构成相当于语素的体态符号（kinesic sign）。但为了显示与语言学的不同，帕索里尼建议："我们必须扩大语言的概念，就像控制论者扩展了生命的含义那样……因此，当我说到语素的时候，我总是试图寻找电影拍摄符号系统和语言学符号系统之间的类比。"（帕索里尼，2008：151－152）。按照帕索里尼的观点，把电影语言进行第一分节，可得与镜头相对应的相当复杂的意义单元，即语素（monemes），与天然语言的语素相当；再将语素进行第二分节，可得到电影语言的最小单元，即组成一个镜头的各种各样的真实客体和行为，这些具有现实形式的最小单元类似于语言中的音素（phonemes），被帕索里尼称为影素（cinemes），这些二级分节的成分是离散性的和有限的。帕索里尼关于电影语言的二重分节的观点推进了电影语言的微观研究，但在艾柯的眼中，这还远远不够，后者进一步提出了电影语言的三重分节方式。

4. 三重分节

艾柯在批评梅茨和帕索里尼的基础上提出了自己的观点。艾柯一方面批评梅茨对镜头不进行离散性分析的观点，另一方面艾柯分析了帕索里尼二重分节的不恰当之处。艾柯认为，帕索里尼错误地用所指物概念取代了所指概念，帕索里尼的二级分节结果——影素仍然保持着它们自己的单元意义，并不等同于语言符号中无意义的音素，且他的一级分节结果——语素并不相当于语言中的语素，而是相当于话语，如镜头意素"一位修长的，金发的男人站在那儿，身着浅色西服；等等"。艾柯认为镜头是由个别画面组成，每个层面上都具有复杂的三层分节现象。艾柯断言，三级分节方式的唯一例子可以在摄影语言里找到（艾柯，1990：268）。如灯光现象是组成画面的符号素，而画面又是组成镜头的符号素。前者的意义并非是后者意义的组成部分。即使是在个别画面这一层次上也存在三重分节，由于艾柯把图画归入肖似符号（iconic sign），所以这一层面上的三层分节表现为肖似符号素、肖似记号和肖似意素。当一幅画的意素表现为"一位修长的金发男人站在那儿，身着浅色西服；等等"时，该意素可以被离散为较小的肖似记号单元："鼻子""眼睛""脸盘"等。这些肖似记号又可再被分解为各种视觉性的符号素："角度""曲线"等。由诸画面组成的镜头层次上，也存在着三层分节。当从一幅画面过渡到另一幅画面时，画面上的角色就完成了某些姿势，即肖似符号通过历时性运作产生了运动，而诸运动又被加以安排，构成运动意素。换句话说，运动意素，如"我正对右边的人说是"，是由运动符号如"头向右转"和"点头"组成，而运动符号又可离散为无意义的运动符号素，如定格的肖像。后者的意义不直接参与前者整体意义的构成。最后，艾柯总结了电影语言中三层分节方式的呈现，符号素彼此组合成符号，但不共同承担符号的意义；符号彼此结合起来组成高一层次的意素组合段，但诸符号也不共同承担这些意素的意义。意素实际上是一种超符号，它是形成文本的直接要素。于是艾柯得出结论，"电影代码是唯一具有三层分节的代码"（艾柯，2002：81）。艾柯的结论反映了他不屈从于有关语言学模式的决心。

（三）评论

分节的概念本是源自语言学，将该概念用于电影语言的分析，或多或少用在类比或隐喻的意义上，不同学者提出的关于电影语言的不同分节观点，体现了他们参照语言学框架研究电影语言，同时又想竭力逃脱语言学影响并且建立独立的电影符号学的两难境地和面对此时的不同心态。梅茨的零分节观反映了他要建立超语言学的电影符号学的愿望，他担心分节方式的分析会拆解事物的本质，打破事物的完整性。梅茨多次强调电影语言是没有语言系统的语言，是一种影像论说，乃是"一种开放的系统，不容易归纳成章，因为其基本单位散漫无章，其能指和所指之间缺乏距离，不容易判读……其全面意义乃直接指向观众……电影的特殊性质在于它囊括了一种想成为艺术的语言"（梅茨，2005：53）。由此看来，梅茨之所以拒绝深入的离散性分节分析，是因为他把电影的所指意义的传达放在了第一位，并且力图维持电影的艺术地位，不至于使电影语言沦落为枯燥的科学话语。从某种程度上说，他的大语意群的分析更侧重电影符号的所指，而不是能指。梅茨把电影的最小单位界定为镜头，它相当于句子，不可再进行切分。这种零分节观点的依据是语意的整体性，而不是句法上的离散性，体现了电影的艺术性产生于灵感，而不是人为组合的观点。

而沃仑关于镜头具有字符性的一级分节说则明显把研究重心从语意转向了句法。虽然沃仑与梅茨同样宣称电影是无语言系统的语言，这使他的电影理论戴上了"言语主义"的帽子，但他还是我行我素地试图从结构主义语言学中寻找适用的电影语言分析模式。"沃仑企图探索一种任意性的，抽象的理性的和有限的记号系统，电影语言即以这种系统为基础。"（阿勃拉姆森，2002：56）沃仑的一级分节观体现的形式化和理论性与二重分节观和三重分节观相比来说要略逊一筹，但一级分节观中所体现出的美学性和历史性都要比后者更明显。由于沃仑认识到结构主义方法对作品内容面的处理软弱无力，所以沃仑的一级分节观体现了他力图在语言主义问题和美学问题之间达成平衡的愿望。沃仑的电影理论具有折中色彩。

帕索里尼的二重分节观在电影句法形式化和微观化方面更迈进了一步。与沃仑兼顾电影语言的语义和句法层面相比，帕索里尼则纯粹以语言学模型对电影语言从语法和表达层面上进行分析，但他关于体态语素和影素等概念的创造表明他扩大语言概念的决心。帕索里尼虽然不十分同意法国结构主义学者的观点，但他十分欣赏列维斯特劳斯关于意义形成的过程条件的研究，二重分节观表达了电影语言作为交流手段的更细化的意义传达和微观机理。二重分节观表明了帕索里尼对电影的多样的表达手段充满理性的信心。帕索里尼电影理论中的语言学色彩使其研究重心落在电影表达层面上，而较少落在内容层面上。对于帕索里尼来说，电影的意义是通过摄影机的运动和蒙太奇等表达而成的记号系统内的规则实现的，电影语言中存在着意指性形象的世界，它由姿势和情境记号组成，是电影通信的工具性基础。

与帕索里尼相比，艾柯的三重分节观将电影表达的理性手段细化到了极致。艾柯的三重分节观主要依据是符号表达层面上要素的变异会带来符号所指意义的变化。能指层面要素的丰富组合方式使电影成为比自然语言更丰富的表达形式。

艾柯的三重分节观的出发点是叶姆斯列夫的对比替换测定法（commutation test）和马丁内（Martinet）的结构语言学。艾柯认为，个别画面和由动态画面组成的姿势都具有三重分节。例如，关于"脸"的一幅画面，为一意素，是由符号"眼睛＋鼻子＋嘴"组成，而单个符号"眼睛"则由符号素"椭圆"和"一点"组成；每个低一层次上要素的变异都会带来高一层次组合体意义的改变，但前者不是后者的意义组成成分。如果说梅茨的零分节观表明了他坚守电影美学性阵地决心的话，艾柯的三重分节观则将电影理论完完全全带入了纯正科学的快车道。艾柯的电影符号科学的理论前提是一切通信都可以分解为二中择一数字式的离散单元，复杂且丰富的三重分节观体现了艾柯试图在电影内容和形式关系问题上和电影表象背后寻找电影形而上学理性基础的决心。从数字上看，如果说前面几种电影语言分节学说表明了既想逃离语言学，又受制于语言学的两难境地的话，那么艾柯的三种分节观则真正地跳出了语言主义，"因而没有任何理由屈从于有关语言学模式"（艾柯，1990：269），使电影符号学成为与语言学并驾齐驱或高于语言学的一门科学，而且三重分节中肖似记号的提出使电影符号学中的认知行为学，心理学和文化学因素更加显现。

综上所述，关于电影语言的不同分节理论表明了不同学者及其电影理论关于电影语言研究在侧重点、方法论、精细度、理论前提和学术旨趣等方面的不同。那么电影语言究竟具有几层分节方式？这是值得进一步研究的话题，对该问题的进一步深入探讨有助于我们对电影语言的深刻了解，有助于电影符号学的理论建构。然而，以上审视的各种分节理论不是绝对相异的，它们是表现为某一衡量尺度上量的差别，而不至于形成质的突变。例如，从零分节观到三重分节观，我们可以冒险地归纳说：研究的精细程度和科学性在不断加强，而同时，美学考虑则逐渐减少。因此电影语言的分节问题是个相对的问题。所谓的各种分节方式是学者的主观性理论建构，体现了他们对电影语言的特有的理解方式。分节方式的开放性还表现在：根据考察的不同视角，一个要素既可以是第一分节的结果，也可以是第二分节的结果，这取决于对对象的编码方式。例如，一幅定格的动作图画从绘画角度看，它是有意义的，具有能指功能，构成第一分节的符号；而从身势语言整体来看，它是组成某一动作的符号素，本身的意义不构成整体意义的一部分，从而构成第二层分节的符号素。因此分节方式是个动态的概念，依对象、情景和操作主体的不同而不同。例如，根据上文提到的雅可布逊赋予不同分节方式以不同自由度的观点，即音素层组合自由度最小，而句子篇章层的组合自由度最大，我们可以推测，持电影零分节观的学者，渴望赋予电影制作者更多的创造自由且鼓励电影制作的原创性和新颖性，而把重心放在第二分节层或第三分节层的学者则希望指出电影创作所受到的规则约束性及受制于规则的创造性。

十四、符号学视野拷问英语语法教材

　　符号运行机制不仅可以运用在语言、文学、电影等文化现象的分析中，而且可以当作透视教学和教材的量尺。本章对英语语法教材的拷问就体现了这一点。交际教学法对语法的忽视使英语语法的获得任务落在了英语学习者的自学活动中。这更加要求英语语法教材的编写要精确，不能轻易令人产生误解。然而从符号学的符号能指—所指，符号类别—符号功能的视角加以审视，现行的一些英语语法教材把语法符号形式及其意义简单地等同起来，在某一语法类别及某一特定功能之间简单地划上等号，忽视了语法符号能指和所指之间，类别形式及语法功能之间复杂的多对多关系，从而不可避免地使英语学习者产生误解。英语语法教材的编写应以现代语言符号学理论为指导，描述、归纳英语最新发展，从而克服以上缺点。

（一）引言

　　在我国，各种外语教学方法层出不穷，互相更迭，莫衷一是。总的来说，20 世纪 90 年代之前的教学以语法和翻译为主；此后外语教学法被交际法所主导。语法教学法以行为主义语言学（behaviorist linguistics）为理论基础，认为语言学习的过程是习惯养成的过程；教学中，教师通常利用精心编写的教材，对学生进行大量的句型操练，使学生养成说出符合语法的英语句子，最大限度地减少句法错误。而交际法则以心理主义语言学（mentalist linguistics）和互动论（interactionism）为理论基础，把语言看作是交际的工具，侧重于学习者的参与，常以师—生、生—生互动形式来实现。然而，交际法的实施是以牺牲明确的语法和结构讲解为代价的，在有些力主交际法老师的教学大纲中，语法已完全不见了。过分强调交际法的应用通常把口语表达和听力理解放在首要位置，从而忽视写作和高水平阅读能力的培养，最终导致学生的书面表达错误百出。在指导英语专业本科生毕业论文写作过程中，笔者和其他指导教师无不抱怨学生的英文写作水平。在学生交上来的英文初稿中，有 60% 以上句子呈现出各种语法错误。这种情况的产生可以说是盛行的交际法所带来的直接后果。其实在西方，早就有学者对交际法提出了质疑，认为学习者在外语学习中应充分关注语言形式，进而达到更高的语言表达的精确性（Rutherford and Sharwoo - Smith，1985：21 - 25）。一些学者重新提倡语法结构的教学与交际功能的教学进一步结合起来，使明确的语法教学在外语教学中占据应有的地位。这一观点对我国的外语教学现状尤其具有启迪意义。我国目前的外语教学方法是以"听说先行"的交际法为主导的，在这样的大环境下，明确语法教育能有效地弥补交际法的不足。幸运的是，在大部分英语教师还热衷于交际法的同时，有些学者不能忘怀语法的重要性，孜孜不倦地编写着语法教材。然而，这些英语语法教材在交际法的课堂上使用率相当地低，大部分语法知识只能靠学生课外自主阅读语法书获得。从这个意义上说，英语语法教材的编写就得跟上先进理论步伐，术语的措辞上得更加严谨。现实情况是，目前的英语语法教材中的一些观点和表述很容易引起读者误解，从而使读者得到了错误的语法知识。下文将从符号学的角度剖析一些英语语法教材中的问题。

（二）符号学的相关观点

符号学是研究符号的表达面和内容面的一门学问，符号学最基本的思想是对符号能指（signifier）和所指（signified）的区分。欧洲符号学创始人、瑞士语言学家索绪尔（F. de Saussure）认为，符号由能指和所指组成，"我们所说的符号是能指和所指联结产生的整体"（索绪尔，2001：102）。符号能指和所指就像一张纸的正反两面，不可分割。能指和所指之间的关系可以用语言符号中的词汇加以图示阐述如下。

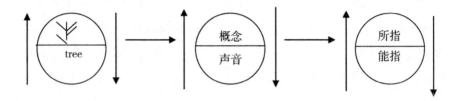

在语言符号中，声音形象为能指，心理概念为所指，前者与物理世界的听觉印象有关，而后者则是心理世界中的意像。"于是外在性的能指和内在性的所指就在心理场上结合了起来。"（李幼蒸，1993：129）不存在没有所指的能指，也不存在没有能指的所指。同时，能指和所指之间的关系不是简单一一对应的，而是基于社会习俗的任意性关系。任意性是指能指和所指之间不存在必然的逻辑联系。任意性原则使语言符号充满创造性，使能指和所指之间的关系表现为一对多、多对一或多对多的复杂关系。如我们可以用"fox"一词既指称动物/狐狸/，又指/狡猾的人/；反过来，所指/狡猾的人/又可以用别的能指来表达，如"wily hare"。符号的二重性表现是最基本的符号学思想，也是其他学科从符号学中借用的强有力的分析工具。例如，"正是对符号学研究方法的运用才使得语言学的研究对象变得明晰起来"（王铭玉，2004：114）。符号的能指与所指之间的对立统一关系在语言符号中具体表现为语言形象与概念、语言形式与内容、语言词汇类别与功能等一系列相互依存，相互对立的概念之间。

将作为表达面的符号能指与作为内容面的所指结合起来，不仅产生了符号整体，随之而来的还有符号功能。换句话说，能指不是独立意义的载体，即当我们审视词或语句时，并不满足于知晓其字面意思，我们还得进一步了解其功能及用途。丹麦语言符号学家叶姆斯列夫就是认为符号表达层面与内容层面结合必然产生符号功能（Hjelmslew，1963：47）。以语言为例，"他指出语言必须在习得和动作上具有实用性"（丁尔苏，2000：14）。意大利符号学家艾柯指出，在符号生产过程中，人们通常将成形的表达连续体与其潜在的内容联系起来（Eco，1976：160－182），将符号与外界的实际事件连接起来，即关注"符号与内容功能，符号与外界和使用者的关系"（王铭玉，2004：153）。韩礼德从社会符号学角度探讨了语言符号概念功能以外的人际功能，即语言不仅可以用来指称对象，表达经验和心理状态，还可以表达讲话者的身份、地位、态度、动机等。语言符号的人际功能反映的是讲话者作为参与者的意义潜势。（Halliday，1938：7－28）由此看来，符号与符号功能之间的关系也不是简单的一一对应关系，而通常表现为一对多、多对一，甚至是多对多的复杂关系。

（三）现行英语语法教材透视

符号学关于符号能指和所指、符号本身和符号功能所做的区分能使我们更清楚地分析英语语法教材中存在的问题。索绪尔认为人类语言是典型的符号系统。而语法系统则是对天然语言符号进行深入分析，高度概括而得出的次生符号系统。作为语法家的表达工具，语法符号应更能体现符号交流的过程；作为高度形式化的符号系统，语法教材应清晰明白地解释其表达形式及其所指的内容层面和语法项目类别及其功能之间的关系。然而目前有些英语语法教材不能充分解释语法术语能指及其所指和词类及其功能之间的基本关系。

1. 不能正确描述语法符号能指和所指之间的复杂关系

混淆作为能指的表达层面与作为所指的内容层面首先表现在时态的表述上。时态是动词的范畴，其基本功能是为事件情景定位时间。大多数英语语法教材认为英语主要有三种时态：过去时、现在时和将来时。然而，从英语动词形态学上来讲，英语动词的时态系统应是二元的，英语只有过去时和现在时（胡壮麟，2001：117）。因为这两种时态体现为动词词形是否有变化，如 write, writes, wrote; describe, describes, described。而所谓的将来时的表现方式与这两种时态表达不同，它不是通过词形学手段，也不是通过动词的不同形式表现出来，而是用其他方式，如加词的方法来实现的，如 will/shall/be going to + infinitive。这些加上去的词相当于情态动词的作用。罗宾斯（R. H. Robins, 2000：260）认为，把助动词和主要动词的复合作用等同于独立动词形态变化的使用，是错误的，因为它们的句法结构是不同的。由此看来，罗宾斯只认同英语的过去时与现在时。退一步讲，即使假设所谓的将来时存在，它的语法表现形式与现在时和过去时的语法表现形式在性质上是截然不同的。语法术语表述形式与其表达内容之间的关系不是同型对应的，许多语法书在时态范畴与所指时间意义之间简单画上等号，实际上是模糊了语法范畴，特别是能指范畴和所指范畴之间的复杂关系。有些英语语法书简单地认为过去时是用来描述过去发生的事。如下列关于过去时的陈述："一般过去时表示过去发生的事"（张道真，2003：45），"一般过去时与现在完成时均指过去发生的事"（陈敦金，2004：39），"一般过去时表示过去某时间发生的动作或存在的状况"（梁育全，2002：40），"一般过去时常表过去某时间所发生的动作和存在的状态"（王东波，2002：208），"过去一般时表示过去某一时间所发生的动作或存在的状态"（左边草，2007：95）。以上对过去时用法的表述排他地局限于指称过去发生的事件上，而将过去时形式的其他用途忽略不计，如指称将来的用途："If he departed tomorrow morning, would he reach his destination in time?"简单地把过去时形式与过去事件对应的做法，忽视了时态形式与所指内容之间的复杂关系，很容易使读者，特别是中低级英语学习者在上述虚拟语气句子中用过去时形式指称将来时间的用法感到迷惑不解。

这种简化语法能指形式和所指意义之间联系的做法毫无疑问会降低描述的精确性，会使英语学习者不能充分认识到语法范畴的全貌，从而导致语言学习中的偏差。

与在表述过去时中简化所指意义相反，有些语法书在表述主语这一语法符号时却又滑向符号的另一端——所指，简化了主语形式表达，如"主语是信息表达的出发点，它为理解后面的内容提供了线索和框架"（赵俊英，2008：961）；"主语表示信息的起点……位于句首，谓语之前"（王东波，2002：401）；"主语一般放在句首，……表示句子所要叙述的人或物"（左边草，2007：155）。这些关于主语的描述都简单地把主语的形式特征——位置局限在句子开头的位置，忽视了主语的其他表现形式。事实上，英语句子的主语，不一定仅在句首，如在"Here comes the bus"中，"here"是句子的起始点，但显然不是句子的主语。而且谓语动词之前的句子成分也不一定是整个句子的描述对象，如在"Nobody hates Tom"中，与其说描述对象、框架或线索是"nobody"，还不如说是"Tom"，更合乎话语情景。其实，英语主语的形式特征还包括其他重要结构特征，如与谓语动词一致关系、与反义疑问句关系、和主格的关系等，只有综合考虑这些形式特征才能确定主语这一语法符号所指的确切含义，从而不至于让读者误解。

模糊语法符号能指和所指之间复杂关系的做法还体现在所有格

（possessive case）的处置上。所有格这个术语是从拉丁语借用来的，在英语中主要表现为"名词＋'s""of 结构"和物主代词形式。有些英语语法书保住"所有格"的原始所指意义不放，坚持认为所有格表示所有关系。如"of 结构的所有格通常用来表示无生命名词……的所有关系"；名词＋'s 结构"表示有生命名词的所有关系，Johnson's mother, the girl's little sister"（李绍山、陈存军，2004：27）；"物主代词表示所属关系"（赵俊英，2008：193）；"物主代词表示所有关系"（陈敦金，2004：215）。表示所有或所属关系的所有格例子固然很多，但很显然，"所有"关系并不能适用于 Johnson's mother 中的母子关系和 the girl's little sister 中的姐妹关系，而且也不难举出许多根本没有"所有"关系的所有格例子：four ounces' silver, for the sake of convenience, two hours' walk, my arrival, his enemy, Tom's shame, your failure, children's kindergarten, 等等。"所有关系"的表述并不适用于以上例子的分析。描述错误的原因在于这些作者下意识地抹掉了语言符号能指形式范畴和非语言符号所指关系实体之间的界限，从而把单一的语法形式范畴强硬地扣压在客观世界的实体之间的复杂关系上。符号学认为，作为能指的形式与作为所指的意义之间不是一一整齐对应的，而是具有任意性的一对多或多对多的复杂关系。模糊能指和所指之间的关系，甚至将能指层面与所指层面混为一谈，充分体现在本段第一、二句引文中，从中可以看出该语法书作者认为，所有格表示"名词的所有关系"。正确的表述应为，所有格表示事物之间的关系。"名词"是语言符号范畴，而/事物/则属于非语言实体范畴，前者属于能指层面，而后者属于所指层面。在这里，作者已将能指世界和所指世界完全混为一体了。也许，这样的语法描述是出于简洁的需要，但结果必然会导致语法符号形式和意义之间关系的模糊不清，从而造成学习者的误解。

在表述语法符号术语或关系时，我们应当认清其能指形式和所指意义及用途之间的复杂关系，不能将二者混为一谈，形式和意义应分开描述，以防混淆，通常应先描述语法形式，再分解其用途，语法形式描述应仅仅描述形式，其意义当分开讨论。

2. 不能正确处理语法符号类别与功能之间的复杂关系

除了不能正确理清语法符号能指和所指之间关系，在形式和意义之间简单画上等号之外，这些英语语法教材还不能在语法符号类别和符号功能之间做出正确区分。众所周知，英语语法将英语词类划分为名词、动词、形容词、副词、数词、代词、介词等，这些词类在句子中的功能各不相同。词类在句子中的功能体现为句子成分，主要有主语、谓语、宾语、表语、定语、状语、补语等。语法符号中的词类层面与功能层面同样不是简单地一一对应关系，而是复杂的多对多关系，如名词在句中可作主语、宾语、表语、定语等；反过来，功能层面的表语可由名词、动词、形容词、副词、介词词组等来担当。一个词类潜在地拥有不同的语法功能，一个语法功能具有几个潜在的词类表现形式。在进行语法关系解释时，决不能将这两个层面混杂在一起，否则就很容易引起误解。

在《英语语法学习指南》中，作者将不定式的用法描述为"（一）具有名词的性质；（二）具有形容词的性质；（三）具有副词的性质"（左边草，2007：1）。该描述将符号类别和符号功能完全混淆在一起，使读者得不到关于不定式用法的清楚说明。这种观点把不定式与名词、形容词与副词等同起来。但事实上，不定式不可能是名词、形容词或副词，因为名词可作另外一个名词的前置定语，而不定式不可以；形容词可作名词的前置定语，但不定式不可以；副词可作动词的前置状语，而不定式不可以。我们可以说"I often go there."，但不能说"I to do go there."。该作者的表述本意可能是想说不定式在句子中可充当主语、表语、定语和状语等功能，但结果却把词类与功能混为一谈，从而导致误解的产生。

　　不能正确区别语法类别层面与功能层面，以一层面简单而模糊地替代另一个层面的表述在其他语法教材中也不乏其例。如"名词分句是一个完整的句子，作用相当于名词或名词词组"（王东波，2002：502），适当的表述应直接说成"名词分句的功能可充当主语、宾语、表语、同位语等"。再如"在 than 后常用宾格，若后面有别的词，仍以用主格为好"（张道真，2003：165），在这一表述中，将功能项（"宾格""主格"）与"词"并列，混淆了功能和词类的区别。较一致的说法应把"词"改为"句子成分"。其他语法教材犯有相类似的错误。如"形容词常常位于系动词之后，描述主语"（Lester and Beason，2005：7），此表述将语法类别（"形容词"和"系动词"）与功能项（"主语"）糅合在一起。较合理的说法应把"主语"改为"可用作主语的代词、名词或名词性词组等语法类别"。再如"动词后面带有两个宾语"（李绍山、陈存军，2004：7），这一表述将属于不同层面的语法类别"动词"与功能"宾语"混杂在一起了。较清楚一致的表述为"动词后面带有两个代词，名词或名词词组作为双宾语"。

　　所以，在描述语法词类及其功能时，一定要清晰地表达二者之间的关系；当描述一个层面时，最好避免偷用另一个层面的术语与之相提并论。

　　英语中的格与词类一样，具有较明显的形式类别特征，因此，词类与功能之间的符号学关系同样适用于描述格类型及其功能之间的关系中。换言之，一对一的简单描述不符合格类型与功能之间的关系。在格类别与结构功能之间建立直接联系的描述有："人称代词作主语时用主格，作宾主或介词的宾语时需用宾格"（张道真，2003：165）；"人称代词作主语时一般要用主格形式，人称代词作宾语时通常要用宾格形式"（李绍山、陈存军，2004：43）。事实上，格的概念是拉丁语的范畴，在拉丁语中，某一格的类别指向特定的功能，基本上是一一对应的关系；但英语大部分是分析性的，决定功能的元素主要是词序，而不是格的类型。换言之，英语中的主格形式不一定等同于主语，宾格形式不一定等同于宾语，在有限的具有形式标志的格类型与结构功能之间关系不是简单的一一对应关系。宾格形式也可以当作主语来用，主格形式也不一定出现在主语位置上，如"A：Who's knocking? B：Me.""I work harder than her."这两个例子表明，在省略谓语动词的口语表达中，宾格形式 me 和 her 可担当主语的作用。再如，"It is she who is in trouble.""You were taken to be he."这两句中，she 和 he 虽为主格形式，但都不在主语位置上。因此，在格范畴类别及其功能之间简单画上等号势必使英语学习者对丰富多彩的其他语言现象感到迷惑不解。

（四）结语

综上所述，现行的英语语法教材不能充分理清语法形式和意义、语法类别和功能之间复杂关系，在语法符号能指和所指之间、符号类别和符号功能之间简单画上等号。究其原因，这些语法教材对现代语言学和英语的最新发展熟视无睹，仍然不能逃脱传统规定性语法的阴影，不能跳出拉丁语的框架和演绎方法的局限。相反，英语语法作为英语学习者的有力工具，语法教材的编写应在现代语言符号学理论的指导下，在英语语言最新发展的语料上，采取归纳描述的方法，总结语料，充分考虑语言符号能指和所指之间、符号类别和符号功能之间复杂的多对多的关系，这样建构出来的英语语法符号体系才不至于使英语学习者产生误解。

十五、成人英语分班教学中的
信息传达与意指

　　班级是一种教学环境。对外语教学来说，班级的组成和大小，会直接影响到外语教学信息的意指与传达成效。我国的外语教学，从小学到大学，一般都是搞大班、混班教学，这在一定程度上影响了外语教学的成效。同样，各个大学开办的各种成人英语教育也不区分受教育者的实际英语水平差异而采取一刀切的统一教学模式，从而致使成人英语教育徒有虚名，达不到期望的效果。近年提出的按受教育者的英语水平进行分班教学的模式对于成人英语教学来说无疑是一种积极的措施。

　　所谓分班教学就是打破传统的以行政班为单位的教学模式，将相关课程学生按照特定标准重新组合成新的教学单位的一种教学模式。分班的依据多种多样，如按学生智力、学习成绩、学习习惯、学习动机、学习兴趣、自主性、性别、年龄等不同情况划分。目前以着眼于提高教学效果，按照学生智力或学习成绩划分班级的做法较为普遍。其中，按学生智力分班尚有争议，因为就学习语言来讲，即使是智力严重低下的儿童都有成功获得母语的语法能力，由此看来，"如果智力不是母语习得的决定因素，那么也就可能不是第二语言学习的重要因素"（李宪一，2001），故以测定学生智商（IQ）作为分班的依据可行性不够充分。绝大多数教师从教学体会中发现，外语学习成绩好的学生通常是花在外语学习上的时间多，学习态度较端正，学习动机明确，具有较强的毅力。换句话说，以上诸多因素的差异集中体现于外语成绩的高低，因此，按学生的英语成绩来划分班级在成人英语教学中的可行性更大一些，因为"按学习成绩来分班会比较容易为学生所接受"（李宪一，2001）。

行政班的划分是建立在专业设置基础上的，如数学 99（1）班，中文 00（2）班等，这样的班级学生的专业成绩可能相差不大，但他们外语成绩有时相差很大。在传统外语教学中行政班级就像个工厂，教师是工人，学生是加工对象、材料，"教育过程相当于按既定的同一目标、标准和要求，在同一空间和时间，用同一工序，把大量同一质地材料连续加工成同一种产品的过程"（史爱荣，2001：105）。然而，学生并不真正是同一质地的材料，而是有众多差异和不同个性的人。虽然有些外语教师从照顾多数学生的需要，制定出相应的教学内容、方法和进度，但还是倾向于"将基础较好和基础较差的学生排斥在外"（杨晓春，2001）。所以以行政班为单位的外语教学只能是一种以教师为中心的共性教学，它忽视了学生的个性差异，不利于学生得到更快的进步，而分班制教学正是试图克服这一弊端，着眼于改善教学环境，提倡基于差异的个性化教学，使外语教学中心从教师移向学生，从"教"移向"学"。

成人英语分班教学适应素质教育的需要。素质教育的宗旨是提高国民素质，培养创新精神和实践能力。重视发展个性和开发学生的潜能是素质教育的基本要求（史爱荣，2001：93）。成人学生作为个体，具有不同的心理特征和兴趣爱好，这就要求教育要充分考虑学生的个性特征，采用不同的教学方法最大限度地挖掘每位学生的潜能，使每位学生得到充分发展。在语言学习中，学生的个性差异主要体现在语言学习潜力（Language aptitude）、语言学习策略（learning strategy）、学生过去的语言学习经历、学习态度、学习自信心和学习语言时的焦虑感（language anxiety）（刘建华，1999：3）。分班外语教学正是充分从这些个性差异出发，对学生进行重组，从而实施相应的教学方案，使不同类型的学生在外语学习中得到最大的素质提高。

成人英语分班教学体现了教学中的"因材施教"原则。早在两千多年前，孔子就提出了"因材施教"的原则，后来受到历代教育家的重视，该原则要求教师在教学过程中对不同个性的学生制定不同的要求，实施不同的教学方法。学习态度、学习方法、能力、兴趣等差异均能导致学习成绩的差异。因此，为了达到更好的教学效果，教师必须深入研究学生个体差异，采取因材施教的方法。只有这样做，"才能保证对人的尊严和存在价值的尊重，才能适应被教育者的具体情况，真正让每一位被教育者得到公平的教育机会"（李晓文，2000：188）。然而，"因材施教"原则在具体课堂教学中却很难实行，因为目前成教学生数量的激增和短缺的师资力量之间的矛盾不可能使教师全面地照顾到每一位学生。在这种情况下，分班教学按学生的个体差异，将学生分成不同类型的班级，并采取相应的教学教法。从这个意义上来说，分班教学在一定程度上解决了师生之间及教学之间的矛盾，尽可能地体现了"因材施教"原则，不失为一个较好的办法。

（一）成人英语分班教学环节分析

人与人之间信息和情感的沟通构成了交际，而课堂上教师的"教"与学生的"学"则是为完成教学任务，传播、获取知识所进行的一种特殊的交际过程。教学质量的好坏直接取决于课堂交际的成功与否。成人英语课堂教学比一般课堂交际更加复杂，因为作为课堂交际语言之一的英语，同时又是学生正在学习的教学目标；同时，母语——汉语对目的语的学习又存在不可避免的影响。"如果教师掌握了课堂交际的动态对第二语言学生在观念和参与方式上的影响规律的话，那么他们就可以按照这些规律来有效地控制课堂交际的模式，创造一种更有利于学生学习知识和习得语言的环境。"（Johnson，2000：7）雅可布逊的语言交际模式有助于我们理清成人英语分班教学中的课堂交际问题。

雅可布逊的语言交际模式（Language Communicative Model）包括六要素（Jakobson，1956）：发送者（addresser）、信息（message）、接收者（addressee）、背景（context）、代码（code）和渠道（contact）。信息在交际中的运行情况可以描述成下图所示。

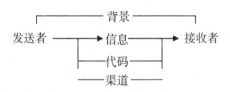

在课堂教学交际过程中，以上六个要素中的任何一个出了偏差都会导致课堂交际达不到预期效果。

让我们首先看一下信息的发出者——教师。作为信息的发出者，教师在成人英语课堂教学模式中的控制和指导作用相当重要，因为，"在这里教师是唯一的目的语权威使用者，因而也往往被学生视为学习和习得第二语言的重要语言输入来源"（Johnson，2000：8）。分班教学怎样才能更好地发挥教师的指导作用呢？我们认为，首先，教师的教学方法要取得学生的认可，即学生应能适应教师的教学风格；其次，不同类型的班级（快、中、慢）应由不同教学风格的教师施教，要体现分班教学的"因材施教"原则。

课堂交际中信息的接收者——学生，应是成人英语教学中的主体。教师只有充分发挥学生的主观能动性，正确调控学生的外语学习兴趣与情感，外语课堂教学才能取得成功。然而，在分班外语教学中，学生所表现出的各种思想障碍在很大程度上，阻碍了教学信息的接收。例如，按照成人高考英语成绩分班，由于有些同学在高考中发挥不稳定，导致英语成绩较差，入学后即被分到慢班，感到新的英语学习生活刚刚开始即被当头一棒，从此自觉低人一等；慢慢地丢掉了学习英语的兴趣，课堂上回答问题自信心不足，学习缺乏积极性和主动性，甚至对英语学习产生厌烦、害怕、躲避的不良情绪，从而成绩一滑再滑。因此，从某种程度上说，"对于已经成人的学生而言，分班制使他们失去自信，丧失尊严"（杨晓春，2001）。与慢班的学生相反，快班的学生往往过于自信，有些还具有盲目的优越感，高估自己。对于老师稍难一点的提问缺少必要的思想准备，一旦回答错误，自尊心很容易遭受打击，尤其是当他们英语成绩明显低于同班同学时，就会表现出愤懑、忧虑、害怕等严重的心理问题，从而导致其成绩下降。以上种种影响学习的思想障碍被称作为"情感过滤"，教师在课堂交际中应尽量创造低情感过滤强度（the strength of the effective filter）（李宪一，2001）。

从语言交际的信息角度来看，成人英语分班教学应给予不同的班级以"更多合调的（finely - tuned）语言输入"（李宪一，2001）。如上所说，分班教学的基本出发点是"因材施教"，它是针对传统外语教学中教师面对好中差学生输入同样语言信息内容的弊端而提出来的。美国著名语言学家 S. Krashen 认为语言的习得是通过理解稍超过学习者当前语言水平的信息输入而进行的。（李宪一，2001）因此语言输入的难度取决于学生的原来水平。换句话说，针对外语水平不同的快、中、慢班应输入不同的、相应的教学内容，这样才能使不同班级不同层次的学生各有收获，从而不断地提高他们的学习兴趣和自信心。

课堂交际不仅存在于师生之间，同时还存在于学生之间的互动中。学生之间的交流构成了第二语言课堂上语言习得的重要背景（context）氛围，对外语学习具有特殊的促进作用："首先这种交流为学生提供了更多的说话机会，同时还免去了与教师说话的那份拘谨；其次，学生之间的交流具有更大的即兴成分，交际的真实感也更强。"（Johnson，2000：18）然而，分班教学将来自不同系科、不同专业的学生重组成新的班级，学生之间疏于沟通，关系平淡，同学中间进行语言交际、相互促进、共同提高的行为少见，这种情况无助于语言交际能力的培养，对于活跃课堂气氛起到消极作用。

课堂交际中的代码环节主要体现在教案编写形式及课堂用语上。在成人英语分班教学中，快慢班应采用不同的教师，采用不同一个教案和不同的课堂用语，充分体现出分班教学因材施教的基本要求。教案的准备是教师思考和决策的结晶，应涉及教学目标、内容、教学方法、学生情况、学生需求、评估教学的方法以及课堂应变等多方面的内容（Richards，2000）。快、中、慢班的学生主体不同，则需要制定相应不同的教案，这一点是不难理解的。

另外，从语言交际的渠道环节上看，成人英语分班教学应采取快、中、慢分步走的教学方法和教学手段，不能一刀切，应采用适合成人特点的媒介，充分体现成人英语分班教学的基本原则的。

（二）对成人英语分班教学的建议

根据以上讨论的课堂教学交际过程的一些环节，我们可以提出以下一些成人英语分班教学建议。

（1）在英语分班教学中，已有人提出能否变学生被动分班为主动择班（杨晓春，2001），即让学生选择适合自己教学风格的教师。对刚入学的成教新生，我们还建议可在让学生试听的基础上，采取按成绩分班与学生主动择班相结合的方式，即有限制的主动择班的方式，这样既能充分发挥教师特长，又便于做出教学安排。如何让学生主动择班，还是一个值得进一步探索和深思的问题。

（2）仔细摸索学生的种种心理状态，降低学生过高的情感过滤

（如优越感和自卑感）；引入定期升降制度来预防和克服英语分班教学中的情感过滤，即每学期将中、慢班中脱颖而出的学生升入中、快班，同时将快、中班中的成绩落后的学生降入中、慢班，从而不时地鼓励进步，鞭策落后，充分调动学生的学习自主能动性。

（3）给予学生合调的语言输入，基本做法是针对不同班级，区别对待，进行异步教学，教师为每个层次的班级设计出深浅各异的教学内容。比如，对于基础较差的慢班，可以增加一些预备级的内容或一些打基础的内容；在初级阶段，集中教学语法上的重点、难点，帮助学生弥补所缺乏的语言知识，从而逐渐提高他们的英语水平，让慢班的学生在循序渐进的过程中体会成功的喜悦，进而培养学习英语的兴趣。而对于基础较好的快班学生，教学内容则可以略去入门知识的学习，直接从较高阶段开始，或加快教学进度，课堂教学重点应从语言的基本知识学习转向语言技能的培养。

（4）应"大力开展各种层次的英语第二课堂教学"，如针对慢班开设补习班，针对快班建立英语兴趣小组，从而"浓化英语学习氛围"（杨晓春，2001）；另一方面，相关系科对学生应加强思想教育工作，端正英语学习态度，改进学习方法，这是因为系科的教育（特别是班主任的督促鼓励）对于学生英语成绩的提高大有裨益。

（5）课堂用语用词、节奏、语调、语气等也均受制于特定班级的具体情况。英语作为成人英语课堂上的目的语和主要用语，应在快班中大力提倡使用。教师应身体力行使用英语组织一些语言交际活动，鼓励学生主动参与，这样，学生就会在教师的不断培植下逐渐培养起使用英语进行课堂学习的习惯和能力。而对慢班的学生来说，使用英语进行自由会话可能导致语言交际的僵化与中断，所以，在基础较差的慢班，教师可适当使用教学辅助代码——汉语，这样做的目的是首先确保学生理解所教的目的语内容，其次培养对目的语的兴趣，进而增加英语作为课堂用语的使用量。

（6）从语言交际的渠道环节上看，我们应改变以往快、中、慢齐步走，一刀切的教学方法和教学手段。由于教师有不同的授课风格，成教学生有多样的且定型的个性差异，以及教学内容存在多样性和复杂性，一种教学方法往往只能对一部分同学、一部分教学内容有效，所以我们应仔细研究快、中、慢班学生的性格和学习差异，针对不同特点的教学内容，施以相应的教学方法，这也是外语分班教学因材施教的基本要求。分班教学的原则应是在学生分层分班的基础上，针对不同风格的班级，相应实行目标分层、施教分层、作业分层和评价分层（史爱荣，2001：184）。在具体的教学手段方面，英语分班教学也应有相应的要求。据研究（谭顶良，1995），有些学生长于接受视觉教育，比如，快速阅读、分析图表，他们的书面成绩较好，但在听觉方面能力弱，接受口头指导较难。对于这样的同学，一方面，教师可利用其特长，上课时多用些视觉输入，并进行阅读练习或放映电影电视；另一方面，教师可帮助学生把学习内容录在磁带上，反复播放直至掌握，从而克服其缺点。而对于那些擅长语音辨析，口头表达能力强，而书面作业困难的学生，教师则可以采取播音、自由讨论的方式，同时也要通过时常的笔记、阅读等行为强化学生视觉方面的能力。随着现代化教学设施的不断完善，外语教学中可采用的教学手段将越来越多，如幻灯片、投影、录音、录像、缩影性资料、电脑化资料等。现代化的教学媒体"克服了传统教学知识结构线性的局限，使信息呈现多形式、非线性网络结构特点"（史爱荣，2001），以其逼真的音响效果和直观的图文显示，为学生提供了全方位的外部刺激和多种认知途径，可以最大限度地发挥学生学习英语的主动性。多媒体手段的利用可以克服传统英语教学的局限性，更好地为成人英语分班教学服务。

总之，成人英语分班教学不是简单地按成绩重组学生，其余什么都不变，只希望得到一蹴而就的效果；而是要实事求是，对学生、教师、教学内容、教学方法、教学评估等各个环节进行具体分析，选择最佳方案，实现因材施教。实际上，它是一个系统工程，必须全盘考虑，做到"牵一发而动全身"，从而真正达到成人英语分班教学的效果。

十六、中西符号理论之沟通与交流

　　符号的意指与传达，不仅涉及符号运行机制问题，还关乎符号学理论的构建与交流问题。国内符号学研究从机构史角度看，虽然已发展了二十年左右，取得了一些可喜的成绩，但仍然处于各自为政、单兵作战、条块分割的分散状态，在广度和深度上仍然没有全面体现出符号学研究的本质特征，即跨学科性。例如，由中国逻辑学会成立的符号学研讨会基本上局限于哲学领域内，而由外语院系成立的中国语言与符号学协会则鲜有非外语专业学者参加。这两个学会少有来往和沟通，从事符号学研究的绝大部分学者也仅仅是发挥自己现有的特长，不敢越出本专业半步。目前国内的符号学研究很少有真正意义上的跨学科研究，而系统地进行中外符号学理论对比研究，并构建自己观点的学者则更是少见。丁尔苏教授的著作《平行、互动和启迪——跨越中西符号理论》为国内符号学研究走出困境指明了方向。

　　该书是作者用英文撰写的，其英文标题为"Parallels, Interactions, and Illuminations—Traversing Chinese and Western Theories of the Sign"，由多伦多大学出版社于 2010 年 11 月在加拿大多伦多、美国布法罗和英国伦敦同步发行。该书是"符号学与交际：多伦多研究系列"丛书之一，丛书由国际著名符号学家德尼西（Marcel Danesi）领衔主编。

　　正如该书题目所表明的，《平行、互动和启迪——跨越中西符号理论》一书探讨了中西符号学理论之间的平行发展和互动，以期达到二者之间的互相启发，力图改变国内符号学单向接受西方符号学理论的被动局面，使中国符号学理论在国际学术界占有一席之地。该书既包括对经典符号学理论的清晰分析和精准批判，从中引申出新颖而恰当的个人见解，还包含了将符号学理论应用于语言和文化现象的精辟分析。

该书主要内容由七个章节组成。

第一章标题为"柏拉图的三元组合及其在中国的对应理论"。在这一章中，作者考察了在中西方平行发展的符号学实在论传统。在西方，这一传统的代表是柏拉图和胡塞尔；在中国，这一传统的代表是墨子和欧阳健。中西符号学实在论关于意义的基本假设是相似的，即存在一个符号以外的具有自己特质的世界，人类意识能够借助于语言认识和表征这一外部世界。在20世纪之前，实在论关于存在一个能产生意义的本体现实的观点未能受到系统而有效的挑战。

第二章标题为"备受攻击的本体实在论"。由德里达开创的解构主义理论向本体实在论全面开火，质疑实在论关于符号外现实是真实意义最终来源的理论前提。然而作者却敏锐地指出了解构主义的症结所在，即解构主义不能令人信服地解释符号使用者在日常活动中是如何生成意义的；作者将解构主义的失败归因于德里达对索绪尔意指模式的盗用，即牺牲语言要素指向生命世界的指称功能，在共时系统内对语言进行否定切分。

第三章标题为"主体的回归"。作为语言学家，索绪尔将意义的来源定位在预先存在的声音和思想两个连续体结合物的自动分解中，而将符号主体排除在意指过程之外。而卡西尔和哈贝马斯则提出了与索绪尔截然不同的意义理论。对于卡西尔来说，普遍意识借助于各种符号形式形成概念，意义产生于思维主体与不确定的外部材料的相遇过程中。哈贝马斯的理论则比卡西尔的意义理论更进一步，他认为，孤独主体首先了解然后传递外部世界特征的语言表征功能不应优先考虑，更重要的应该是互动过程中参与者所履行的态度，即参与者通过对外界事物达到认识而协调各自活动的考量。当说话者选择了某一生活情景中的一个角色时，则他就进入了一个主体际关系，这种关系使他能够从听者角度看待事物。哈贝马斯的交际行为理论是对结构主义和解构主义的有效更正，但作者犀利地指出了哈贝马斯理论的缺点，即忽视了符号的意识形态本质。在这一章的结尾，作者另辟蹊径，通过分析符号的意识形态特征及其在机构中的使用，用权力理论进一步修正了交际行为理论。

第四章标题为"皮尔士三分法"。现代符号学的创始人，除了瑞士的索绪尔，还有美国的皮尔士。作者之所以在这一章重点讨论皮尔士的符号理论，是因为他的理论不仅重视符号的人类主体，而且关注外界事物。在这一章中，作者回顾了索绪尔和皮尔士在中国的接受情况，前者已被中国许多大学教科书列为经典，而后者由于政治原因曾被禁止成为学术讨论对象。按照符号与对象之间的关系，皮尔士把符号分为三类：类象符号（icon）、引得符号（index）和常规符号（symbol）。在这一章中，作者不仅发展了皮尔士的三分法，指出了三类符号之间的动态关系，如引得符号经过模仿可以变成类象符号，常规符号经过去常规化或再类象化从而变成类象符号，而且开创性地参照汉字中的潜在类象性，提出了一套全新的汉字分类法。

第五章标题为"诗学逻辑"。符号三分法不仅表明了符号与现实之间的关系，三种符号的划分也证实了意义产生的三种方式。作者认为，人类在获得语言这种常规符号之后，继续利用引得和类象符号这两种产生意义的方式，从而导致替代和隐喻两种修辞方式的产生。在这一章中，作者借用钱钟书的喻体多样性和多义性理论质疑莱考夫（Lakoff）和约翰逊（Johnson）提出的概念隐喻假设的可信性和必要性。作者以大量的中文和英文事例证明了概念隐喻只不过是语言学家的一种元隐喻建构。作者认为，本体和喻体之间较低层次上的语义联想足以解释隐喻的生成。

第六章标题为"隐喻与文化"。近二十年来，认知语言学成为学界热点，但作者冷静地指出，认知理论家在追寻不同语言中隐喻表达背后的所谓普遍的概念隐喻时，不可避免地忽视了隐喻概念中大量非普遍性的事例，从而也否定了文化的特异性。在这一章中，作者从文化符号学视角出发，通过分析汉语文化和英语文化中的相关事例，证明了隐喻与文化之间的不可分割的关系。这一章同时表明了隐喻与社会集体价值取向之间的紧密联系。作者具体分析了中国人表达美好祝愿这一民间习俗，和中国学者在装饰家庭和办公室时对某些植物的偏好行为，并从中揭示出符号学万花筒背后的主导隐喻模式。这一章的实例分析有助于说明隐喻的形成过程。

第七章标题为"神话制造及其社会—经济功能"。这一章的论述上升到了更高层次的意指过程，其中，能指成为媒体意象，而所指则是意识形态主题。这一章是作者关于意义理论的开创性成果与文化文本实际分析相结合的生动写照。在这一章中，作者深入分析了一部中国电视连续剧和一位获得诺贝尔文学奖的华人——高行健的文学作品。通过分析，作者生动形象地向我们展示了日常神话的创造过程及其服务于由历史和文化所决定的社会—经济功能。

纵观全书的内容，作者成功地达到了以下目标：（1）提供了对符号学实在论及其基本原则的历史考察；（2）分析了解构主义理论并指出其作为解释和交际模式的不足之处；（3）重建了复数意义上的符号学主体地位并重视符号的意识形态本质；（4）阐明了皮尔士符号理论及其对汉字研究的特殊意义；（5）考察了相关于隐喻认知理论的引得性和类象性；（6）证明了隐喻与文化之间的紧密联系；（7）探索了媒体意象的潜在意义；（8）解释了符号学跨学科方法论的应用。

通读全书，笔者不禁为丁尔苏教授高超的学术驾驭能力所折服。他能在古（如柏拉图和墨子）、今（如莱考夫、约翰逊和钱钟书）、中（如墨子、欧阳健和钱钟书）、外（如柏拉图、胡塞尔、德里达、索绪尔和皮尔士）学者及其理论之间自由驰骋，实现了古人与古人之间、古人与今人之间、作者与书中提到的学者之间、不同学科之间、理论与应用之间以及东西方思想之间的精妙的学术对话与交流。丁尔苏教授在该书中展示的广博知识和开阔的视野令人叹为观止。

该书的最明显特点是跨学科性。跨学科性是符号学的基本特点。现代符号学的两位创始人早在 20 世纪初就构想或描述了符号意指活动研究的跨学科方法。索绪尔在构想符号学这门学科时说："我们可以设想有一门研究社会生活中符号生命的科学，它将是社会心理学的一部分，因而也是普通心理学的一部分；我们管它叫符号学。……语言学不过是这门一般科学的一部分，将来符号学发现的规律也可以应用于语言学，所以后者将属于全部人文事实中一个非常确定的领域。"（《普通语言学教程》商务印书馆 1980 年版）皮尔士对于符号学与其他学科之间的关系也持有相似的看法，他在 1908 年 12 月 23 日写给威尔比夫人（Lady Welby）的信中说："除非当作符号学研究，研究任何东西——数学、伦理学、形而上学、重力、热力学、光学、化学、比较解剖学、天文学、心理学、语音学、科学史、扑克游戏、男人和女人、葡萄酒、度量衡学——从来都不在我的能力范围内。"美国符号学家莫里斯（Charles Morris）更是明确地把符号学定义为"一项跨学科事业"。那么，符号学在什么意义上是跨学科的，同时又可避免"符号学帝国主义"之嫌？正如丁尔苏教授在该书的跋中所指出的，人类的思想和经验依赖于符号的使用，对于任何文化现象的研究终将导致对于符号及其功能的研究。在人类的所有活动中，都包含能指指向或代表所指的关系，而这一关系组成了符号学的核心话题。丁尔苏教授的这本著作在认知科学、哲学、社会学、语言学、修辞学、人类学、文化学、传媒学、文学及文学批评之间往返驰骋，自由连接，挥洒自如，从而打破了学科间的障碍，真正全面地实现了符号学跨学科研究的初衷，使不同背景的学者都能从中得到启迪，因而也能跨越学科障碍，进行交流和分享书中极具价值的洞见。

　　该著作不仅跨越了学科间的障碍，而且跨越了国别界限。第一章启发式地比较了中西符号学思想传统，即两种平行发展的符号学实在论。该书不仅进行了符号学跨学科研究，而且完成了跨文化研究。正如该书题目所表明的，该书不仅描述了中西符号学理论中的平行发展，而且在这两种理论之间进行了互动，只有互动，才能互相启迪。这一点集中体现在第四章和第五章中。在第四章中，作者借用西方符号学家皮尔士的观点来启迪我们对于中国汉字的理解；而在第五章中，作者却又以中国理论家钱钟书的观点为武器克服了西方隐喻认知理论中遇到的难题。著作中同时列举的英汉语言和文化习俗的例子更是俯拾皆是。该书不仅在理论上，而且在事例上分析、比较、沟通了中西符号学理论和符号解读技巧，堪称"比较符号学"的典范之作。作者本人对该书也抱有很高期望，他在前言中指出，该书"对于从事比较文学和比较文化的学者具有潜在价值"。其实，该书的启迪作用不局限于这两个领域，对于整个符号学领域及其相关领域都将产生深远影响。

　　该书的第三个特点是理论与应用紧密结合。符号学理论历来给人留下抽象、深奥、难懂的印象，丁尔苏教授却能用相关符号学理论深入浅出地分析语言、文学作品、电视剧和文化文本，分析之精准令人信服。在第四章中，作者利用符号三分法理论，提出了与前人不同的汉字分类方法。这种分类方法，根据可靠，理由充分，给人以耳目一新、茅塞顿开之感。他根据汉字中的类象性（iconicity），把汉字定位为类象符号，可分为两类：单体类象符号和合体类象符号。前者可进一步分为象形类象符号和象声类象符号，后者又可进一步分为两类：一类的构成结构为象形元类象符号与象形元类象符号的组合，另一类的构成结构为象形元类象符号和象声元类象符号的组合。丁尔苏教授的这一分类法干净利落，可操作性强，突破了前人汉字分类中的一些纠缠不清的问题。第五章关于诗学逻辑的分析和第六章关于隐喻与文化之间紧密关系的确立更是建立在大量语言和文化习俗实例的基础上，而在第七章中，作者利用意识形态理论分析文学作品和电视剧，则进一步缩短了符号学理论与我们日常生活之间的距离。作者能够洒脱而自信地在符号学理论与现实生活之间往返运作，使读者体会到的不是理论的枯燥，而是对符号学的一种享受。从这个意义上说，该书在符号学理论的实际应用方面取得了成功，从而使符号学真正从天上来到了人间。

该书的第四个特点是对热点的批判，即对当今西方红极一时的认知隐喻理论提出尖锐批判。自从莱考夫和约翰逊于 1980 年出版《我们赖以生存的隐喻》一书以来，概念隐喻、主隐喻以及关于隐喻的认知语言学在国内备受追捧。丁尔苏教授提醒我们冷静地审视这一现象，他借用钱钟书关于喻体多样性、多义性理论和德尼西关于隐喻放射结构理论对莱考夫、约翰逊提出的隐喻理论进行了理性地批判和纠正，大大提升了隐喻等诗性逻辑的研究现状。众所周知，莱考夫和约翰逊列举了很多词项作为"辩论是战争"这一概念隐喻的例证。然而，所有这些词项实际上也可以归入其他概念隐喻。由于语言词汇可以被分析成为无数个语义标志，因此，基于相似性假设的隐喻概念的数量将是无穷的，因此丁尔苏教授批判认为，通过概念隐喻来理解词语的隐喻意义，从认知上讲是不现实且不可信的。由于一个词项可以归入多个概念隐喻中，而且人们对隐喻的理解主要依赖于关于喻体和本体的知识、基于二者相似特征基础上的联系以及特定修辞语境，而不是依赖于概念隐喻，因此，作者尖锐地指出，虽然很多学者热衷于概念隐喻，但概念隐喻只是语言学家的元隐喻建构，概念隐喻在我们解释语言修辞现象中是没有必要的，它只是一段多余的弯路，不仅不能指导而且分散我们解释语言现象的努力。

该书的特点并不限于以上四点。该书对符号学概念解剖精确到位，对符号学理论分析透彻，从中生发出的个人洞见新颖可信，富有启迪意义。作者在该书中将中西符号学理论与文化现象紧密串联在一起，分析论证环环相扣，层层推进。该书体现了作者高超的逻辑推理能力和学贯中西的广博知识和理论视野。国际交际学院执行主任、研究员，著名符号学家兰尼根（Richard L. Lanigan）评价认为，《平行、互动和启迪——跨越中西符号理论》一书是最新研究水平中的巨大进步，出色地比较了中西符号学批评理论，丁尔苏在符号学传统中作为语言学家和文学批评家的资质是一流的，该书表明了作者对中西交际学研究趋势的全面了解。

该书既是作者个人学术生涯向纵深推进的标志，又是代表中国符号学向世界符号学做出贡献的符号。作者在苏州大学任教时出版的第一本学术著作《超越本体》主要从哲学和社会学角度探讨了符号学意义理论；在北京大学任教时出版的第二本学术著作《语言的符号性》则主要是符号学理论与语言研究的结合；而《平行、互动和启迪——跨越中西符号理论》这本学术专著则在广度与深度上都超越了前两本书，堪称从跨文化角度全面体现符号学跨学科性的一部杰作。

从国际视野看，西方符号学近年来的研究成果主要表现为前国际符号学协会会长希比奥克（Thomas Sebeok）主编的两套符号学丛书。其中一套总题目为"符号学进展"，由印第安纳大学出版社出版；另一套为"符号学方法"，由茂顿出版社出版。两个系列加起来一共有将近120本符号学方面的专著。希比奥克去世后，国际符号学研究重心开始从美国向加拿大多伦多转移。经过充分酝酿，国际符号学协会计划出版第三套符号学系列丛书。由国际符号学协会主要领导人德尼希、艾科（Umberto Eco）和波斯纳（Roland Posner）等人主编的第三套符号学丛书已经开始陆续出版。该系列名称为"符号学与交际：多伦多研究系列"（Toronto Studies in Semiotics and Communication），由多伦多大学出版社出版。丁尔苏教授的这部新作荣幸首批入选国际符号学研究第三大系列丛书，这充分说明中国符号学家及其理论开始得到国际认可，中国符号学与西方符号学真正实现平等对话并对国际符号学的发展做出贡献的时代已经到来。

作为一位中国学者，作者用地道的英文写作该书，且在国外出版，这样的传播渠道，能够打破中国符号学研究单纯借鉴和被动接受西方符号学理论的局面，能够真正使中国符号学资源在全世界发扬光大，让世界更进一步了解中国。可喜的是，国内一些符号学有识之士已经开始意识到与国际交流以及符号学跨学科性的重要性。第十一届国际符号学大会 2012 年 10 月由南京师范大学外国语学院成功承办，其主题是：符号学研究的全球化——一座连接不同文明的桥梁，这一次大会旨在全面推动中国与西方之间的符号学交流；同时召开的第一届中国符号学论坛发起单位及代表的学术背景涉及语言学、逻辑学、认知学、哲学、文艺学、新闻学、传播学、儒学、电影、美学、心理学、文化、古代文明、历史、思想史，甚至自然科学等。这表明，中国符号学研究之国际间交流和全面跨学科研究已经拉开大幕，而丁尔苏教授的这本著作即是实现这一宏伟目标的先锋之作。

十七、卡尔纳普与莫里斯符号学理论中的
传达与意指要素

　　为了进一步说明符号学理论的跨学科性和融通性，本章将聚焦逻辑学家卡尔纳普的逻辑学观点对莫里斯符号学理论形成的影响。卡尔纳普开创的逻辑句法学及其他相关观点不仅为莫里斯的符号学提供了语形学方面的本体内容，而且在研究方法方面，前者提出的一些概念都被后者加以扩展应用，例如形成规则、转换规则、伪事物语句等范畴都从前者的句法学溢出到后者的符号学的所有三分支。通过探讨卡尔纳普理论对莫里斯符号学的影响，我们可以清楚地掌握莫里斯符号学的坚实的语形学基础，看出美国符号学理论建构的发展脉络，以期对国内符号学理论的建设有所启迪。

　　鲁道夫·卡尔纳普（Rudolf Carnap）（1891—1970）是德国逻辑学家逻辑实证主义的领导人物。他的大部分著作和文章在美国以英文版得以出版和发表，代表性作品有《语言的逻辑句法学》（*The logical Syntax of Language*，1937）、《哲学与逻辑句法学》（*Philosophy and Logical Syntax*，1935）、《语义学导论》（*Introduction to Semantics*，1942）、《逻辑的形式化》（*Formalization of Logic*，1943）、《科学统一的逻辑基础》（*Logical Foundations of the Unity of Sicence*，1938）、《逻辑和数学的基础》（*Foundations of Logic and Mathematics*，1939）等。卡尔纳普比莫里斯出

生稍早10年，卡尔纳普的形式句法学及符号学其他方面的观点对莫里斯的符号学理论产生了共时性的重要影响，主要表现在前者不仅直接为后者所开创的语形学提供了理论内容，还为后者装备了具体符号学概念和分析方法。

（一）符号学三分支

莫里斯曾在1938年出版的《符号理论基础》一书中首创性地提出符号学三分支的学说，即符号学具有语形学（syntactics）、语义学（semantics）和语用学（pragmatics）三个组成分支。语形学研究符号之间的形式关系、语义学研究符号及其所适用对象之间的关系、语用学研究符号与解释者之间的关系。对于一门语言的完整研究应包括以上三个方面，用公式表达为：L = L syn + Lsem + Lp，即语言 = 语形 + 语义 + 语用（Morris，1938a：6 – 10）。莫里斯的这一符号学三分法在卡尔纳普那儿得到了强烈回应与修正，在卡尔纳普改进的前基础上，莫里斯在其1946年出版的《语言、符号和行为》一书中进一步完善了这一理论。

卡尔纳普在《语义学导论》中认同了莫里斯关于符号学三分支的看法，指出"符号学三部分之间的差别是 C. W. 莫里斯提出的"（Carnap，1942：9）。卡尔纳普解释认为，如果一项研究明确指向说话者或语言的使用者，那么我们把该研究指定为语用学领域；如果我们从语言使用者那儿抽取并只分析表达式及其所指谓，则我们就处于语义学领域；如果我们从所指谓中只抽取并分析表达式之间的关系，则我们处于（逻辑）句法学（syntax）中。卡尔纳普为了使莫里斯开创的符号学三分支学说为自己提倡的逻辑句法学服务，偷偷地将莫里斯的用词"语形学"（syntactics）换成了句法学（syntax），但他本人认为自己的句法学能够反映莫里斯的语形学的实在内容。不仅如此，他还对莫里斯早期提出的符号学三分支理论提出了改进意见。他认为"莫里斯将语用学界定为研究说话者和表达式之间关系的领域，'语用学'这一术语在使用过程中会产生细微差别，然而，在实践中，在这种研究和也指向所指谓的研究之间好像不存在明显的分界线"（Carnap，1942：9 – 10）。在卡尔纳普看来，语用学研究应包括以下内容：与说话活动有关的神经系统和说话器官的生理学分析；关于说话行为与其他行为之间关系的心理学分析；关于同一个单词对于不同个体所具有不同含义的心理学研究、不同部落、不同年龄组和不同社会阶层之间说话习惯的文化学和社会学分析，关于科学家记录实验结果的过程分析；等等。卡尔纳普心目中的语义学不仅研究表达的意义，同时还包括真值理论和逻辑演绎理论等内容。卡尔纳普的句法学则将莫里斯语形学中的表达式之间的关系细化为表达式中符号出现的种类和出现的次序。卡尔纳普对莫里斯符号学三分支学说的细化和扩展解释促使莫里斯在其1946年出版的更加全面的《符号、语言和行为》中进一步修正了三分支的定义。

在卡尔纳普的批判声中，莫里斯看到了早期三分支定义中的局限性和模糊性，从而将符号学三分支重新解释如下："语用学是符号学中研究出现于行为中的符号的起源、用途以及影响的部分，语义学研究所有意指方式中符号的意指；语形学不考虑符号的具体意指及其与出现于其中的行为的关系，只研究符号的组合。"（Morris，1955：219）

（二）符号学统一任务

区分出符号学的三个分支，目的不是分裂或解构符号学，而是指出符号过程的不同维度和方面，目的在于更好地统一符号学。符号学的统一表现在内外两个方面，一方面，符号学内容三个分支有机统一成为符号学；另一方面，符号学统一其他科学。作为20世纪30年代统一科学运动的主要发起者和《统一科学国际百科全书》（*International Encyclo-pedia of Unified Science*）的副主编和主要撰稿人，卡尔纳普和莫里斯都对符号学的统一问题给予关注。

在符号学内部统一方面，卡尔纳普虽然认为在符号学内部做出语用的、语义的和句法的区别，有助于澄清科学讨论中的一些误解和模糊性，但符号学的三个分支是紧密联系的、不可分割的，句法学分析必须得到相应语义学的补充，"理论哲学领域不再局限于句法学，而是被看作关于语言的整体分析的理解，包括句法学、语义学，也许也包括语用学"（Carnap，1942：246）。卡尔纳普指出，对于同样哲学问题的不同维度的研究可使它们隶属于不同的符号学分支，如仅仅分析话语的纯形式方式，则为句法学；如话语分析只考虑表达式的意义，则为语义学；而语用学则与知觉、观察、比较和证实等活动有关，只有这些活动导致以语言形式表达出的知识。卡尔纳普总结认为：哲学的任务是符号学分析，哲学关注的问题不是存在的终极本质，而是科学语言的符号学结构。哲学问题与知识的获得和交流活动都与逻辑分析有关，其中牵涉到语用学、语义学和句法学的总体运作（Carnap，1942：250）。卡尔纳普本人的学术研究路径体现了将符号学三分支融合的愿望。首先，他在《语言的逻辑句法学》中试图沿着纯句法学尽可能走得更远，后来在《语义学导论》中认识到有些概念，如逻辑概念应被看作是语义学的，句法定义应由相应的语义分析所补充，在其后期的作品中，如《论语用学的一些概念》（*On Some Concepts of Pragmatics*，1955）。卡尔纳普认识到从逻辑本身进入语用学领域的必要性（Carnap，1955：89–91）。

卡尔纳普关于符号学内部三分支统一的观点对于莫里斯的相应观点起到了协同作用。在莫里斯看来，对符号过程某一维度的研究，离不开所有三个维度的词语和知识。在语形学中，研究者用一些元符号去描述且指称被研究的符号媒介物，目的是为语形学现象做出真实的陈述，这里的"描述""指称"过程体现了语义学关系，而"目的"和"真实的"等词语则体现了语用学范畴。语义学研究符号组合体意指对象的语义规则，则已经蕴含了语形学和语用学知识。而语用学若将符号的形式结构及其与对象之间的关系置之度外，则语用学就失去其价值了。"对符号的全面解释将包括三种考虑……总的来说，把符号学领域当作整体看待，找出解决具体问题的所有相关因素将更加重要。目前的研究有意偏向侧重于符号学的统一，而不是将每个问题肢解成语用学成分，语义学成分和语形学成分。"（Morris，1955：225）

符号学的外在科学统一作用表现为，各种科学都必须且可能在符号学那里得到与本学科内部符号分析问题有关的知识和原则。

在这个方面，卡尔纳普指出了科学统一问题的三个层面（Carnap，1938：42－62）。首先从术语上讲，所有科学的术语能否形成一门语言，从而使所有科学中术语的意指过程能以某种初始术语集合加以表述；其次从法则上讲，所有科学的法则能否被看作定理，从某种作为公理的法则集合中演绎出来；最后从方法论上讲，所有科学尽管存在差异，能否在获得关于自身主要的知识方面时，使用共同的方法。

对于卡尔纳普在科学统一运动中遇到的疑问及方法的召唤，莫里斯做了积极响应，认为符号学的发展本身，就是统一各门科学过程中的一个步骤。符号学的科学统一作用首先表现在，它是所有科学的工具科学，为其他科学提供方法。莫里斯认为符号学的这种工具性作用是通过两种方式完成的：一是使符号学训练成为科学家常规知识装备的一部分，这样，科学家就会对自己所使用的语言工具产生批判性警觉意识；二是对特殊科学的语言做精细研究，对于各门科学中基本术语和问题的具体研究将会向科学家表明符号学在他们所从事的领域中的重要性（Morris，1938a：57）。《统一科学国际百科全书》中的许多论文，如卡尔纳普的论文，可以看作是这样一些研究的典范。此外，符号学为论述、分析和比较不同特殊科学语言之间的关系提供了一套全面的语言，呈现不同科学的术语和法则之间的各种关系。同时，符号学旨在整合被特殊科学分割的知识。但符号学在统一科学过程中不是一帆风顺的，莫里斯指出了四个难题并一一化解（Morris，1955：225－238），它们包括：形式科学与自然科学的关系、心理学与生物学及物理科学的关系、人文研究与科学研究的关系、哲学与系统知识的关系等。

（三）描述符号学与纯符号学的区分

符号学的科学统一作用基本上发生在描述符号学（descriptive semiotic）层面，而不是纯符号学（pure semiotic）层面，莫里斯认为，"这种活动主要是科学语言的描述符号学"（Morris，1955：224）。卡尔纳普也认为描述符号学层面上的符号学三分支是有机统一的。"描述语义学和描述句法学严格来说是语用学的部分"（Carnap，1942：13），而在纯符号学层面，这三个领域是互相独立的。

莫里斯关于描述符号学与纯符号学层面的区分得益于卡尔纳普关于纯句法学和描述句法学的区分。卡尔纳普的早期工作重心在逻辑句法学，他在句法学上的独到见解为莫里斯的符号学做出了独特贡献。卡尔纳普句法学区别为两个层面：纯句法学（pure syntax）和描述句法学（descriptive syntax）。纯句法学关注要素的可能排列，不关心组成各种要素的事物的本质，不关心要素的哪种可能排列在任何地方被真正实现。换句话说，纯句法学只关注句子的可能形式而不关心组成句子的单词的类型，也不关心句子是否在世上某处的纸上出现。在纯句法中，只有定义和从中推导出的后件（consequence）得以表述。纯句法学因此总体上是分析性的，仅仅是组合分析。卡尔纳普将之比作具有某种有限数量、离散性的序列结构的几何学。描述句法学之于纯句法学的关系相当于物理几何之于纯数学几何的关系，描述句法学关注经验上已知表达式的句法特征和关系。描述句法学的句子可以表明一篇论文中哪两句话是矛盾的或哪句话在句法上是错误的（Carnap，1937：7）。纯句法学实际上是纯原理性的操作，而描述句法学则是应用层面的操作，卡尔纳普从事的主要工作是前者。

卡尔纳普在句法学的演绎性原理层面与应用性层面的首创性明确区分，使莫里斯得到启迪，进而使后者在符号学领域展开了全面的相应区分。莫里斯认为：应当细心区别符号学的不同层次，首先区别符号所拥有的关系和用以谈论这些关系的符号，充分认识到这一点将是符号学的最重要的、普遍的和实际的应用。我们可以把这些陈述符号事实的特别符号，如"符号""意指"等词本身，称作元符号。其次，符号学家可以对元符号或元语言，即研究符号的整套术语和命题加以系统化，这种对元语言操作的更高级符号学过程不同于利用符号学术语分析实际符号现象的过程，这一层次的符号学原则上能够表述为一个演绎系统，具有初始项和原始语句，从这些原始语句可以推导出其他语句和定理。莫里斯把这样更高层次的对于研究符号的整套术语和命题加以形式化系统化处理的符号学处理称作纯符号学（pure semiotic），它的组成分支是纯语形学（pure syntactics）、纯语义学和纯语用学。而纯符号学的处理对象——元语言在符号的具体事例中的应用则被莫里斯称作为描述符号学（descriptive semiotics），它的组成分支是描述语形学、描述语义学和描述语用学（Morris，1938a：9）。

卡尔纳普关于纯句法学与描述句法学的区分在得到莫里斯的扩展应用后，卡尔纳普信心倍增，但作为一个严谨的逻辑学家，他仍然小心谨慎，尝试着把相应的区分应用于语义学领域，但少见其应用于语用学领域。在1942年出版的《语义学导论》中，卡尔纳普区别了描述语义学与纯语义学，他认为，前者是对历史上已知某特定语言，如法语或所有语言的语义特征进行的描述和分析，可进一步区分为专门描述语义学和一般描述语义学；而纯语义学则指关于抽象的语义系统的建构和分析（Carnap，1942：11–12）。卡尔纳普之所以没有在语用学中做出相应的区分，是因为他认为语用学是一门经验科学，不适合纯理论演绎（Car-nap，1939：6）。可莫里斯却坚持认为，在语用学中可做出相应的区别，并为之找到区别标准。莫里斯认为纯符号学与描述符号学之间的差别表明的是符号学形式话语与指谓话语之间的区别，也就是"作为逻辑的符号学与作为科学话语的符号学"。前者作为科学阐述符号的语言，拥有自己的形式语句，这样的语句属于逻辑，如"每个符号都拥有符号代表项"，后者则由指谓语句组成，如关于什么符号意指某人或具体符号的组合、起源、用途、影响的陈述句，这样的语句组成了作为自然科学的符号学。莫里斯认为："这一区分适用于符号学的每个分支，因此，我们可以区分纯语用学与描述语用学、纯语义学与描述语义学、纯语形学与描述语形学。符号学作为工具的应用可被称作应用符号学。"（Morris，1955：219－220）

（四）句法学与语形学

从上文对比分析来看，卡尔纳普是基本上同意莫里斯将符号学分为语形学、语义学和语用学三个分支的，只不过在其著作中为了表述上的一致，坚持使用"句法学"（syntax）来代替语形学（syntactics）。而事实上，莫里斯的语形学是建立在句法学基础上的，尤其是建立在卡尔纳普的逻辑句法学之上的。在欧洲，人们很早就开始关注推理，而推理则牵涉到一门语言内部符号组成的一些关系。例如，希腊人用演绎或公理系统关于数学的陈述，使人们注意到紧密连接的符号系统的模式，即通过对初始符号集合的运算，可以获得所有其他的符号集合。形式系统化的操作传统为语形学的发展奠定了基础。后来数学家莱布尼兹（Leib-niz）想到一种普遍的演算方法，即从符号推出结果的普遍的形式方法。通过历代逻辑学家的努力奋斗，数学形式和方法的统一化和概括化在数理逻辑中得到了突出的扩展。"这种语形关系理论在卡尔纳普的逻辑中

已经获得了最精细和现代的发展。"（Morris，1938a：14）卡尔纳普所
完善的逻辑句法学为莫里斯讨论符号的形式方面提供了更为精确的语言
和可谓有力的分析工具。莫里斯重点关注逻辑句法学与符号学之间的关
系，他将这种关系归属于语形学范畴，也正是这种关系使莫里斯构想出
了"语形学"（syntactics）。莫里斯认为，"逻辑句法学的所有成果都可
以被吸到语形学中。而且，毫无疑问，逻辑句法学是语形学中最发达的
一个部分，因此也是符号学中最发达的部分"（Morris，1938a：15）。
虽然卡尔纳普的句法学对莫里斯开创的语形学具有至关重要的作用，可
我们并不能将二者等同起来，因为前者的研究范畴相对窄小，而后者的
研究范畴却比前者要宽广许多。

卡尔纳普的句法学充满了科学的色彩，他把逻辑句法学定义为，
"一门语言的逻辑句法学是指关于该门语言的形式理论——是关于制约
它的那些形式规则以及从这些规则导出推论之推理过程的系统性阐释"
（Carnap，1937：1）。卡尔纳普的逻辑句法学主要涉及以数理逻辑为主
的科学语言，他认为，"哲学就被科学逻辑代替——也就是说，被科学
语句和概念的逻辑分析所代替，因为科学逻辑仅仅是科学语言逻辑句
法"（Carnap，1937：xiii）。与卡尔纳普把句法学限制在作为人工语言
的科学语言中的主要符号组合分析上不同，莫里斯的广义语形学囊括了
所有类型的符号联合，如知觉符号、美学符号、符号的实际用途和一般
语言学的领域内的符号组合问题都属于语形学的研究范围（Morris，
1938：16）。另外，卡尔纳普承认自己讨论的主题与一般符号学不同，
他的"讨论仅适用于陈述句，不考虑其他类型的句子，如疑问句、祈
使句等，并且因此只适用于由陈述句组成的语言系统"（Carnap，1942：
14）。这样一来，卡尔纳普的术语只能在有限的意义上理解，如"句
子"是"陈述句"的简称，"语言"是"由陈述句组成的语言系统"
的简称，"英语"代表"英语中由陈述句组成的部分"，等等。按照卡

尔纳普的用法，命令句和许多诗句就不是句子。而这些被卡尔纳普排除在外的对象则被莫里斯吸收进语形学。莫里斯坚持认为，语形学承认各种符号，包括自然语言、科学语言和其他语言。莫里斯指出，形式逻辑学家与语法学家不同，前者仅关心科学语言中起作用的句子和转换规则类型，"如果语形学的整个领域要得到充分研究的话，语法学家的兴趣和对科学以外的诸领域中的符号组合和转换的注意就需要添加到逻辑学家的兴趣之上"（Morris，1938a：21）。总的来说，莫里斯的语形学在研究对象范畴上拓宽了卡尔纳普的逻辑句法学。

虽然存在着差异，但莫里斯的语形学牢固地建立在卡尔纳普的句法学基础之上，这表现为莫里斯不仅把逻辑句法学的研究领域——逻辑数学作为形式话语加以研究，而且还直接借用了卡尔纳普的句法学术语和分析方法来进行语形学的建构，甚至还将卡尔纳普的某些句法学观点引申到语义学和语用学领域。

卡尔纳普开创的逻辑句法学是关于两种人工语言的句法学，即逻辑句法学把逻辑语言和数学语言作为研究对象，对它们进行语形方面的描述。卡尔纳普之所以排除对自然语言加以研究，是因为他认为自然语言具有意义模糊性的缺点，有时会产生符合语法规则的无意义语句，"只有在数理语言中，才能证明有可能取得精确的表述和严格的证明"（Carnap，1937：3）。换句话说，只有在数理语言中，才有可能制定一套简单且严谨的规则系统。在卡尔纳普的逻辑句法中，数学语言是对象语言，而逻辑语言既是对象语言，又是描述对象语言的元语言。关于对象语言句法的刻画实际上就是制定语言要素赖以组成语言结构的规则，而逻辑的主要作用则是表述从一些判断推理到另一些判断的规则，即为"从前提推导出结论的规则"（Carnap，1937：1）。逻辑语言为卡尔纳普提供了制定精确规则的手段。前一种规则被卡尔纳普称作形成规则，后一种规则被称作转换规则，又叫逻辑演绎法则（logical laws of deduc-

tion)。卡尔纳普认为每一门完善的数学学科都是这样一种演算（calcu-
lus）（Carnap，1937：5）。

卡尔纳普所重点研究的数学语言和逻辑语言成为莫里斯话语理论中
的重要一节。莫里斯根据符号的4种意指方式（指谓的、评价的、规定
的和形式的）和四种用途（信息、估价、促动和系统）的交叉搭配作
为分类维度，将话语分成16种主要类型，其中的逻辑—数学型话语主
要以卡尔纳普所讨论的数学语言和逻辑语言为对象。这类话语主要满足
分类维度中形式——信息标准。在意指方式上，逻辑—数学话语主要是
形式的和分析性的，而较少具有指谓、评价和规定的意思。在这类话语
中，组成语句的成分符号之间的意指关系表明：满足前件（antecedent）
语句指称的条件因此也满足后件（consequent）语句的指称条件，从而
满足整个复合语句的指称条件。例如，数学语句"3 + 3 = 6"，满足"3
+3"的指称条件也满足"6"的指称条件；再如，逻辑语句"绿色的
东西是有颜色的"，满足前件"绿色的东西"的指称条件必然满足后件
"有颜色"的指称条件。在用途方面，莫里斯认为，逻辑的数学话语的
用途不在于指谓外界的特征或起到估价促动等功能，而主要用来告知解
释者这些形式语句作为自身的地位，这些形式语句在组织和验证知识方
面起到重要作用（Morris，1955：169 – 171）。虽然逻辑话语和数学话
语同被莫里斯看作形式话语，但它们在符号学中的地位不同。莫里斯认
为，数学语言作为符号学的研究对象，不构成符号学学科本体的一部
分，而逻辑分析则由关于对象语言的句子组成，这些句子是分析性的形
式语句，是符号学意义上的元语言，即谈论符号的符号，因而逻辑是符
号学的一部分。

莫里斯关于逻辑和数学之间既相似又区别的观点，与卡尔纳普既把
逻辑和数学看作对象语言，同时又把逻辑看作元语言的观点如出一辙。
其实，莫里斯关于卡尔纳普之于自己建立的符号学科学的贡献是非常清

楚的，他认为，卡尔纳普为符号学语言提出了某些概念，作为数学家，他研究了逻辑—数学话语的一部分，作为逻辑学家，他用这些概念研究了各种对象语言（Morris，1955：183）。

（五）形成规则和转换规则

卡尔纳普逻辑句法学中的主要观点和概念不仅装备了莫里斯语形学和形式话语的理论，还延伸到符号学的其他领域。

卡尔纳普逻辑句法学的核心内容是把语言，特别是人工语言、数理语言看作是一种演算（calculus），科学语言是逻辑形式即逻辑算法，包括形成规则和转换规则。"语言一般指任何种类的演算，也就是一个形成规则和转换规则的系统，这些规则是关于表达式的，即被称作为符号的任何种类要素的有限有序系列。"（Carnap，1937：167 – 168）一门语言的逻辑句法是由形成规则和转换规则构成的体系。演算规则，首先决定一表达式属于某范畴表达式的条件，即决定一门语言中的某些符号出现于某种顺序中，以某种方式组成称作为句子的一个语言表达式，这种演算规则叫形成规则；演算规则，其次决定在什么条件下一个表达式可转换成别的表达式，例如，一个句子由符号以某种方式组成，另一个句子由符号以某种方式组成，决定一个句子从另一个句子演绎出来的规则，便是转换规则。简单地说，形成规则就是关于句子的定义，通过描述在其中出现的符号的类型及顺序，从而决定哪些表达式是句子。符合句法的句子的定义通常以递归的方式给出，即先描述句子的简单形式，再描述初始形式构造出的复合句。形成规则可描述成为：一门语言中的某一表达式，若要成为句子，该表达式须具有以下形式之一：①pr (in)（个体的述谓表达）；②~（S_i）（某句子的否定式）；③（S_i）∨（S_j）（两个句子的析取形式）；④（S_i）·（S_j）（两个句子的和合取形式）；⑤（S_i）⊃（S_j）（蕴含句）；⑥（S_i）≡（S_j）（等值句）。转换规则主要描述语句的证明过程和推导过程。首先制定原始句，即通过列举或规定，某种形式的所有句子被认为是原始句；其次，制定推理规则，推理规则界定直接可推导句子，但有时需要驳斥规则界定直接可反驳句子（Carnap，1937：28）。卡尔纳普的逻辑句法学是建立在逻辑语言和数学语言的规则分析基础上的，然后他用逻辑句法来分析科学语言，他的最终野心是要"建立一般语言句法，也就是说建立一套语形术语定义的系统，这些术语范畴宽广得足以应用到任何一种语言"（Carnap，1939：37）。卡尔纳普的雄心壮志被莫里斯在符号学里实现了。

　　莫里斯将卡尔纳普在数理语言中建构的形成规则和转换规则扩展使用到任何语言，他认为语言是按照这两种规则联系起来的任何一组事物，"形成规则决定一集合中诸成员之间可容许的、独立的联合（这样的联合叫作句子），转换规则决定了能从其他语句推导出的句子。这两种规则加在一起就叫作语形规则。因而，语形学就是考察受语形规则制约的诸符号和符号联合"（Morris，1938a：14）。莫里斯认为，语义学预设了语形学，对于一门语言的特征的描述要求在语形规则之外，还要加上那些支配单个的和联合的符号媒介物的语义规则，这些规则规定一个符号在某些条件下可以应用于某些情况。如符号媒介物本身可看作对象，它之所以能够指称别的对象，完全是因为存在着一些把两组对象对应起来的用法规则，这些用法规则就是语义规则。莫里斯借用卡尔纳普的术语指出，"关于一个符号的应用的语义规则能够用其他的诸符号陈述出来，使得一个术语还原为其他术语成为可能"（Morris，1938a：25）。这样一来，语形学中的形成规则和转换规则在语义学中就成了用法规则，这些规则作为行为习惯而存在着，因此，只有某些符号联合才会在事实中出现，只有某些符号联合才能从其他的符号中推导出来。语形规则和语义规则在语用学中都能找到对应物，因为莫里斯同样认为语用学预设了语形学和语义学。语义规则在语用方面的对应物是解释者在某些情况下使用符号媒介物的习惯和解释者在符号使用时会产生一定预期的习惯。形成规则与转换规则在语用学的对应物为解释者实际应用的符号组合和转换或对应于解释者为控制他人和自己的符号行为而制定的一些符号用法规定。莫里斯的语用学把一个语言结构看成是一个关于行为的系统，符号联合就是判断，当预期得以满足，符号就被证实了（Morris，1938a：32）。这些描述解释者方面诸条件的规则为语用规则。按照莫里斯的观点，任何规则被实际应用时，都是作为一种行为起作用，因此所有规则都含有语用学因素。由此看来，卡尔纳普逻辑句法学的两大支柱——形成规则和转换规则，在莫里斯的语形学、语义学和语用学中得以全面应用和证实。

莫里斯关于卡尔纳普逻辑句法学核心概念的扩展使用是建立在语形学全面接纳逻辑句法学的基础之上的，从而使之成为符号学的组成成分。卡尔纳普在逻辑句法学中提出的一些重要概念在语形学中找到了归宿，后者承认了前者提出的各种符号。例如，卡尔纳普个体常量和变量、述谓常量和变量对应于莫里斯提出的引得（indexical）和描述（characterizing）符号；运算子（operator）对应于类的限定符号（class specifiers）；点、圆括号和方括号都是语言中用来表明符号间关系的工具；卡尔纳普提出的"句子""后承"（consequence）和"分析的"等术语在语形学中被用来指谓某种符号组合和符号关系；句子函数对应于缺少限定符号的符号组合。莫里斯指出，"现代逻辑和数学中所研究的形式化语言清楚地表明了它们自己就是那种用来陈述事物的实际和可能语言的形式结构，每一点都反映了实际使用中的语言的重要特征"（Morris，1938a：21）。因此，按照莫里斯的观点，句法学应从科学领域外推到其他领域，从而使语形学的整个领域得以充分考察。

(六) 符号及语句分类

从以上关于形成规则和转换规则的讨论中可以看出，莫里斯是卡尔纳普句法学规则的践行者。形成规则和转换规则的基础工作是符号分类。在符号分类，特别是形式符号的分类方面，莫里斯也表现出了与卡尔纳普的相似之处。

为了专门研究形式语言，卡尔纳普在逻辑表达与描述表达之间做了区分，换句话说，一门语言的符号、表达式和语句可以分成两类：一类具有纯逻辑或数学意义；另一类指谓逻辑之外的事物，如经验对象、特征等。虽然这一表述不太精确，但卡尔纳普认为所有逻辑—数学术语之间的关系是独立于语言外因素，即独立于经验观察，并且能够由转换规则完全决定，因此，逻辑符号和表达式的独特性在于每个由此符号和表达式建造的语句都是确定的，因而，卡尔纳普认为确立形式表达式和描述表达式之间区别的形式手段是可以得到的（Carnap，1939：177 - 178）。由此，他相应地区别了表达逻辑—数学特征关系的逻辑符号、逻辑述谓（predicate）与逻辑函子（functor），和表达经验特征或关系的描述符号、描述述谓与描述函子，从而重点研究属于形式范畴纯句法学的前者。在逻辑符号及表达式分类方面，卡尔纳普曾将其分为五种：（1）11 个单个符号：（、）、，、$^{|}$、～、∨、·、⊃、＝、∃ 和 K 等；（2）变量：u，v，……；（3）常量数字：0，1，2，……；（4）述谓：P，Q，R，……；（5）函子：如 sum 等（Carnap，1937：16）。后来卡尔纳普又按照符号出现于其中的不同演算结构，大体上区分为两类：（1）命题演算，如 ～、∨、≡、＞等，这一类起联结作用；（2）函数演算：全称函数（X）（…X…），存在函数（∃X）（…X…），入函数等符号。在语句方面，卡尔纳普认为，"每个逻辑语句都是可确定的（determinate），每一个不可确定的语句都是描述的"（Carnap，1937：179）。描

述语句按形式逻辑标准本身是不可确定的，其正确与否的确定需要依赖于语言外的经验事实，这一类语句被卡尔纳普命名为综合句（synthetic），这类语句不是他的研究重点，他的兴趣在于依靠逻辑本身就能判断其是否有效的语句，这类语句可称作逻辑上可确定句，其结果有两种：逻辑有效句和逻辑无效句，被卡尔纳普分别命名为分析句（analytic）和矛盾句（contradiction）。通过以上的语句分类，卡尔纳普能够更容易地找出各种语形规则。

卡尔纳普以上关于符号和语句的分类被莫里斯扩展应用到其语形学和符号学中。相应于卡尔纳普在逻辑符号和描述符号之间的区分，莫里斯做出了形式符号（formator）和实义符号（lexicators）的区别。实义符号包括识别符号（indentifior）、指谓符号（designator）、评价符号（appraisor）和规定符号（prescriptor）。形式符号与实义符号不同，它不是去描述、评价或规定某物，而是意指某被意指情景中的可选择性（alternatives）。莫里斯从行为主义角度解释道，形式符号使解释者以确定的方式改变其出现于其中的其他符号所带来的反应倾向（Morris，1955：158）。按照形式符号对于其联合的符号的解释项所产生的影响，莫里斯做出了与卡尔纳普的分类既相似又不同的形式符号分类：（1）限定符号，指限定特定符号组合中一个一般符号解释项范畴的符号，包括卡尔纳普所说的全称函数、存在函数、入函数以及所有数字常量，具体的例子如："all dogs""some cats"中的"all""some"；（2）联结符号，指在特定符号组合中，在其他符号的解释项之间建立具体联系的形式符号，这一类符号包括卡尔纳普的命题演算类符号和其他一些联结符号，如逗号、括号、判断、"和""或""蕴含"等；（3）语气符号，指建立符号组合的意指方式的符号，如指谓的、评价的、规定的等。由于莫里斯使语形学扩展到所有符号，不局限于数理语言，所以他的第三类符号显示了莫里斯的创新性，这类符号的例子有语音语调、标点符号等。在语句区别方面，莫里斯同样以行为主义为基础，更近地走向了卡尔纳普。莫里斯首先区分了形式语句和实义语句（lexicative ascriptor），又分别称作为逻辑语句和事实语句，大约对应于卡尔纳普所说的逻辑语句和描述语句、逻辑确定句和逻辑不确定句。他完全借用了卡尔纳普的关于综合句、分析句以及矛盾句的划分方法。在莫里斯看来，分析句是指前件语句的指称是后件语句和整个语句指称成立的充分条件的形式语句，模式为 A∨–A。如"食物要么在甲地，要么不在甲地"，前件句的指称足以确定后件句的指称，两句之间存在着蕴含关系，如果其中一个语句被阻止产生外在的行为解释项，这一情况足以为另一个语句产生明确的行为解释项提供条件，从而使整个语句成立。矛盾语句则指如果前件语句指称成立而整个语句指称不成立的形式语句，模式为 A·–A。既不是分析句，又不是矛盾句的实义语句为综合句。

关于综合句与分析句之间的区别，卡尔纳普坚定地从形式的和逻辑的角度捍卫这一区别（Carnap，1952：65–73），而莫里斯则从行为主义语用学角度采取了灵活的态度，他认为这一区别反应了能否在形式话语和实义话语之间做出严格区分的可能性，这一区别不能仅仅参照语形学或语义学标准，还要参照语用学考虑。要想决定一语句是分析句还是综合句，例如"所有乌鸦是黑的"，这牵涉到特定符号解释者的符号结构和反应倾向。如果某解释者在某时对"乌鸦"的所有指称物都以"黑色的"来做出反应，即当时该解释者的知识结构表明所有乌鸦都是黑的，否则，他就不会称之为乌鸦，那么此时该语句就是分析句，否则就不是分析句，而是综合句（Morris，1964：46）。莫里斯的这一判别标准是语用学的，考虑到符号使用者的知识结构，因而也是动态的。

（七）伪事物语句

尽管判别标准存在细微差别，但这一术语区别反映了两人区分符号学研究对象，弄清一些易混淆概念的同样心愿。其实，综合句与分析句处于符号学研究的两种语言层次上，首先是作为我们研究对象的语言——我们称之为对象语言（object language）；其次是我们用来谈论对象语言语形形式的语言——我们称之为句法语言（syntax language）（Carnap，1937：4）。前者是描述句法学的范畴，后者是纯句法学的范畴。这一对区分，正如上文指出的，已被莫里斯相应地扩展成为描述符号学及其分支和纯符号学及其分支。

句法语言作为描述对象语言的语言又叫元语言。对象语言包括对象语句，句法语言包括语形语句。对象语句是描述外界对象的某些语句，与事实语句、综合句相当，而语形语句只关注语言的结构，即关注语言的形式结构，又可称作形式语句和分析句。对象语句的例子如："狮子是哺乳动物"；语形语句的例子如："'A·~A'是个矛盾句"。卡尔纳普之所以区分这两种语句，是因为他要区别具体科学语言和哲学语言，区别对象问题和逻辑问题，防止一些假问题误导哲学家，使他们陷入形而上学的泥潭。卡尔纳普发现在对象句和语形句之间，存在着一些中间状态的语句，这些语句的表述方式似乎显示，它们是指称对象的，而事实上它们指称的是语形形式，具体地说指称它们表面上处理的那些对象的指谓形式，"因此这些语句按照其内容看是语形语句，虽然它们被伪装成对象语句，我们称之为伪对象语句（pseudo - object - sentence）"（Carnap，1937：285）。这些伪对象语句的语形特征可以用语形语句的形式清楚地表现出来，因此这些伪对象语句又被卡尔纳普称作为准语形语句（quasi - syntactical sentences）。卡尔纳普举例说，/ Babylon was treated of in yesterday's lecture. /（昨天的讲座论及巴比伦），这是一个伪对象语句，又是准语形语句，它可以用语形语句的形式转述为 The word "Babylon" occurred in yesterday's lecture. （"巴比伦"这个词出现在昨天的讲座中）。卡尔纳普认为，通过这样的转述，哲学论述中的一些假问题就得以排除。

在卡尔纳普看来，伪对象语句或准语形语句遮蔽了一些哲学语言论述的本质。莫里斯认同卡尔纳普的看法，并把这一观点扩展应用到符号学领域，以期弄清一些被遮蔽的符号学问题。为了更加明确对象语句所描述的对象为非符号的事物，莫里斯把卡尔纳普的"对象语句"换成了"事物语句"（thing‐sentence），但所指意思基本不变。莫里斯承认，卡尔纳普的逻辑句法学对符号学组成分支——语形学，甚至语义学和语用学都产生了重要影响，他说，"作为一个说明，让我们用'事物语句'来指称其所指谓中不包含符号的语句。这样的句子是关于事物的，而且可以被符号学研究……现在，卡尔纳普已经弄清了这样的事实：有些语句表面上是事物语句，看起来是关于那些不是符号的对象的，但经过分析却发现是伪事物语句，必须被解释为关于语言的语形学陈述"（Morris，1938a：15）。莫里斯在语形学、语义学和语用学之间做了类推，认为，类似于准语形学语句，就有相应的准语义学语句和准语用学语句，这两种语句看起来也像是事物语句，但必须分别用符号和所指谓之间的关系及符号和解释者之间的关系来加以解释。

谈到符号与其所指谓的对象之间的关系，就预设了语形语句和事物语句，因为这样的关系既要涉及符号，又要指称对象，因而语义学预设了语形学的存在。"所指谓"本身是个符号学术语，而关于某个所指谓对象是否存在的问题则超出了符号学范围。语义学只关注一个符号被用于指称某个对象的用法上的语义规则，并不关心所指对象是否真正存在。莫里斯认为，"没能把符号学的陈述和事物语句区别开来已导致很多伪事物语句"（Morris，1938a：26）。他举了这样一个例句：既然"当我们思考时，我们必须想到某物"，因此在存在界之外，另外还存在着一个与存在界具有同样地位的"潜存界"。莫里斯认为这句话是一个准语义学语句，是个伪事物句，因为这句话以物理学的谈论方式谈论

"潜存界"的存在；其实，该句话是语义语句的含糊形式，即在这样的句子中，对于每个指示某物的符号，我们都能表述出一条关于用法的语义规则，这条规则表明应用该符号的条件。这句话在语义学范围中分析是正确的，但并不意味着每个符号的所指称对象是存在的，甚至存在着潜在的对象。在莫里斯看来，在一个给定的话语中，各种符号的所指谓并不是位于同一层次上的，有的符号的所指谓必须在符号层面，而不是在事物语言层面去寻找。

正如语形语句和语义语句有时以谈论非语言对象的事物语句形式将自己伪装起来一样，语用语句也会采取同样的伪装形式，因而成为伪事物语句的形式之一——准语用语句。例如，在明显说谎的事例中，符号被赋予语形或语义陈述的特点，使得这些语句看起来有理有据。而事实上却并非如此。由于语用维度预设了语形维度和语义维度，因此，伪装也可能发生在语用学本身的范畴内。例如，侵略行动常用一个目的掩盖另一个目的，其宣称的目的常常不是真正的目的。莫里斯举例分析认为，"实用主义坚持真理的、语用的和实用的方面，但若把该理论误解为真理只有语用的与实用的方面的观点，则有趣地表明了科学分析的成果是怎么被歪曲，从而使人相信准语用学的陈述"（Morris，1938a：41）。当然属于准语用学类型的伪事物句并不一定是故意地使用符号去欺骗别人，有时是无意识的自我欺骗。如一个哲学家为了一个健全的理论体系，在极其有限的经验基础之上建构出一个一套复杂的符号系统，给人的印象是，甚至哲学家本人也坚信不疑，该系统是指谓这个世界的，好像比科学更高级。之所以产生这样的误用，与上文所分析的分析语句和综合语句之间的混淆是分不开的。

（八）其他方面

卡尔纳普的理论对莫里斯的符号学的影响是深远而广泛的，大到学科界定，小到一些基本概念的界定和符号分类。莫里斯关于符号媒介物（sign – vehicle）和符号簇（sign – family）的界定明显受到卡尔纳普关于符号事件（sign – event）和符号类型（sign – design）的界定的影响。符号事件指一单个物体或事件，如"这句话中有两个字's'字母，第二个's'表明复数词尾"，这里的"s"是单个的事物，由油墨或声音组成，在特定的时间片段中占据一定的空间，因此被称作符号事件。符号类型指许多物体所属的类别，如字母"s"在英语中很多情况下被用作复数标志，这里的"s"指向一类事物，不是单个物体，因而被称作符号类型，卡尔纳普主要以符号类型为研究对象（Carnap，1942：5 – 8）。对应于符号事件，莫里斯将符号媒介物定义为一个特定的被用作符号的物理事件，比如一给定的声音、标志或运动；对应于符号类型，莫里斯将符号族界定为一套相似的符号媒介物，它们对于特定解释者具有相同的意指（Morris，1955：20）。二人的不同之处在于，前者主要从语形功能角度考察，而后者则突出了语用及行为主义因素。

　　在谈论用符号学改选传统的语言学时，莫里斯认为，词的分类可以有效地借用卡尔纳普关于同类（isogenous）的概念来进行。在卡尔纳普看来，在一包含表达式 u_1 的语句 S_1 中，如用表达式 u_2 来替换 u_1，若该语句仍然为一语句，则表达式 u_1 和 u_2 在句法上是相关的；对于语句 S_1，若用表达式 u_2 替换表达式 u_1 和用表达式 u_1 替换表达式 u_2，该语句仍然为语句的话，则这两个相关的表达式 u_1 和 u_2 被称作同类。如果一个表达式集合 R_1 中的每两个表达式都是同类的，且 R_1 中没有表达式与不属于 R_1 的表达式同类，则该表达式集合 R_1，是一个类（genus）（Carnap，1937：169 – 170）。相应地，莫里斯指出，当一语句中的一个符号被另一符号替换时，若该语句仍为一语句，则这两个符号是同类的。若一组符号互相同类，但与该类之外的符号不同类，则该组符号组成一个符号类（sign genus）。"因此，通过同类的概念，我们可以获得将语言符号分成相互排除类别的分类法"（Morris，1955：280）。作为符号学家的莫里斯在此只指明了工作方向，认为这项具体工作应交给语言学家去处理。

同样，在语句真实性和可靠性方面，莫里斯也从卡尔纳普的观点中得到启迪。卡尔纳普曾就概率（probability）问题提出两种概念，有时概率与证实程度（degree of confirmation）同义，有时与相对频率（relative frequency）同义（Carnap，1945：513 – 532）。这两个概念在莫里斯符号学中衍生出的相应术语是语句的真实性（truth）和可靠性（reliability）。如果一语句中被定位的东西，被语句中主导的指谓的、评价的或规定的符号所指称，则该语句被称为有所指称的，即 T – 语句，该语句具有真实性。在莫里斯常举的狗与蜂鸣器的例子中，如果在所定位的时空，存在被意指的食物，则蜂鸣器的声音是有所指称的，具有真实性。如果一个符号或语句在其所出现的不同场合中有所指称，则该符号或语句是可靠的。例如，在蜂鸣器发出声音的 100 次中，有 80 次狗找到了食物，那么蜂鸣器的声音就是 80% 可靠的。真实性和可靠性是两个独立的概念，因为它们赖以成立的证据不同，真实性所需的论据是特定语句有所指称，而可靠性所需的证据是与特定语句相似的语句有所指称。这样莫里斯就用符号学的术语证实了卡尔纳普关于概率的两个概念的区别，他说，"在证实程度这个意义下的'概率'，在我们的术语中就是语句真实性的证据程度，而由频率理论发展出的概率则给出了语句可靠性的证据的程度"（Morris，1955：110）。简单地说，符号或语句的可靠性就是一个给定符号族中符号指称的频率，而符号或语句的真实性就是给定符号或语句有所指称所需满足的语义条件。这样，可靠性和真实性的区别很容易说明了关于频率理论问题与证实程度问题的区别。

总之，卡尔纳普开创的逻辑句法学对于莫里斯的语形学甚至整个符号学产生了重要影响。虽然卡尔纳普并未为符号学提供一个全面的研究框架，但是他在科学符号、数学符号和逻辑符号等领域中的形式研究所达到的深邃的洞察力使莫里斯受益匪浅，然而美中不足的是他对于评价符号、规定符号等非数理符号的研究见之很少，而这一点却为莫里斯将各种类符号全面整合进符号学留下了巨大的空间。

十八、架起联结能指和所指的桥梁

能指和所指复合体是符号意指和传达的基石，为了进一步证明能指和所指的紧密联系特性，本章以费尔默提出的格语法为例，重点解剖意指和传达符号所指的能指组织结构。对于由美国语言学家费尔默提出的格语法，研究多从语言学科分类和历史角度进行，从而把它看作是语言意义研究的一个分支，是对乔姆斯基转换生成语法的贡献。然而，从语言符号能指和所指的共时关系来看，格语法实际上在能指和所指之间架起了一座桥梁，在为复杂的句法现象寻找语义动因，整合了句法学与语义学。同时，这一视角也让我们看清格语法在连接语言符号表达与内容的征途上要走的路还很长。

（一）格语法概述

格语法（casegrammar）是由美国语言学家费尔默（C. J. Fillmore）创立的，其主要观点体现在他写的 5 篇论文中，分别是《迈向现代格理论》（*Towards a Modern Theory of Case*）（1966），《格的问题》（*The Case for Case*）（1968），《格语法的一些问题》（*Some Problems for Case Grammer*）（1971），《词汇语义学中的论题》（*Topics in Lexical Semantics*）（1977），《再论格的问题》（*The Case for Case Reopened*）（1977）。其中，《格的问题》这篇论文的发表，被语言学界公认为是格

语法正式提出的标志，因为这篇论文基本奠定了格语法的主要模式，后期的论文都是以这篇论文为基础而展开讨论的。

费尔默把小句当作格语法的试验场，认为句子的基础结构（basic structure）包括两大成分：情态（modality）和命题（proposition），可简写成第一条基础规则：S→M + P；命题由一个动词和一个或多个格范畴（case categories）组成，简写成第二条基础规则 P→V + C1 + … + Cn。费尔默认为格概念是人类思维中普遍存在的内在的概念，有助于人们对身边的事件做出判断（刘润涛，1988：410）。不同的格标记（Kasus）不同，表现为不同的介词，此为第三条基础规则：C→K + NP。规定了格语法的基础规则之后，费尔默竭力要列出一个完整的格的清单（Fillmore，1968：1-88），且以后在不断地完善格的清单。由于前后措辞不同，且多有取舍，所以不同时期提出的格清单不同，有人曾对此做过详细的比较研究（杨成凯，1986：37-41），本章以 1968 模式为主，其他模式为补充，将主要格类型做简要归纳。

①施事格（Agentive 或 Agent），是动词行为的发出者，具有生命性，用 by 标记。如 "Peter smashed the glass with a hammer."。

②工具格（Instrumental 或 Instrument），是某种无生命的力量或物体，它常常是动作或状态的起因，用 with 标记。如 "The hammer smashed the glass."。

③与格（Dative 或 Experiencer），是动作或状态影响到的生物，用 to 标记。如 "John likes dancing."。

④使成格（Factitive，后期叫作 Goal、Range，或 Result），是动作或状态产生的事或物，可理解成动词本身意义的一部分，零介词标记。如 "He wrote a novel."。

⑤方位格（Locative 或 Place），是动作或状态所处的方位或处所，根据特定的动词或名词选用介词。如 "It is hot in Nanjing in summer."。

⑥客体格（Objective，或 Object 或 Patient），是动作或状态影响的事物，零介词标记。如"He picked some roses in his garden."。

⑦受益格（Benefactive），是动作的受益者或受害者，有生命，用 for 标记。如"He made a doll for his daughter."。

⑧源格（Source），是动作发出的起点、发源地或起始时间，用 from 标记。如"Janemoved from Nanjing to Beijing."。

以上列举的仅是主要格类型，费尔默还提到另外一些格，但未做详细解释，如时间格（Time）、路径格（Path）、伴随格（Comitative）、永存/转变格（Essive/Translative）等，这些范畴与深层格概念关系不大。

这些格的概念并非对应于一门语言表层结构中的主语、宾语等关系（刘润清，1988：411），而是语言基础结构中的构建要素。一小句中基础结构中格的阵列（array）决定了谓语动词的选择，此为格框架理论。例如动词 run 可插入格框架 + ［____ A］，remove 和 open 可以插入格框架 + ［____ O A］。分析句中格的关系，就可以得出小句动词的格框架。

如，Mary put the suitcase under the bed.

（A）　　　　　（O）　　　　　（L）

（句中 A 代表施事格，O 代表客体格，L 代表方位格）。

所以，put 的格框架为 + ［____ AOL］。费尔默认为格框架会影响到动词的分类，如 open、turn、move、rotate 和 bend 属于一类动词，因为它们的格框架相似，表达为 + ［____ O（I）（A）］（刘润清，1988：413），其中 O 为必选格，I、A 为可选格。

关于格与格之间的关系，费尔默提出了一格一用法则，规定，一个格框架至少包含一个格，同一格在同一小句中只出现一次，且格与词汇语义特征对于主语选择有限制（Fillmore，1968：24）。表层结构的主语对基础结构中格的选择，遵守以下顺序规则：

施事格 > 工具格 > 客体格

当句子中有施事格时，一般以施事格为表层结构主语；否则，如果有工具格，工具格就充当主语；否则，如既无施事格，又无工具格，主语就由客体格来担任。（刘润清，1988：417）。

（二）格语法的贡献与功用

格语法是针对乔姆斯基的转换生成语法（T. G. Grammar）理论不足而提出的。乔姆斯基的"第一理论模式时期的《句法结构》一书被指出没有摆脱结构主义的一些理论思想，不关注语义问题"（王静，2009：294）。虽然乔姆斯基授受凯茨与波斯特等学者的建议，在1956年出版的《语法理论的各方面》中增加了选择限制规则，但其生成转换规则仍然不够深入。作为乔姆斯基的学生，费尔默力图纠正老师过分关注形式的做法，提出格语法来弥补生成语法中语义论述不足问题。

众所周知，乔姆斯基认为语言结构分为深层结构（deep structure）和表层结构（surface structure），深层结构的获得借助于生成规则，而表层结构的实现依赖于转换规则。不管是在哪个层次上，乔姆斯基的表述方法都离不开范畴概念，即名词词组（NP）、动词词组（VP）、介词词组（PP），这些范畴的使用说明乔姆斯基的理论基本上停留在语言的能指层面上。尽管"乔氏在《语法理论的各方面》中提出了两种概念：关系概念和范畴概念"（刘润清，2006：191），但其关系概念仅指诸如主语、谓语、宾语等语法功能概念，仍然属于语方的表达层面。

况且，这些语法概念在各种语言中并非"放之四海而皆准"的，所以乔姆斯基对于关系概念和语义问题的认识深度仍然不够。名词词组、动词词组、主语、宾语等概念的使用，表明转换生成语法的关注重心还停留在语言符号的能指层面。费尔默在继承老师理论框架和精密的分析法基础上，比老师走得更远，他试图探讨深层结构背后的语义结构——基础结构（base structures），包括格语法。其实格语法不是形式层面的研究，而且语义所指层面的语义研究。正是格语法架起了能指和所指研究之间的桥梁。

在继承其老师高度形式化的研究方法的基础上，费尔默认为真正深层结构应是格关系，纠正了老师的以表达形式研究为主，以表达内容研究为辅的做法，建立了以所指内容为中心，并由此通向表层能指的研究范畴。

根据费尔默的观点，在小句的生成过程中，格关系是它的基础结构，经过生成规则，格被赋予各种句法角色，最后经过转换规则浮现为句子的表层结构。每个句子的表象是格角色和语法关系两个平面共同交织的结果，格关系的分析有助发掘句法现象背后的语义动因。

格语法对语义的重点关注促使乔姆斯基对 TG 理论做了修订，从而产生了 TG 的扩充式标准理论。另一方面格语法在人工智能、人机对话方面，提高了机器的智能程度。（朱琼，2008：160）例如，基于格语法的机器翻译属于基于规则的树结构转换法：首先分析出源语中的格关系及其深层结构，其次将其转换成目标语中的深层等价结构，最后转换成目标语的表层结构。格语法影响在语言教学、翻译、编程工程等领域中的影响也不可小觑。例如，英国著名翻译家皮特·纽马克（Peter Newmark）把费尔默的格语法理论运用于翻译理论中，提出了语义与交际翻译理论；我国的"八五"国家重点科研项目，中文信息处理应用平台，选择格语法等理论作为组合型语义分析的理论框架。（翟明女，2008：34）

当然格语法的最直接影响还是体现在语言研究领域，语言学家 D. M. Perlmetter 和 P. M. Postel 根据格语法原理创立了关系语法；Chafe 参考格语法，着重探讨结构与语义之间的关系，形成了切夫语法；Givon（1990）的语义角色理论、Gruber（1976）和 Jackendoff（1972）的题元关系理论、Dowty（1986；1989，199）等人的题无角色理论无不受到格语法的影响。

格语法连接了能指层面和所指层面，因此有助于解释语义学和语法学的界面问题，具体地说，有助于分析深层语义格和其支撑的语法之间的关系。费尔默认为，深层语义格对句子表层主语的选择是有规律的，在语义格的一些组合中，主语是不需要选择的，主语由动词的意思唯一确定；在大多数组合中，主语的确定遵循无标选择原则，次序如下：若有施事格，则施事格成为主语；否则，若有工具格，则工具格成为主语；再否则，主语选择客体格担当。选择顺序为：施事格 > 工具格 > 客体格。从左向右，充当表层结构中主语的可能性在递减。

这是费尔默提出的著名的格等级理论。这一理论被 Dowty 改进后更具解释力（Dowty，1991：578）。完善后的格等级为：施动格 > 与格 > 工具格 > 宾格 > 方位格。如下面三句话：

a. Captain Nemo sank the ship with a torpedo.

b. The torpedo sank the ship.

c. The ship sank.

在 a 句中，Captain Nemo 代表的施事格具备主观故意性、促成性和移动性，因此按主语选择规则，理所当然被选入主语位置。在 b 句中，the torpedo 代表的工具格具有促成性和移动性，因此在具有更强故意性的施事格缺席的情况下，就被选作主语；在 c 句中，the ship 仅具移动性，在施事格和工具格缺席的前提下，足以充当主语。

深层格的范畴是分析语义与句法结构之间联系的解释工具。其实，在分析深层语义格与主语选择规则时，我们已能得出结论，格范畴与句中动词的意思是紧密联系的。所以格语法的第二大功用是描述动词类别，进而说明动词的深层格框架在表层句法中的表现。

如 open，turn，move，rotate 和 bend 等被看作是同类词，因为它们拥有相同的格框架特征 + ［＿＿ O（I）（A）］。在句法表现上都能胜任以下句子结构：

a. 客体格 + 动词

b. 施事格 + 动词 + 客体格

c. 工具格 + 动词 + 客体格

d. 施事格 + 动词 + 客体格 + 工具格

按照深层语义格将动词归类，有功于预测每个动词将经历的语法过程，有助于描述动词谓价（argument）结构的改变，如，bang、bash、knock、pound、rap、tap、whack 等属于同一类动词。（Saeed，2000：154）它们相同的格框架为 + ［＿＿ AIL］，他们的表层语法表现为两种句型：

a. 施事格 + 动词 + 工具格 + 方位格

b. 施事格 + 动词 + 方位格 + 工具格

例句：

a. He banged the broom – handle on the ceiling.

b. He banged the ceiling with the broom – handle.

从以上例子可以看出，动词的语法表现不仅取决于深层语义格框架所包含的格的要素，还取决于相关格的语义分布，如有些动词的本身意义内在规定了其表层结构中的主语充当者。这也是进一步区别具有相似格框架动词及解释其不同句法表现的依据，如 like 和 please 的格框架为 + ［＿ ＿ O＋D］，但它们的区别之处在于主语选择特征不同（刘润清，1988：415）。英语中，与 like 和 please 同属心理类别的动词很多，它们都具有相同的格框架 + ［＿ O＋D］，但每个动词的内在意义都规定了表层结构中的主语由不同的格来支配，由此，心理类动词可以细分为两类：第一类有 like、love、enjoy、admire、relish、savour、fear 等；第二类有 please、amuse、interest、entertain、surprise、thrill、frighten 等。对于包含第一类动词的句子，通常是与格（D）浮现为表层结构主语；而第二类心理动词所在的句子通常将客体格（O）转换成主语。于是英语中就会说"Tom enjoyed the film ."和"The film amused Tom."。

由此看来，建立在动词格框架基础上的格语法能"用不同的格来表示动词与指称词语的关系，并且将这些关系以框架的形式表现出来，这种分析清晰明了，易于理解，又能使人从中更好地理解动词的用法，进而正确理解句子的意义"（李曼珏，1991：17）。

格语法中格等级表是关于深层语义格的清单，每个格在表层结构中体现为属于范畴概念的名词词组（NP），同时在句子组合段中体现为属于关系概念的主语或宾语等。而格框架的提出则紧紧围绕动词这个中心，"动词作为一个词汇项，由格框架来标记。动词根据格框架将格分配给相应的名词短语"（程琪龙，1995：18）。格语法不是通常意义上的语言符号能指层面上的组合规律，而是一种属于深层所指层面上的语义模式，即对所指世界的切分。作为一种语义研究，格语法有效地利用语义成分分析法，即将某个语义格看成是由几个必不可少的意义成分组成，如在分析一个指称词语是否能代表"施事格"时，就要检查它是否具有［＋意图性］、［＋知觉性］、［＋致使性］和［＋移动性］等义素。如果没有，即使该词处于表层结构的主语位置也不能成为"施事格"。同样道理，动词的意义成分的分析则包含了作为格框架组成要素的各个语义格，动词表示的动作与各个格的深层关系是固定的，虽然指称词语在表层结构中位置不同。格语法力图打通从意义到表达的通道。

费尔默认为，格确定了实体在表述（predication）之中的作用，人类语言有通用的格表。格的层级表和格框架支配着一些句法过程，例如关于表层主语的选择问题。深层的语义格与主语化、宾语化及格和动词的语义要素等各种信息综合决定了某门语言表层结构中的表层格形式，是通过词形变化实现，还是通过词序前置词、后置词或其他句法功能标志来实现。（Fillmore，1968：23 - 33）。格语法试图分析人们大脑中关于实体和行为之间关系的普遍性思维方式，切割人们的语义世界。而对语义世界的切割方式不可避免地体现在语言的组织平面上，这个平面上词汇结构和句子组织中的普遍性质折射出深层格中的语义动因，从这个意义上说，格语法架起了语言符号所指和能指之间的一座桥梁。

（三）格语法的局限性

格语法用深层语义格解释句法现象，是语言研究的一项创新性尝试，"然而确定一张完整的格清单却是头等难题"（杨成凯，1986：38）。费尔默的关于格名称及数量的描述在先后的几篇文章中都有差别，未见其开列出明确而完整的格清单，往往是数目不同名称有别。而且总在一些主要格列举之后说，"另外的一些格肯定是需要的"（刘润清，1988：411），然后语焉不详。我们不能苛求 Fillmore 做到尽善尽美，因为他所开拓的语义世界本来就是一片混沌的世界，现代语言学之父索绪尔（Saussure）在论述语言符号任意性原则时指出，在能指与所指结合之前，概念世界是一片模糊的星云。对这片模糊所指世界的切割与界定并不像对具有音响形象的能指世界的切割那么容易，因为属于后者的音素数量是有限的，而属于所指世界的语义领域则包含了世界上丰富多彩的万事万物，我们怎么能够期待费尔默仅用 10 个左右的格范畴去清晰而彻底地指称成千上万的实体呢？所以格清单不可避免地会出现不完整性缺陷，且不同格之间会再现模糊交差领域，导致格的界定和格与格之间的区别有时变得很困难。例如在 1968 年发表的论文中，费尔默将客体格（Objective）和与格（Dative）看作是两个独立的格，而在1971 的文章中又将与格一分三，分别归入体验格（Experiencer）、主体格（Object）和终点格（Goal）。有时语义世界的复杂性使费尔默无法驾驭，如"John resembled his uncle."动词后面的主语描述主语的特征，但很难确定它体现了费尔默已列举的主要格类型中的哪一个。费尔默在 1968 模式中牵强地用 essive 这一个术语（Fillmore，1968：84），但后来他将此看作是一个悬而未决的问题（Fillmore，1969：375）。

单个格的界定也不是泾渭分明的。上文讲到，格语法在界定单个格的时候，需要分析它的语义要素，如判断一个名词的指称实体是否是施事格时，就要看是否具有 [＋有生命的]、[＋意图性] 等义素，所以，根据施事格的定义，句子动作的执行者必须是有意发出该行为，但在实际生活中，有些行为很难判断是有意的，还是无意的。如 "Peter sneezed."，打喷嚏的行为很难说是 Peter 有意的，还是无意的行为。所以，格的确定标准并不是很明确的。再如，费尔默定义受益格（Benefactive）必须具备两个条件：（1）是有生命的人或物；（2）是句中动作的受益者或受害者。但这一简单的定义引起了语法学家的颇多争议，如：The president granted the prize to Alice. 这句中的 Alice 所代表的实体被有些语法家看作是与格（Dative）或终点格（Goal）。

相关的困难也出现在动词的格框架问题上，"因为要准确地确定动词与指称词语在句中的关系就不是件容易的事，很多问题仍无定论"（李曼珏，1991：17）。所谓格框架是费尔默从句子中总结出来的动词的格环境，他认为格阵列决定动词的插入，也决定动词的分类。一方面格框架是由动词位置格环境组成；另一方面格框架决定格及动词的选择。这种提法多少有点循环论证的嫌疑。格框架虽然能表明动词与格在深层结构中的关系，但格框架中格的排列方式无法体现哪个格被选作了表层结构的主语。如 please 和 like 这两个动词的格框架都可表现为：＋[＿＿ OD]；二者的表层区别在于：please 通常选客体（O）作表层主语，而 like 却选与格（D）作表层主语。由此看来，格框架中的格排列具有一定的随意性，并不能十分清晰表明表层结构中的差别。格框架存在的问题同时引起主语化问题和同类动词的细微差别问题。

在主语化问题上，费尔默提出了格等级论，即在动词语态不变的情况下，若施事格存在，则它为主语；否则，若工具格存在，则工具格为主语；再否则，客体格作主语。这一表述认为，在主语化时，选择深层结构中的某一语义格作表层结构的主语，是由动词格框架中某一或另一格功能的存在与否决定的。如在"A hammer broke the window."中，之所以工具格 hammer 作主语，是因为施事格的缺席。在"The ruler bends easily."中，之所以客体格 the ruler 充当主语，是因为施事格和工具格的缺席。但仔细想一下，我们也可以把这一决定过程颠倒过来描述，即客体格的主语化决定了施事格和工具格的缺席，如"The door opened."；工具格的主语化致使施事格缺席，如"The key opened the door."；而当施事格作主语时，则工具格和客体也可出现在表层结构中，但工具格也可省略，如"Mary opened the window（with a chisel）."。Fillmore 提出的格等级决定主语化的过程实际上是一种优选论，把施事格放在优先的位置，体现了一种人本沙文主义世界观；而我们提出的假设则体现了机会均等、先到先得的原则，因为客观世界是多样的，不同事物都能登上舞台中心，此时包括人在内的其他事物则不得不被边缘化，甚至被消解。假如上述两种观点都有点道理的话，若二者合一则构成了循环论证。至此，我们必须回到语言与人的关系本质上来——语言是人特有的，所以某一功能格是否会浮现为表层格的主语，不是以语言本身格框架中某一格是否出现为准则，而主要由说话人的说话视角、意图突出某一格功能的需要而确定的，因为人才是语言的主人。其实 Fillmore 在后期文章中试图用基于说话者意图和语篇需要的前景显突说来解释主语化问题，可惜的是"Fillmore 没能充分发展这一部分学说"（程琪龙，1995：20）。所以说，格等级论充其量是一种主观假设，格语法是主观建构的结果，有人甚至认为，"把它作为解释由深层结构转换为表层结构时选定主语的客观规则是无效的"（廖雅章，56）。

虽然格框架能从大类上给动词分类，同类动词之间的差别却很难由格框架和格语法分析出来。例如，touch、rub、squeeze、smash 用在以下四个句型中时，格框架相同，都为 + ［＿＿ A + O + I］：

 a. Henry touched the lamp with his finger.

 b. Alison rubbed the cricket ball with dirt.

 c. John squeezed the rubber duck in his hands.

 d. Tom smashed the ice cube with his heal.

这几个小句的格框架虽然相似，且据此我们可以把这四个动词归为一类，但客体格所受的影响程度不同，由此产生的差别无法在格语法中得到充分描述。a. 句中 touch 的动作可能对客体格几乎不造成影响；b. 句中，rub 的行为可能使客体的表面受影响；c. 句中，squeeze 对客体造成了暂时性的形状改变；d. 句中，smash 完全摧毁了客体的物理整体性。据此，语义学家 Saeed 对格标签做出了质疑：客体所受影响的不同程度会减弱客体格标签的用途吗？（Saeed，2000：150）毫无疑问，格语法对于动词之间的细微差别是无能为力的。

另外，由于格语法关注重心在句子的基础结构，主要分析句子的命题内容，基本上属于言语行为中的言中行为（locution），是语言符号的初级意指过程，而语言符号的高级意指过程，如：充斥日常语言的拟人、隐喻等手段则被格语法所回避。设想一下，拟人、隐喻问题的介入将给语义格和格框架理论带来巨大挑战。如，在"汽车愤怒地斥骂椅子"中，施事格的概念将经历巨大的改变。

不管怎么说，费尔默的格语法是一种语义模式建构的尝试，为探索能指世界表面现象背后的深层语义动因迈出了开拓性的一步。

十九、符号学视野观照下的俄国形式主义

作为俄国符号学思想的源头，俄国形式主义同样在符号的能指和所指之间、传达和意指之间、形式和内容之间、习俗与创新之间、共时与历时之间纠结前行。20世纪20年代，苏联文艺理论界出现了不同的批评理论。其中，社会主义现实主义理论占据了半壁江山，得到中国理论界的推崇，国内学者往往"忽视或否定另一半以俄国形式主义为代表的批评理论。但是这被'淹没'的一半无论在批评理论，还是在批评实践上，都比另一半有着更加深远的影响"（张杰，2007：190－191）。从符号学角度来审视俄国形式主义，我们可以更加清晰地看出其理论意义。俄国形式主义运动产生了一大批具有世界范围影响力的著名学者，其中最能体现形式主义与符号学理论之间渊源关系的莫过于雅可布逊。雅可布逊是早期"社会诗语言研究组织（OPOJAZ）"的成员，他最初移民到捷克斯洛伐克的布拉格，在这里，他加入一个布拉格语言学组织。从各方面讲，该组织成为后来结构主义的源头。后来他移居巴黎，和列维－斯特劳斯相识，后者影响了他。最后他移居美国，他的文章《语言学与诗学》进一步表明，俄国形式主义著作和索绪尔的奠基性作品《普通语言学教程》相结合所产生的重要影响，即对后来的结构主义与解构主义思维的发展过程产生重要影响。其实，我们不仅可以从欧陆符号学的结构主义精神来解读俄国形式主义，还可以同时借用美国符

号学观点来分析俄国形式主义的科学性。

（一）能指所指范式观照下的形式—内容二分法

自从索绪尔开创欧陆符号学以来，在西方，很多学者把符号学与结构主义等同起来，如霍克斯（Hawks）的著作《结构主义与符号学》就是典型的例子。俄国形式主义关注结构，因此体现了结构主义符号学的精神。在《普通语言学教程》中，索绪尔提出能指、所指这一历史性的区分，并一头扎进能指世界的否定性结构区分中。在能指与所指、形式与内容的区别上，俄国形式主义的做法与索绪尔的做法极为相似，因为俄国形式主义极为关注作为能指的文学形式手段。"形式主义文论主要借助于现代语言学的研究方法，即索绪尔语言学的研究方法。"（张杰，2007：196）

从这个角度来看，俄国形式主义者与索绪尔一样，是反传统的。"俄国形式主义从诞生之日起，就是作为以传统文学批评的反拨而登上历史舞台的。"（张杰，2007：198）它与阐释学明显不同，并反对后者。阐释学，顾名思义，是主要关注意义的，即关于艺术的解释是发现、挖掘意义的手段。"阐释学是一种探究意义的理解和解释的理论，主要涉及理解、意义以及读者与文本之间的关系等问题。"（刘小云2010：119）意义在文学作品中体现为主题，即文学理论中关于形式与内容二分法中的内容。阐释学致力于挖掘意义，即内容。在这个方面，俄国形式主义者则迥然不同，因为他们所感兴趣的是文学性或文学性手段是如何被用来妨碍、阻止或干涉我们获得意义的方式。正如俄罗斯文论研究专家张杰教授所高度概括的："'文学性'与'陌生化'是俄国形式主义提出的两个概念，早已为文学理论界普遍运用。'陌生化'是达到'文学性'的必要过程，而'文学性'又是'陌生化'的必然结果。"（张杰，2007：178）由此看来，如果阐释学致力于信息传达和理解的可能性，那么俄国形式主义则注重言语交际中的特别方面，即"文学性"，而文学性是干涉交际与理解过程的。什克洛夫斯基（Shk-lovsky）把文学性看作是陌生化（defamiliarization）形式。他认为，"艺术方法是使事物陌生化的方法，即增强感受难度、延长感受时间、使形式难化的方法"（杨燕，2012：31）。这种表面粗造化或形式粗造化是文学性的表现形式，即是延缓我们理解过程并阻碍我们获得意义的某种形式上的粗造化。

对于形式主义来说，"文学创作的根本艺术宗旨不在于审美目的，而在于审美过程。这就是俄国形式主义著名的'陌生化'理论"（张杰，2007：195）。文学性牵涉到让我们理解变慢的手段。文学性、陌生化手段取代了在实际信息传递过程中两点之间最近的距离。形式主义所说的文学性有时被"诗性语言"一词替代。作者"力图通过'陌生化'过程，让读者感受到文学语言自身的存在，以此来延长读者的审美欣赏过程，达到增强作品'文学性'的目的"（张杰，2007：179）。作者要想使我们理解文学作品的过程放慢下来，他就在信息传递过程中创造了比两点间线段距离更长的曲线。它使读者在阅读过程中不时停顿下来，它阻碍了读者迅速获得意义的方式。形式主义者特别关注文学文本是怎么组织起来的。艾肯鲍姆（Eikhenbaum）经常谈起堂吉诃德是怎么塑造的，果戈理的外套是怎么塑造的，（Andrzej Karcz，2002：118）这些话题反映了俄国形式主义对文本组合方式的执着。

人们往往把形式主义与新批评看作同一类理论，因为新批评同样对形式粗造化感兴趣，但是新批评对阐释学目的感兴趣。对于新批评来讲，形式粗造化虽然阻碍了我们的阅读，但这种阻碍同时是丰富文本意义的方式，所以，他们感兴趣的仍然是阐释学事业。

相反，形式主义却对意义问题和解释问题看起来不太感兴趣。他们感兴趣的是所谓的科学，他们喜欢研究结构。换句话说，他们研究文本是怎样组合起来的。这就是形式主义与阐释学的区别。形式主义悬置了对意义本身的研究，转而探讨文本是怎么组合的。例如，中国魏晋时期的骈文对文本组合方式的执着就体现了形式主义的情愫。在传统诗歌分析中，人们常常关注诗歌的押韵问题，诗歌中的反复类似于民间故事的主题重复。例如，雪莱的《西风颂》的开头语"O wild West Wind"，在这一文本片段中，声音"W"三次重复。我们可以从语音角度分析这一文本片段的形式和结构，但我们还没有发现这句话的意义。这样的讨论并没有导致文本的实际意义的产生，这样的文本分析使解读重点已经从内容转移到形式，再从意义转移到结构。形式主义就持有这样的操作方法。张杰教授敏锐指出，"从批评实践来看，俄国形式主义……受到索绪尔语言学的重大影响……在具体文学作品的研究中，该派的理论家们一边强调唯艺术形式的分析，一边又不得不涉及作品的思想内容"（张杰，2007：192）。

（二）符号学科学精神下的理性化科学斗争

索绪尔设想了符号学这门科学的存在，而美国符号学家莫里斯则将符号学看作与自然科学同等重要的学科，并身体力行地规划了严密的符号学科学体系。莫里斯认为，"把对科学的研究毫无保留地包括在对科学语言的研究中是可能的，因为对语言的研究不仅包括对其形式结构的研究，还包括语言与其所指谓对象之间关系以及语言与使用者之间关系的研究"（Morris，1938：2）。他的符号学试图包括从不同学科视角获得的成果，并把它们联结成一个统一的整体。莫里斯符号学的主要目的就是提出这种统一视角并勾勒符号科学的轮廓。莫里斯符号学的统一精神不仅表现在为讨论科学符号提供一种普适的语言，而且在于进一步改造科学所使用的语言。这种严密的符号学科学精神其实在形式主义文论中早有体现，主要表现在对文本不同部分之间关系的强调，即把文本各个部分理解为相互联系的工具，这种分类法就是形式主义坚持所做的科学方法。

对于形式主义者来说，万千文学现象就相当于索绪尔所界定的"言语"，他们的主要任务就是要在这些"言语"现象背后找到具有某种规律性的"语言"规则，因此，他们主要研究方法则是培植开创的，并引领近现代自然科学发展的归纳法。毫无疑问，"形式主义分析的优越性在于获得了科学研究的抽象性、共时性和确定性"（张杰，2007：197）。普罗普（Vladimir Propp）就是应用这种科学归纳法的高手，他在《童话形态学》（*Morphology of the Folktale*）（1928）一书中以100个俄罗斯童话为基础归纳出了7个"角色"和31种基本功能，并指出童话是按照一系列的功能排列组合而成的。艾肯鲍姆也沉溺于某种斗争和战争中。这种斗争对于艾肯鲍姆是生死攸关的，他的口号是"为科学而斗争"。把文学研究当作科学来强调是针对当时一些大学和研究机构文学研究中一些不系统、散漫的、无序混乱的局面的。当时，关于文学的严肃思考大多发表在流行杂志上，他认为很不妥当。这是艾肯鲍姆斗争的一部分。斗争的另一部分是去寻找某种方法，即在理解所谈论的事物的方法方面有所突破。人们总希望系统化地谈论一件事，但是如果我们一点也不了解它，怎么能系统地谈论它呢？基本原则是：首先确定谈论对象，这条原则是其他原则的基础。文学现象千变万化，我们很难给文学下一个精准的定义，所以形式主义认为，没人真正知道文学是什么，其研究对象只好退而求其次研究文学性。他们谈论的文学性，是某种人们能够识别出并且行使特定功能的手段。在这些手段的识别过程中，可以演化出一个广泛传播的文学理论。"为科学而斗争"这一口号其实是建立在马克思主义和达尔文科学进化论的基础上的。在首个伟大的社会主义革命——俄国1917年十月革命的社会主义革命的背景下，俄国形式主义处于高潮时期。当时马克思思想不仅开始影响俄国政府，而且影响俄国普通百姓生活。在这一社会背景下，斗争的思想，就像阶级斗争一样，开始占统治地位。艾肯鲍姆在这样的文化中，经过深思熟虑，使用"斗争"这个词，但同时有趣的是，他所思考的这种科学并不只是任意一种普通的自然科学。这是一种达尔文主义的科学。很有趣的是，达尔文和马克思一样关注斗争：为了生存而斗争，斗争的结果是统治与被统治关系的产生。"统治"一词在俄国形式主义的思维中是个重要的概念。这个词与物种间争取栖息地的统治权很相似。在文学领域中，出现了与此相似的东西。文学的演变发展，正如蒂尼亚诺夫所指出的，与生物进化一样；在他的论文里借用进化论的术语把文学史本身看作是一系列的变化，其中，文学文本的手段和方法与其他手段与方法为争夺统治权而斗争。（Tynjanov：152 – 162）可以说，"蒂尼亚诺夫作为作家和文学理论家所走过的道路，是将艺术性和科学性进行有效结合的独特尝试"（张冰，2008：7）。

艾肯鲍姆在其论文中也开宗明义同时引用了达尔文主义和马克思主义术语。1927 年，艾肯鲍姆撰写了《形式主义方法论》（The Theory of The Formal Method）一文，它是针对 1926 年列夫·托洛茨基（Trosky）发表的引起轰动的《文学与革命》（Literature And Revolution）而写的。列夫·托洛茨基的"文学与革命"是一本非常精彩的书，它攻击了许多当时的理论，同时也辩护了另外一些理论，但是它特别猛烈地攻击了形式主义者。托洛茨基认为，对于形式的执着是一种唯美主义。而这正是艾肯鲍姆在他的文章里所否认的，艾肯鲍姆坚持认为，形式主义研究是具有科学精神的。阶级斗争的历史背景在其中扮演了极其重要的角色，同时加上了达尔文思想的发酵作用。（Eikhen Baum，1978：3 – 37）在当时的俄国，很多事情处于生死存亡的时刻，如果那些无秩序、无系统性的研究人员与这些斗争的重要不协调，如阶级斗争、科学斗争，如果科学界不能和这些同代趋势保持一致，这就表明他们是非常无用而过时的。形式主义的科学归纳法可以看作是对文学理论发展的一大贡献，"正是这一科学化的研究方法拓宽了我们的视野，在很大程度上更新了我们的批评思维，使我们不仅从历时性的角度，而且还可以从共时性的视角来探讨文学作品"（张杰，2007：198）。

（三）陌生化——克服僵化思维

然而，当历史车轮滚动到 1927 年，时代变了。俄国十月革命已经过去 10 年的时间，社会日趋僵化，政府日益官僚化，社会事务更加严格地被监控和管理。俄国形式主义者及其同盟，如未来主义者，如马雅可夫斯基等，或多或少地感觉到来自政府的敌意。当时的知识分子相当活跃，俄国不是一座思想废都，形式主义者构成当时思想界重要的一部分。不同学派之间曾展开激烈的交锋，形式主义者从不同角度辩护了形式主义批评的合理性，但其核心内容仅仅围绕陌生化理论。例如，在人种学批评家维瑟洛夫斯基（Veselovsky）和什克洛夫斯基（Shklovsky）之间曾展开了一场关于 1917 年的精彩辩论。形式主义明显的敌人是像学者波捷布尼亚（Potebnya）这号人物，他为象征主义的前提辩护。象征主义是另一个反对形式主义的群体，他们认为诗是意象，是关于思维的模式。象征主义认为，思想是无意识的，思想被声音和语言强化，因此，语言是从属于意象和思想的，语言是象征思想之能量倾倒的容器。艾肯鲍姆试图去关注的正是这种主要反对声音、不同意见，他试图辩护形式主义存在的权利和他们所从事事业的整体性。同时，雅可布逊的《驱散诗人的一代》（*The Generation That Squandered Its Poets*）中清楚地表达出一种感觉，即某种僵化的官僚化，表达出一种氛围，人们对事物的观点被环境控制，对周围事物的感知变得自动化了。什克洛夫斯基尤其执着于自动主义或自动化研究。这种自动化表现为：人们不再看清周围的事物。什克洛夫斯基和他的同事坚持，使语言表面粗造化的文学创作方法，利用各种文学性方式，就是要使自动化感知陌生化，要让我们突然再次看到，我们正在使用的语言的本质和美，而且要看得更清晰；同时重新认识一个新的世界，通过语言手段剥去我们眼前的固化有色镜片。因此，陌生化是反对某种灰色统一性之背景的。这种背景指生活的灰暗和单调。陌生化反对这种官僚化存在的背景。显而易见，陌生化具有一种意识形态方面的目的，即驱散和削弱现存的僵化的官僚体制。不可否认，俄国形式主义者们作品的主要动机表现为追求严格的科学化，其中隐含了俄国形式主义的人生观点：生活不应该那样灰暗而单调。

　　什么是文学性？文本的哪些方面，哪些文本手段吸引我们注意力的方式是新奇的，即它们用我们从未见过和习惯的方式撼动我们的知觉方式。在某种程度上，追求新奇的表达方式是作家梦寐以求的事。例如，现代主义诗人庞德提出了"让事物新奇起来"（make it new）的口号。（Ezra Pound，1934：138）艾略特和乔伊斯等人都看重对于日常熟悉事物描写的新颖性，并认识到脱离熟悉、平庸和模糊的困难性。由此看来，形式主义并非孤军奋战。文学性在当时是一个跨国概念，但在具体的区域又有明确的应用。俄国形式主义所感兴趣的新颖性不是一般的新颖性，它只是与使人产生陌生化的语言粗糙化形式有关。形式是相对什么而言的？对于俄国形式主义者来说，这是一个关键问题。形式主义者做出了一些基本的二元区别，如诗歌语言和实用语言的区别、情节与故事的区别、节奏和韵律的区别等。在这些区别中，人们会认为其中一个必定是形式，另一个是内容。很明显，情节是文本的建构方式，而故事是文本的内容。这不正是形式和内容之间的关系吗？对此问题，他们处理得十分勇敢。俄国形式主义的理论宣言是：一切皆为形式，形式与内容之间没有区别。

（四）形式与内容的统一

也许有人会指责，形式主义者在提出这些二元区别的同时，不知不觉中回到了形式和内容的二元对立。我们认为，区别并非意味着对立。这一符号学精神在莫里斯的符号学理论大厦中尤为明显。人们往往只看到莫里斯在语形、语义和语用方面的三分法，却忽视了这一区别的目的是为了更好地说明符号意义在这三方面的统一性。"一般来说，符号学是一个整体，并且将所有相关考虑都纳入具体问题的解决中是更加重要的。目前的研究有意强调符号学的统一，而不是把问题分割成语用要素、语义要素和语形要素。"（Morris，1955：219）由此看来，符号意指过程的语形、语义和语用等不同维度，只是一个统一的符号意指过程的不同侧面，因此对符号的全面解释应包含这三个维度。类似地，我们在这一点上也可以为形式主义辩护。陌生化理论的最新研究成果表明，什克洛夫斯基在提出陌生化理论时只是"对所谓的内容或意义采取'悬置'的态度，并没有绝对地否认内容的存在……在其理论后期对此做了大量的研究"（杨燕，2012：31）。关于诗歌语言和实用语言，同时代的理查兹（Richards）和新批评坚持形式就是意义，形式就是内容，他们仍然没有逃脱形式和内容的二元区别。按照他们的观点，在诗歌语言中，形式占主导地位；在实用语言中，内容占主导地位。但形式主义的观点与此稍有不同。他们认为，内容是一种功能，实用语言的目的是交流事实，是诗歌语言的一种功能。在诗中，实用语言与诗歌语言并存。实用语言是文本的一部分，交流的方式与文本中的文学性方面处于一种动态的功能关系之中。在诗歌或小说中，诗的功能占支配地位。但这并不意味着实用语言是不存在的，或者说它没有自己的功能。

按照艾肯鲍姆的陌生化理论，声音并不从属于意义。艾肯鲍姆特别提醒我们，应该警惕声音拟声现象的观点，即声音反映所谈论事物的意义。形式主义和索绪尔一样都反对下面这样的假设：声音——我们听到语言的方式，是拟声的。这种假设与象征主义观点一致，都认为声音从属于意义。俄国形式主义者早期著作的重要性在于建立了这样一种观点，即声音是独立的，它并不从属于任何事物。虽然声音与语言的其他手段互动，但它独立存在，它并不为解释其他事物的目的而存在。相反，令人惊讶的是它存在的目的是阻碍我们对于诗歌文本的理解。它通常是重复的、反经济原则的、阻碍性的。声音被称作为一种功能，这种功能是基于我们关于文本具有结构之方式的理解基础上的。文本的每个结构都可以理解为具有特定功能。

形式主义在强调声音自主性的同时，避免了陷入将文本的一方面认定为另一方面的从属物，仅仅为强化内容服务的陷阱。形式主义把文本看作一个具有结构的文本，把文本中的一切都说成是形式。正如叶姆斯列夫区别表达形式和内容形式一样（Hjelmslev, 1943：57），形式主义把文本中的一切都说成是手段。怎样才能做到这一点呢？大部分人认为，文本指向事物。的确如此，我们可以把这一功能称作社会功能。在某一特定文本中，占支配地位的手段具有指称性，指称功能是真实世界与语言相连接的手段，它可以被理解为相对于其他手段的一个手段而已。按照俄国形式主义观点，指称手段在形式演变的特定阶段，变成支配手段。按照这种理解方式，人们所说的内容只是另一种文学手段而已。这一手段与文学其他方面的手段竞争支配地位。相似地，情节与故事的关系也可以照此理解。情节是故事的构架，即故事的组合方式。但情节是关于故事的。既然是这样，故事可以理所当然地理解为内容。有时，故事可以占支配地位。元散曲作家马致远创作的小令《天净沙·秋思》前半段仅仅列举了"枯藤老树昏鸦，小桥流水人家，古道西风瘦马"这些事物。这些东西能引起思念故乡、倦于漂泊的凄苦愁楚之情，这些东西暗示了一个情节。这和通常的情节与故事之间的关系很不一样。通常来说，情节构建隐含故事，构建发生的事情，构建了我们所说的内容，构建了文本之外的主题内容。但是在马致远创作的小令中，给出的是主题内容，主题本身成为支配手段。主题在我们想象中暗示了一个构建方式，但构建主题的方式不占主导支配地位，构建方式由读者决定。文本中占支配地位的仅仅是内容物。即使我们说，故事是内容，情节是形式，但形式主义者并不想保留这一区别。在文学发展的特定时刻，任何手段都可以占据支配地位。在十四行诗中，韵律就是这种手段。T. S. 艾略特的作品中的支配手段是意象，伴以对通感的强调，即各种感觉混在一起以引起意象。当然，艺术家和象征主义对意象都很着迷。在特定一首诗中，意象或意象模式可以被确定为占支配地位的手段。在朗费罗的作品 *Excelsior* 中，支配手段毫无疑问是重复。而卡夫卡的作品中的支配手段可能是意识的内在性，即人们称之为意识流的东西，或思想的内向性激发文本中其他事情的发生。换句话说，文学的众多方面，被理解为文学性，都可以成为支配手段。形式主义已经把内容转变为形式手段，从而将二者融为一体。

（五）并不违背历史的形式主义

说到支配手段，我们应该意识到支配手段的短暂性，它仅体现一代人的偏好，例如，陀思妥耶夫斯基的犯罪小说的手段曾经是绝对主流手段，后来，这些主流手段被其他手段所替代。当我们考虑支配手段的短暂性时，同时我们也在考虑文学史。托洛茨基曾严厉指责过俄国形式主义者，说他们忽视历史。（Dobrenko & Tihanov，2011：77）新批评派也受到同样的指责。其实，形式主义并不忽视历史。几乎从一开始，尤其在 20 世纪，他们更加关注文学历史编纂：他们提出了一些十分令人振奋的观点。什克洛夫斯基曾针对人种学家维谢洛夫斯基的人种学角度的表述提出自己的形式主义历史观。维谢洛夫斯基认为，新的形式是为了表达新的内容，新内容是社会、历史和环境因素，这些因素造成文学技巧的改变。这种观点明显是唯物主义的或社会学的观点，即历史造就文学，社会历史产生文学。对此，什克洛夫斯基不能认同，他决定提出一个完全不同的理论，认为艺术作品源自其他作品组成的背景，并且与其他作品具有联系；艺术作品的形式是根据它与其他作品的关系、与之前的形式之间的关系界定的。

俄国形式主义术语中另一个重要概念是"戏仿"，即指一个文本不可避免地重复之前的文本的方式，目的是为了详尽阐述自己的方法与重点，并寻求一种新的支配手段。事实上，不仅仅戏仿，而且任何一种艺术作品都和某种形式平行或相反。新形式的目的不是表达新内容，而是改变一个已经失去其美学价值的旧形式，旧形式失去了陌生化的能力，失去了更新旧眼光的能力。什克洛夫斯基的这一观点新鲜大胆。我们知道文学是由历史力量产生的。那么新形式取代失去艺术活力的旧形式是怎么发生的？谈到文学发展，我们必须说到社会因素。1927 年，蒂尼亚诺夫在《论文学进化》中认为，在形式主义历史编纂学中，主要社会因素的基本意义并没有被完全扔掉；社会功能必须通过文学演化问题得以全面阐述。应把文学演化的研究替换为文学作品变异研究，即变形研究。形式主义的这一观点明显带有生物进化论的色彩。在自然选择中，一些东西出现、产生突变，新的基因出现并占据支配地位，不再是隐性潜在的，然后生物就变化了，这就是进化。这就是形式的改变。这也说明为什么他的那篇文章的题目叫"论文学进化"，而不是"文学革命"。这一区别确实存在，值得记住，特别是当我们想到文学历史写作的各种方式时。

（六）形式主义与结构主义符号学

当今，功能主义语言学曾红极一时，然而，注重语言功能研究却是结构主义符号学的特长。事实上，结构主义符号学深受形式主义的影响，特别是在借用功能的概念方面。雅可布逊架起了形式主义与结构主义之间的桥梁。形式主义谈论功能时认为，文本中的功能可以从两个角度理解，其一为共时功能，即文本中各种功能之间的关系，这是文本的一个方面，同时，文本存在另一种功能，即自动功能（auto - function），是指在文学史中文本功能持续或重现的方式，有时处于支配地位，有时是潜在的。在索绪尔的语言符号学中，共时性和历时性之间的关系与此类似。共时性意味着在时间的某一点上看待语言的整体，而历时性则考虑语言在时间上的变化。这一点从雅可布逊的著作中可以看出。雅可布逊本人原来是俄国形式主义流派的成员，后来他移民到布拉格，发起了布拉格学派，该学派的成员自称为结构主义者。后来雅可布逊移居巴黎和美国。因此，雅可布逊从形式主义者演变为结构主义者，他的著作中，充满了这两种思想的混合，从而促进了这两种思想间的沟通。

与形式主义不同，结构主义的抱负致力于搞清对象的性质。结构主义者分解真实的事物，再将之重组。这一点体现了结构主义与形式主义的重要区别。形式主义分析对象但不肢解对象，以其本身的存在看待它，形式主义只将对象分解成为各种功能，表明各种功能之间的动态关系，把对象看作是支配和从属的系统，在对象之外，不存在其他东西。文学作品对于形式主义来说，只是对象，不存在另外创造一个对象的问题。相反，结构主义在重组被肢解对象的部件之后，重建一个虚拟对象。

雅可布逊所做的事情就是肢解进而重组。雅可布逊好像在践行形式主义。他将所有言语行为划分为六种功能：情感功能、意向功能、指称功能、诗的功能、寒暄功能和元语言功能，并讨论这六种功能之间的决定关系（Jakobson，1960：353）。这看起来像形式主义的做法。证明雅可布逊在进行结构主义研究的一种方法是指出，在他的文章中，主要讲到了诗的韵律，这是雅可布逊作品的一贯特长，如俄诗韵律、捷克诗韵律，这些都与诗的功能有关，他文章里探讨的诗的功能，也就是结构主义所说的文学性，但雅可布逊对诗的功能这一概念做出了真正贡献，他说："诗的功能将对等原则从选择轴投射到组合轴。"（Jakobson，1960：42）所谓对等原则是指雅可布逊在其《失语症》（*Aphasia*）一文中所说的隐喻。（Jakobson，1968）符号总是以各种方式聚合在一起，符号的各种聚合方式被雅可布逊称之为"对等原则"，如同义关系、对应关系。诗的功能可以理解为是对转喻的隐喻化。雅可布逊提出的语言六功能中，每个功能都有可能成为支配功能。当诗的功能占据支配地位时，文学性就凸现了，而文学性正是俄国形式主义的研究焦点，但文学性概念在雅可布逊的手中得到了提炼，因为他娴熟于组合来自聚合轴的二元性质，其中包含相同、对立、相似、相异等概念，以及这些概念起作用的模式。事实上，雅可布逊融合了形式主义和结构主义，我们已经很难分清他的哪些做法是形式主义的，哪些做法是结构主义的。

参考文献

［1］ Allan K. Linguistic Meaning, 2 Volumes ［M］. London: Routledge & Kegan Paul, 1968.

［2］ Arnold Krupat. The Concept of the Canon ［C］ //Lee Morrissey (ed). Debating the Canon: A Reader from Addison to Nafisi. New York: Palgrave Macmillan, 2005.

［3］ Atwood Margaret. Gertrude Talks Back: Good Bones 15 – 1 ［M］. 8. Toronto: Coach House, 1992.

［4］ Austin. J. How to do things with words ［C］ //刘润清，等，现代评议学名著选读. 北京: 测绘出版社, 1988.

［5］ Bach K, Harnish R. M. Linguistic communication and Speech Acts ［M］. Cambridge; MA, 1979.

［6］ Black M. Models and Metaphors ［M］. New York: Cornell University Press, 1962.

［7］ Bowdle B.. Metaphor Comprehension: From Comparison to Categorization ［C］ //Proceedings of the 21st Annual Conference of the Cognitive Science Society. Hillsdale. NJ: Erl baum, 1999.

［8］ Bowdle B.. Metaphor Comprehension: From Comparison to Categorization ［C］ //Proceedings of the 21st Annual Conference of the Cognitive

Science Society. Hillsdale. NJ: Erl baum, 1999.

[9] Carnap R. Foundation of Logic and Mathematics [M] //International Encyclopedia of Unified Science, Vol. 1, No. 3. Chicago: The University of Chicago Press, 1939.

[10] Carnap R. Introduction to Semantics [M]. Cambridge, Massachusetts: Harvard University Press, 1942.

[11] Carnap R. Logical Foundations of the Unity of Science [M] // International Encyclopedia of unified Science, Vol, 1, No. 1. Chicago: The University of Chicago Press, 1938: 42 – 62.

[12] Carnap R. Meaning Postulates [J]. Philosophical Studies, 1952 (3): PP65 – 73.

[13] Carnap R. On Some Concepts of Pragmatic [J]. Philosophical Studies, 1955 (6): 89 – 91.

[14] Carnap R. The Logical Syntax of Language [M]. London: Routledge & Kegan Paul, 1937.

[15] Carnap R. The Two Concepts of Probability [J]. Philosophy and Phenomenological Research, 1945 (5): 513 – 532.

[16] Claus Emmeche, Jesper Hoftmeyer. From Language to Nature [J]. Semiotica, 1991 (84).

[17] Cohen L. J. The Semantics of Metaphor [A] //in Ortony (ed.), Metaphor and Thought [C]. Oxford: Cambridge University Press, 1979.

[18] Culler J. Structuralist Poetics: Structuralism, Linguistics and the Study of Literature [M]. London: Routledge and Kegan Paul, 1975.

[19] Danesi, Marcel. Messages, Signs, and Meanings [M]. Toronto: Canadian Scholars' Press Inc. 2004.

[20] Daniel Dennett's. The Intentional Stance [M]. Cambridge,

MA: MIT Press, 1987.

[21] Dedre Gentner, Arthur Markman. Structure Mapping in Analogy and Similarity [J]. American Psychologist, 1997 (1).

[22] Dedre Gentner et al., The Analogical Mind: Perspectives from Cognitive Science [M]. Cambridge MA: MIT Press, 2001.

[23] Dobrenko E. A., Tihanov G.. A History of Russian Literary Theory and Criticism: The Soviet Age and Beyond [M]. Pittsburgh: the University of Pittsburgh, 2011.

[24] Dowty, David R. On the semantic content of the notion thematic role [C] //Properties, Types and Meanings, B. Partee, G. Chierchia, and R. Turner, eds. Dordrecht: Kluower, 1989, 2: 69 – 130.

[25] Eco U.. A Theory of Semiotics [M]. London: Indian University Press, 1976.

[26] Editors A. H.. The American Heritage Dictionary of the English Language [K]. Boston: Houghton Mifflin company, 1980.

[27] Eikhenbaum, Boris. The Theory of the Formal Method // Readings in Russian Poeitcs [C]. Eds. Ladislav Matejka & Krystyna Pomorska. Michigan: Michigan Slavic Publications, 1978.

[28] F. de. Saussure. Course in General Linguistics (trans, Wade Baskin) [M]. Cambridge: Harvard University. Collins, 1974.

[29] Falkenhainer B.. Kenneth D. Forbus, Dedre Gentner, The Structure Mapping Engine: Algorithm and Examples [J]. Artificial Intelligence, 1989 (41).

[30] Fillmore, Charles J. Some problems for case grammar [C] // Georgetown University Round Table on Languages and Linguistics. Washington. D. C.: Georgetown University Press, 1971: 35 – 56.

[31] Fillmore, Charles J. The case for case reopened [C] //Form

and Meaning in Language. C. J. Fillmore, eds. Stanford: CSLI Publications, 2003: 175 – 199.

[32] Fillmore, Charles J. The case for case [C] //Universals in Linguistic Theory. Emmon Bach and Robert Harms, eds. New York: Holt, Rinehart, and Winston, 1968: 1 – 88.

[33] Fillmore, Charles J. Towards a modern theory of case [C] // Modern Studies in English. David Reibel and Sanford Shane, eds. Englewood Cliffs W. J.: Prentice – Hall, 1969: 361 – 175.

[34] Fillmore. Charles J. The case for case [M] //刘润清，等. 现代语言学名著选读. 北京：测绘出版社，1988: 406 – 427.

[35] Fontanier P. , Les Figures du Discourse [M]. Paris: Flammarion, 1830.

[36] Goatly A. , The Language of Metaphors [M]. New York: Routledge, 1997.

[37] Graffi G. Sintassi [M]. Bologna: IL Mulino, 1994.

[38] Guillory, John. Cultural Capital: The Problem of Literary Canon Formation [M]. Chicago and London: The University of Chicago Press, 1993.

[39] Halliday, M. A. K. Language as a Social Semiotic [M]. London: Edward Arnold, 1978.

[40] Hanson N. R. Patterns of Discovery [M]. Cambridge: Cambridge University Press, 1958.

[41] Hjelmslev, Louis. Prolegmena to a Theory of Language [M]. Madison: University of Wisconsin Press, 1943.

[42] Hofstadter, D. Fluid Concepts and Creative Analogies [M]. New York: Basic Books, 1995.

[43] Hutcheon, Linda. The Canadian Postmodern: A Study of Con-

temporary English – Canadian Fiction [M]. Toronto：Oxford Up，1988.

[44] Jack C. Richards, Reflective Teaching in Second Language Classrooms [M]. 北京：人民教育出版社，2000.

[45] Jackendoff R. Semantic Structures [M]. Cambridge, MA：MIT Press, 1990.

[46] Jakobson, Halle. Fundamentals of Language [M]. The Hague：Mouton, 1956.

[47] Jakobson R.. Child Language Aphasia and Phonological Universals [M]. the Hague：Mouton, 1968.

[48] Jakobson R.. Closing Statement：Linguistics and Poetics [A] //Semiotics, An Introductory Anthology [C]. Ed. Robert E. Innis. Bloomington：Indiana University Press, 1985.

[49] Jakobson R., Halle, M., Fundamentals of Language [M]. The Hague：Mouton, 1980.

[50] Jakobson R.. Main Trends in the Science and Language [M]. London：George Allen & Unwin, 1973.

[51] John T. Kearns. An Illocutionary conception of Syntax, Semantics and Pragmatics [J]. Studies in Logic, 2009, 2 (1)：1 – 19.

[52] John. I. Saeed. Semantics [M]. Beijing：Foreign Language Teaching and Research Press, 2000.

[53] Karcz, Andrzej. The Polish Formalist School and Russian Formalism [M]. NY：University of Rochester Press, 2002.

[54] Karen E. Johnson. Understanding Communication in Second Language Classrooms [M]. 北京：人民教育出版社，2000.

[55] Keith Brown. Encyclopedia of Language & Linguistics, Volume Seven [Z]. Oxford：Elsevier Ltd., 2006.

[56] Kepler. The New Astronomy [M]. Cambridge：Cambridge U-

niversity Press，1992.

　　[57] Lakoff G. , Johnson M. . Metaphors We Live By [M]. Chicago：Chicago University Press，1980.

　　[58] Lakoff, G. . The Contemporary Theory of Metaphor [A] //A. Ortony, Ed. , Metaphor and Thought [C]. 2nd ed. New York：Cambridge University Press，1993：202 - 251.

　　[59] Lester M. , Beason, L. . 英语语法与用法手册 [M]. 丁大刚, 译. 上海：上海世界图书出版公司, 2005.

　　[60] Levin Beth. English Verb Classes and Alterations [M]. Chicago：University of Chicago Press，1993.

　　[61] Malgady R. , Johnson, M. . Measurement of Figurative Language：Semantic Feature Models of Comprehension and Appreciation [A] //R. Houeck and R. Hoffman, Eds. , Cognition and Figurative Language [C]. Hillsdale, NJ：Erlbaum, 1980：239 - 258.

　　[62] Marschack M. , Katz A. , Paivio, A. . Dimensions of Metaphor [J]. Journal of Psycholinguistic Research, 1983 (12)：17 - 40.

　　[63] Mooij J. J. A. A Study of Metaphor [M]. Amsterdam：North - Holland Publishing Company, 1976.

　　[64] Moore F. C. T, On Taking Metaphors Literally [A]. in D. S. Miall (ed). Metaphor：Problems and Perspectives [C]. Sussex：Harvester Press, 1982：1 - 35.

　　[65] Morris C. Signs. Language and Behavior [M]. New York：Braziller, 1946.

　　[66] Morris C. W. Signification and Significance [M]. Massachusetts：The M. I. T. Press, 1964.

　　[67] Morris C. W. , Foundations of the Theory of Signs [M]. Chicago：The University of Chicago Press, 1938.

[68] Morris C. W. Signs, Language and Behavior [M]. New York: George Braziller, Inc., 1955.

[69] Morris C. W. Writings on the General Theory of Signs [M]. The Hague: Mouton, 1971.

[70] Mounlin Georges. Introductions a la semiologie [M]. Paris: Les Edition de Minuit, 1970.

[71] Mounlin Georges. Introductions a la semiologie [M]. Paris: Les Edition de Minuit, 1970.

[72] Ortony A., Beyond Literal Similarity [J]. Psychological Review, 1979 (86): 161 - 180.

[73] Oyama Susan, The Ontogeny of Information [M]. Cambridge: Cambridge University Press, 1985.

[74] Paley W. Natural Theology [M]. London: R. Fauldner, 1802.

[75] Pattee H. H., How Does a Molecule Become a Message? [J]. Developmental Biol, Suppl. 1969 (3).

[76] Peirce C. S, the Manuscripts of Charles. S. Peirce, 1901, Http: //user. uni - frankfult. de/ ~ wirth/texte/nubiola. html.

[77] Peirce C. S. Collected Papers of Charles Sanders Peirce, Volume II [M]. Cambridge: Harvard University Press, 1934.

[78] Peirce C. S. Collected Papers of Charles Sanders Peirce [C]. Hartshorne, eds. Cambridge, Mass: Haward University Press, 1931—1958.

[79] Percy. W, The Message in the Bottle [M]. New York: Straws and Giroux, 1976.

[80] Pilar Cuder Dominguez, Rewriting Canical Portrayals of Women: Margaret Atwood's Gertrade Talks Back [DB/OL]. [2009 - 10 - 3] Ht-

tp：//www. Literature – study – online，com/essays/at wood – gertrude. html.

[81] Pippin Barr et al. . A Semiotic Model of Use – interface Metaphor [DB/OL]. [2007 – 9 – 4]. http：//www. mcs. vuw. ac. NZ.

[82] Pound，Ezra. Make it New：Essays by Ezra Pound [M]. London：Faber and Faber，1934.

[83] Prashant Mishra. The Core Functions of the English Modals [EB/OL]. [2009 – 10 – 11]. www. languagesinindia. com.

[84] Prieto，Luis，J. Messages et Signaux [M]. Paris：Presses Universitaries，1966.

[85] Richards，A. The Philosophy of Rhetoric [M]. New York：Oxford University Press. 1965.

[86] Richter D. H. ，The Critical Tradition [M]. New York：St martins Press，1989.

[87] Ricoeur，P. ，The Role of Metaphor [M]. New York：Routledge & Kegan Paul，1977.

[88] Rilla Khaled et al. . Extreme Programming System Metaphor [EB/OL]. [2007 – 10 – 3]. http：//www. mcs. vuw. ac. NZ.

[89] Rosenberg，Alexander. The Structure of Biological Science [M]. Cambridge：Cambridge University Press，1985.

[90] Rutherford W. ，Sharwood M. – Smith，Grammar and Second Language Teaching [M]. New York：Newbury House，1988.

[91] Saussure. F. de. Course in General Linguistics [M]. Trans. W. Baskin，New York：Mc Grawhill. 1966.

[92] Saussure. F. de. Course in General Linguistics [M]. Beijing：Foreign Languages Teaching and Research Press，2001.

[93] Schneider，S. IL congiuntive tra modalita subordinazione [M].

Roma: Carocci, 1999.

[94] Searle J. Metaphor. in Meaning and Expression [M]. Oxford: Cambridge University Press, 1978.

[95] Searle J. R. Indirect speech acts [A] Peter Cole and Jeny Morgan (eds) Syntax and Semantics, Volume 3: Speach Acts. New York: Academic Press, 1975: 59 – 82.

[96] Searle J. R. 1969: Speach Acts [M]. Cambridge: Cambridge University Press.

[97] Sebeok, Thomas A., Perspectives in Zoosemiotics [M]. The Hague: Mouton, 1972.

[98] Shakespeare William, Hamlet, The Arden Shakespeare [M]. London: Methuen, 1982.

[99] Shank G. D.. Shaping Qualitative Research in Educational Psychology [J]. Contemporary Educational Psychology, 1994 (19).

[100] Shank G. D. Abductive Strategies in Educational Research [J]. The American Journal of Semiotics, 1987 (5).

[101] Sowa J. F., Majundar A. K.. Analogical Reasoning [C]. the Proceedings of the International Conference on Conceptual Structures in Dresden, Germany, 2003.

[102] Strub C.. Kalkulierte Absurditaten [M]. Freiburg: Alber, 1991.

[103] Susane Langer. Philosophy in a New Key: a Study in the Symbolism of Reason, Rite and Art [M]. Cambridge: Harvard University, 1951: 86 – 87.

[104] Tynjanov. On Literary Evolution [A] // Twentieth – Century Literary Theory: An Introductory Anthology [C]. Eds. Vassilis Lambropoulos, David Neal Miller. Albany: State University of New York

Press，1987.

[105] 艾柯. 电影代码的分节方式［A］//麦茨，等，著. 李幼蒸，等，译. 电影与方法：符号学文选［C］. 北京：生活·读书·新知三联书店，2002.

[106] 艾斯勒·理安. 圣杯与剑：我们的历史，我们的未来［M］. 程志民，译. 北京：社会科学文献出版社，1993.

[107] 巴特. 符号学原理［M］. 黄天源，译. 桂林：广西民族出版社，1992.

[108] 柏拉图. 文艺对话集［M］. 北京：人民文学出版社，1963.

[109] 柏拉图. 理想国［M］. 郭斌，张竹明，译. 北京：商务印书馆，2009.

[110] 鲍桑葵. 美学史［M］. 张今，译. 北京：商务印书馆，1995.

[111] 彼得·沃仑. 电影和符号学：某些联系方面［A］//麦茨，等，著. 李幼蒸，等，译. 电影与方法：符号学文选［C］. 北京：生活·读书·新知三联书店，2002.

[112] 曾艳兵. 中国的西方文学经典的生成与演变［J］. 湘潭大学学报（哲学社会科学版），2009（4）：126-130.

[113] 车尔尼雪夫斯基. 美学论文选［M］. 北京：人民文学出版社，1957.

[114] 陈敦金. 新编英语语法综合教程［M］. 上海：复旦大学出版社，2004.

[115] 陈召荣. 流浪母题与西方文学经典阐释［M］. 北京：中国社会科学出版社，2006.

[116] 程琪龙. 试论Fillmore的格语法1971模式［J］. 解放军外语学院学报，1995（6）：16-20.

[117] 池上嘉彦. 诗学与文化符号学［M］. 林璋，译. 南京：译

林出版社，1998.

[118] 丹纳. 艺术哲学［M］. 北京：人民文学出版社，1963.

[119] 丁尔苏. 论皮尔士的符号三分法［J］. 四川外语学院学报，1994（3）.

[120] 丁尔苏. 语言的符号性［M］. 北京：外语教学与研究出版社，2000.

[121] 佛克马，蚁布思. 文学研究与文化参与［M］. 俞国强，译. 北京：北京大学出版社，1996.

[122] 弗·雷·利维斯. 伟大的传统［M］. 袁伟，译. 北京：生活·读书·新知三联书店，2002.

[123] 傅俊，韩媛媛，论女性话语权的丧失与复得［J］. 当代外国文学，2006（3）：94-99.

[124] 傅俊，玛格丽特·阿特伍德研究［M］. 南京：译林出版社，2003.

[125] 高概. 话语符号学［M］. 北京：北京大学出版社，1997.

[126] 格雷玛斯. 论意义（上册）［M］. 吴泓缈，冯学俊，译. 天津：百花文艺出版社，2005.

[127] 郭延礼. 中国近代翻译文学概论［M］. 武汉：湖北教育出版社，1998.

[128] 哈罗德·布鲁姆. 西方正典［M］. 江宁康，译. 南京：译林出版社，2005.

[129] 哈罗德·布鲁姆. 批评、正典结构与预言［M］. 吴琼，译. 北京：中国社会科学出版社，2000.

[130] 韩大伟，尹铁超. 言外行为与态度表达［J］. 外语学刊，2006（3）：60-63.

[131] 豪泽尔. 艺术社会学［M］. 上海：学林出版社，1987.

[132] 亨利·詹金斯. 至今以来的《哈姆雷特》［A］//缪尔.

《哈姆雷特》面面观［C］．伦敦：牛津大学出版社，1979.

［133］胡壮麟．语言学教程［M］．北京：北京大学出版社，2001.

［134］胡壮麟，等．语言学教程［M］．北京：北京大学出版社，1988.

［135］吉罗．符号学概论［M］．怀宇，译．成都：四川人民出版社，1988.

［136］克里斯蒂安·梅茨．电影的意义［M］．刘森尧，译．南京：江苏教育出版社，2005.

［137］李赋宁．欧洲文学史：第二卷［M］．北京：商务印书馆，2001.

［138］李赋宁．欧洲文学史：第三卷（上册）［M］．北京：商务印书馆，2001.

［139］李赋宁．欧洲文学史：第一卷［M］．北京：商务印书馆，1999.

［140］李曼珏．格的语法述评［J］．湖南大学学报，1991（5）：9-18.

［141］李平．"理式"之床与诗的"形式"［J］．上海师范大学学报（哲学社会科学版），2004（5）：66-72.

［142］李绍山，陈存军．全新英语语法［M］．西安：西安交通大学出版社，2004.

［143］李宪一．大学英语分班教学初探［J］．云南财贸学院学报，2001，（4）.

［144］李晓文，等．教学策略［M］．北京：高等教育出版社，2000.

［145］李幼蒸．理论符号学导论［M］．北京：中国社会科学出版社，1993.

［146］梁育全．大学基础英语语法教程［M］．北京：高等教育出

版社，2002．

［147］廖雅章．格语法分析中的一些问题［J］．对外经济贸易大学学报，1990（6）：53－59．

［148］刘光能．文学公器与文学诠释——法国近百年之变动与互动举要［J］．外国文学评论，1994（2）：117－123．

［149］刘建华．中学英语创新教法［M］．北京：学苑出版社，1999．

［150］刘润清．西方语言学流派［M］．北京：外语教学与研究出版社，1995．

［151］刘润清．西方语言学流派［M］．北京：外语教学与研究出版社，2006．

［152］刘小云．阐释学的文本解读［J］．求索，2010（6）．

［153］鲁迅．《绛洞花主》小引［A］//鲁迅全集［C］．第7卷．北京：人民文学出版社，1958．

［154］陆礼春．"青出于蓝而胜于蓝"［J］．科教文汇，2007（6）：182－183．

［155］罗纳德·阿勃拉姆森．电影中的结构和意义［A］//麦茨，等，著．李幼蒸，等，译．电影与方法；符号学文选［C］．北京：生活·读书·新知三联书店，2002．

［156］罗森．诗与哲学之争［M］．张辉，译．北京：华夏出版社，2004．

［157］罗素．西方哲学史：上卷［M］．北京：商务印书馆，1963．

［158］聂珍钊．文学伦理学批评与道德批语［J］．外国文学研究．2006（2）：8－17．

［159］欧文．古典思想［M］．大连：辽宁教育出版社，1998．

［160］皮耶尔·保罗·帕索里尼．异端的影像——帕里尼谈话录［M］．艾敏等，译．北京：新星出版社，2008．

［161］荣格. 荣格文集［M］. 冯川, 译. 北京：改革出版社, 1997.

［162］萨特. 什么是文学［M］//萨特文论选. 北京：人民文学出版社.

［163］施锐. 柏拉图与亚里士多德"摹仿说"的比较研究［J］. 佳木斯大学社会科学学报, 2006（1）：51 - 54.

［164］史爱荣, 等. 教育个性化和教学策略［M］. 济南：山东教育出版社, 2001.

［165］束定芳. 隐喻学研究［M］. 上海：上海外语教育出版社, 2000.

［166］斯坦泽. 叙事理论［M］. 伦敦：剑桥大学出版社, 1979：46 - 79.

［167］索绪尔. 普通语言学教程［M］. 高名凯, 译. 北京：商务印书馆, 1980.

［168］索绪尔. 普通语言学教程［M］. 高名凯, 译. 北京：商务印书管, 2001.

［169］塔达基维奇. 西方美学概念史［M］. 褚朔维, 译. 北京：学苑出版社, 1990.

［170］谭顶良. 学习风格与教学策略［J］. 教育研究, 1995（5）.

［171］王东波. 新编大学英语语法［M］. 济南：山东大学出版社, 2002.

［172］王静. "格"语法对 TG 标准理论的继承与发展［J］. 安徽文学, 2009（1）：294 - 295.

［173］王铭玉. 语言符号学［M］. 北京：高等教育出版社, 2004.

［174］王庆华. 情态动词 MUST 的言外行为功能［J］. 内江科技, 2007（10）.

［175］王元骧. 文学原理［M］. 桂林：广西师范大学出版

社，2002.

［176］韦勒克·沃伦. 文学理论［M］. 北京：生活·读书·新知三联书店，1984.

［177］乌蒙勃托·艾柯. 符号学理论［M］. 卢德平，译. 北京：中国人民大学出版社，1990.

［178］吴家国. 普通逻辑原理［M］. 北京：高等教育出版社，1989.

［179］夏冬红. 文学经典与文学史［J］. 南京化工大学学报（哲学社会科学版），2003（3）：69 - 74.

［180］徐兆武. 从柏拉图、亚里士多德的美学思想看古希腊美学特征［J］. 巢湖学院学报，2004（6）：4 - 12.

［181］亚里士多德. 诗学［M］. 陈中梅，译注. 北京：商务印书馆，2008.

［182］杨成凯. Fillmore 的格语法理论［J］. 国外语言学，1986（1）：37 - 41.

［183］杨晓春，等. 大学英语分班制教学模式探讨［J］. 扬州大学学报，2001（1）.

［184］杨信彰. 语言学概论［M］. 北京：高等教育出版社，2005.

［185］杨燕. 什克洛夫斯基"陌生化"理论新探［J］. 俄罗斯文艺，2012（2）.

［186］叶秀山. 苏格拉底及其哲学思想［M］. 北京：人民出版社，1986.

［187］余娟，戏仿经典：简析短篇小说《葛特露的反驳》［J］. 河北理工大学学报（社会科学版），2009（2）：179 - 180.

［188］翟明女. 格语法的历史价值新论［J］. 文教资料，2008（11）：34 - 35.

［189］张冰. 蒂尼亚诺夫的动态语言结构文学观——《文学事实》

评述［J］. 国外文学, 2008（3）.

［190］张道真. 张道真英语语法新编［M］. 北京：社会科学文献出版社, 2003.

［191］张杰, 康澄. 结构文艺符号学［M］. 北京：外语教学与研究出版社, 2005.

［192］张杰. 张杰文学选论［C］. 上海：复旦大学出版社, 2007.

［193］张珺. 后现代主义文学戏仿策略阐释［J］. 学术交流. 2007（1）：155 –157.

［194］张丽云. 浅谈柏拉图与亚里士多德"摹仿论"的区别［J］. 玉溪师专学报（社科版）, 1997（2）：89 –91.

［195］张良林. 皮尔士的符号学观述评［J］. 扬州大学学报, 1999（1）.

［196］张良林. 评欧美现代符号学源头中的相似之处［J］. 内蒙古民族大学学报, 2004（6）.

［197］张荣翼. 文学史. 文学经典化的历史［J］. 河北学刊, 1997（4）：75 –80.

［198］赵俊英. 现代英语语法大全［M］. 上海：上海交通大学出版社, 2008.

［199］朱光潜. 西文美学史［M］. 北京：人民文学出版社, 2009.

［200］朱琼. 格语法主要解决的理论旨趣［J］. 安徽文学, 2008（1）：159 –160.

［201］左边草. 英语语法学习指南［M］. 广州：中山大学出版社, 2007.